JORGE EDUARDO SIMONETTI

LA

NEOIZQUIERDA

HIPOCRESÍAS DE UNA IDEOLOGÍA VACÍA DE SOCIALISMO Y REPLETA DE POPULISMO. EL COMBATE POR LA HEGEMONÍA

2019

Te intuyo en el cielo

releyendo libros,

con una sonrisa,

por tu hijo que escribe

En tu homenaje, papá.

Te lo debía

Jorge

"pro captu lectoris habent sua fata libelli"

Terenciano Mauro

LA NEOIZQUIERDA

HIPOCRESÍAS DE UNA IDEOLOGÍA VACÍA DE SOCIALISMO Y REPLETA DE POPULISMO

INTRODUCCIÓN

Durante los tres primeros lustros del siglo XXI, en los que varios países de la América latina fueron gobernados por regímenes que se auto titularon de "izquierda", permanentemente estuve asediado por la inquietud intelectual de intentar identificar las diferencias prácticas y conceptuales que "la nueva izquierda", así publicitada por boca de sus mentores, tenían respecto a los gobiernos que no se autocalificaron como tales.

Ya separando el polvo de la paja, el discurso político de las medidas de gobierno, y el poder como instrumento modificador de las condiciones objetivas de aquel que se agota en el mero ejercicio del mando, me interrogaba acerca de cuáles eran, en definitiva, los principios y las prácticas que, más allá de la parafernalia retórica de sus propagandistas, configuraban los elementos distintivos del renacimiento de una ideología que fue ultimada por la ciudadanía de los países del Este, determinando el fin del mundo bipolar.

¿Existe en verdad una nueva izquierda, o existió en algún momento de este siglo? ¿Serían identificables sus elementos constitutivos, si es que los hubo? ¿Podemos teorizar acerca de su reconfiguración ontológica? O, lo que sus instrumentistas denominan la "nueva izquierda", son apenas gradaciones del ejercicio capitalista del poder, tiempistas en el manejo de las emociones sociales, populistas a tiempo completo que necesitan un "leitmotiv" diferenciador para catalizar un momento de la historia.

Cómo el ser humano no está constituido por compartimientos estancos, es razón y corazón, inteligencia y sentimientos, en suma virtuosa, integrados en una singularidad de vida, seguramente aquello que me hacía ruido en la mente no era sólo curiosidad intelectual, sino además las sensaciones de toda una vida, de haber tenido acercamientos sentimentales con la izquierda, especialmente en mi vida como estudiante universitario, que sedimentaron en un pensamiento que nunca terminó de "aggiornarse", que siempre se fue modificando, no sé si en evolución.

Entiendo que la única característica inmutable del pensamiento es su mutación, valga la expresión tautológica. Si no cambia, es pasión, no razón.

Es mejor estar lleno de dudas que de certezas, es el único modo de evolucionar, somos el producto de la incertidumbre, somos lo que dudamos, no lo que conocemos. Nuestro mayor valor es poder sacar guías de pensamiento en medio de un mar de dudas, aprender a gestionar el no saber, porque la evolución humana es hija del desconocimiento y no de la certidumbre.

El núcleo existencial del ser humano descansa sobre la falibilidad, sobre la oscuridad, sobre el comportamiento imprevisible, sobre la niebla que sólo de a ratos deja ver el sol. Lo permanente es lo que no sabemos, lo fatuo es lo que creemos saber.

Por ello, el hombre sabio es el que cambia de idea ante cada nueva comprobación, nuevos hechos, escenarios distintos. Y es bueno cambiar de idea, es como un continuo renacimiento, sin la lápida de las falsas convicciones ni de las pseudo verdades inmutables.

Mario Vargas Llosa, en su libro *"La llamada de la tribu"* (Alfaguara, 2018), no tiene falsos pruritos al relatar el cambio que experimentó su pensamiento en el campo de las ideas políticas.

El peruano dice en la página 3 que *"No lo parece, pero se trata de un libro autobiográfico. Describe mi propia historia intelectual y política, el recorrido que fue llevando, desde mi juventud impregnada de marxismo y existencialismo sartreano, al liberalismo de mi madurez, pasando por la revalorización de la democracia"*.

Vargas Llosa tuvo un pensamiento marxista hasta avanzados los sesenta. Se identificó con entusiasmo con la gesta fidelista en Cuba, a la que vio como una aventura heroica y generosa de luchadores idealistas que querían acabar con la dictadura corrupta de Batista, pero también con la recreación de un socialismo no sectario, que permitiría la crítica, la diversidad y hasta la disidencia.

Viajó cinco veces a Cuba en esos años, como parte del Consejo Internacional de Escritores de la

Casa de las Américas, apoyó el nuevo gobierno y hasta donó sangre para la causa.

Cuenta en el libro que lo fueron apartando del marxismo varias experiencias de finales de lo sesenta. La creación de las UMAP en Cuba, eufemismo tras la apariencia de Unidades Militares de Ayuda a la Producción, que escondía los campos de concentración donde fueron mezclados contra revolucionarios, homosexuales y delincuentes comunes.

Viaja en 1968 a la URSS, que representaba el progreso y el futuro para los entusiastas del régimen, la patria que, al decir de Paul Éluard en un poema que se sabía de memoria, *"no existen las putas, los ladrones ni los curas"*, pero *"sí existían la pobreza, los borrachos tirados por la calle y una apatía generalizada"*, observa.

Bastaba con mirar alrededor para darse cuenta que, las diferencias de clase en función del dinero, había desaparecido, pero las diferencias en función del poder eran *"enormes y extravagantes"*.

Preguntó a un ruso parlanchín, relata, *"¿quiénes son los más privilegiados aquí? Me respondió: "los escritores sumisos. Tienen dachas para pasar las vacaciones y pueden viajar al extranjero. Eso los pone muy por encima de los hombres y mujeres del común. ¡No se puede pedir más!"*.

Y se pregunta: *"¿Podía defender ese modelo de sociedad como había venido haciéndolo, sabiendo ahora que para mí hubiera resultado invivible?".*

Contribuyó a ello la gran decepción con el propio Sartre, el que, habiendo sostenido con anterioridad que escribir era una forma de acción, que las palabras eran actos, que escribiendo se influía en la historia, *"Ahora resultaba que la literatura era un lujo que solo podían permitirse los países que habían alcanzado el socialismo".*

Poco a poco Vargas Llosa fue entendiendo que las libertades formales de la llamada "democracia burguesa" no eran una apariencia, sino la frontera entre los derechos humanos, la libertad de expresión y la diversidad política, con un sistema autoritario y represivo, que imponía sus verdades dogmáticas a fuerza de represión y muerte.

Pero el autor de *"Pantaleón y las visitadoras"* fue más allá en la mutación de su pensamiento, con convencimiento intelectual optó por el liberalismo, como una doctrina en la que el valor de la libertad es el supremo en la escala de valores de una sociedad democrática, pluralista y diversa.

No pretendo, ni lo sueño, hacer comparaciones con el genial heredero de la cultura incaica, pero si advertir que mi pensamiento también ha mutado a través de los años, con las experiencias que todo el mundo tuvo a su alcance, a través del conocimiento de un comunismo que debió construir muros que impidieran a sus propios conciudadanos escapar hacia la libertad.

Pertenezco a la generación universitaria de fines de los sesenta y primer lustro de los setenta, esa del pelo largo y el pantalón oxford, la del mayo francés del 68, la de los ideales locos más que de los narcisismos huecos, la de la izquierda romántica transformada luego en violencia y muerte. Casi todos, en ese tiempo, estábamos atravesados por ese aire de época.

En mí no sólo fue la moda o el tiempo, también una importante influencia paterna.

Nunca dejo de rememorar a mi padre, empleado de banco él, con un libro en una mano, el mate en la otra, luego de salir de su trabajo y de tomar una pequeña siesta. Un gran lector, el más prolífico que conocí.

Me costaba adivinar los temas de su lectura, era un lector enciclopedista, libre y apasionado. Vivía el momento conforme a cada libro. Leía de filosofía, política, medicina, derecho, matemáticas, que se yo, de todo. Sus conocimientos de la anatomía del cuerpo humano eran sorprendentes para alguien que no fuera médico.

Podía resolver en su pizarrón el problema matemático más complejo o explicarte el pensamiento de Platón mejor que cualquier profesor de filosofía.

Su propia multidisciplinariedad lectora lo hacía un librepensador, aunque tuviera un target peronista de familia y algunas preferencias políticas que no lo abandonaron a lo largo de su vida.

Sus análisis políticos lo convertían en un pensador de izquierda, aunque, en aparente contradicción, admiraba la vida militar, su disciplina, su organización jerárquica, tanto que nos envió, a mi hermano mayor y a mi mismo, a estudiar en un liceo militar, que financiaba con mucho esfuerzo con su sueldo de empleado de banco y alguna beca por mérito obtenida por nuestra parte.

Sí, de él aprehendí el instinto por la izquierda desde una perspectiva casi moral. Pensaba que la misma tenía una ética superior al capitalismo, un anclaje humano más elevado, una mejor compatibilización con la naturaleza de la vida.

Aún con ello, mi padre nunca se allanó a las visiones tópicas de los regímenes existentes, se mantuvo en el campo crítico del pensamiento libre. Y eso me marcó cuando salí de la vida de adolescente.

Comencé mi vida universitaria en 1969, fui testigo de las revueltas del "correntinazo", que derivó en la dramática muerte del estudiante Juan José Cabral, y en los posteriores sucesos del "rosariazo" y, principalmente, del "cordobazo".

Sin embargo, con el instinto de izquierda heredado y sostenido por la época, no me sentía cómodo en el ámbito estudiantil de militancia, al que intuía como improvisado, fuera de los problemas reales de la comunidad y como un ejercicio de inmadurez propio de jóvenes que, con los problemas económicos solucionados, debían canalizar sus energías a través de la política.

Fui adulto en etapa temprana de mi vida, sin por ello perder la frescura de la reflexión inexperiente. Comencé a trabajar en mi segundo año en la universidad, tomé contacto con los problemas reales de la comunidad, me casé muy joven, con una compañera que hasta hoy me aguanta, y con dos hijos maravillosos que me dieron seis nietos.

Mi vida pasó a ser mucho más que estudio y militancia universitaria. Me incliné por la participación gremial en el ámbito en el que trabajaba.

Paso a paso, la simple observación de la violencia terrorista, las inconsecuencias de una dirigencia violenta e irresponsable, las inconsistencias de un pensamiento dogmático e inaplicable, me fueron fortaleciendo en un espíritu anti autoritario que cultivé desde joven y alejando progresivamente de un modo de pensar la política, ése que privilegiaba la crítica adversarial antes que la demostración de las cualidades propias.

Y así recalé definitivamente en el páramo insustituible de las libertades cívicas, del respeto mutuo, del reconocimiento del adversario, de la diversidad, de la vigencia del orden jurídico republicano, alejándome definitivamente de los cantos de sirena que en mis años jóvenes creía escuchar.

He padecido en mi evolución, en rigor tal vez lo siga padeciendo, una especie de complejo ideológico, ése que se sirvió del cómodo sillón de las sensaciones de izquierda, para calmar sus sentimientos de culpa ante los desequilibrios sociales, ante la pobreza, ante la injusticia, pero que ha sido testigo presencial, en su ya larga vida, del fracaso permanente de una ideología que nunca terminó de ofrecer soluciones racionales a los problemas de los hombres.

Lejos estuve siempre del comportamiento de esa izquierda "llorona", que canta sus pensamientos con la metodología del payador perseguido, muy propio de los zurdos de estos lares, que se sirvieron del sistema predicando desde los cómodos sillones del antisistema, de los perseguidos que siempre se exiliaron en países capitalistas, de los que reclaman democracia en la sociedad capitalista desde la admiración a los sistemas que generaron verdaderas autocracias con rasgos de monarquía, en países supuestamente socialistas.

Padecí, y tal vez me haya quedado alguna secuela, de esa afección del pensamiento que es común en la intelectualidad con ínfulas de progresismo, que a pesar de haber constatado con la experiencia y la razón el fracaso de las gestiones colectivistas, continúan en una difusa defensa de una izquierda que hace rato tiene firmado el certificado de defunción y ahora transita el pedregoso camino que conduce al cementerio.

Es que una característica de la sociedad moderna es mantener las apariencias, ubicarse en el campo de lo políticamente correcto, que por estos tiempos es hacer parte del impreciso discurso de una izquierda difusa. Y con ello, se pierde autenticidad en la difusión del pensamiento, porque se lo arropa con apariencias simpáticas que no siempre transitan el camino de la verdad.

Este comportamiento fue una debilidad de los intelectuales, de los artistas, de los periodistas, de todo aquél que intentara mostrar una chapa progresista, aunque fuera hecha con la lata más ordinaria, presta a oxidarse con el primer viento fresco de las realidades.

Un ejemplo de ello fue ese colectivo de intelectuales kirchneristas denominado Carta Abierta, un grupo de otoñales pensadores que quedaron pegoteados con las mieles de un poder omnímodo, que los arropó y les brindo techo y comida. No pudieron trascenderse más allá de la duración del mandato de quién los referenciaba desde posiciones de poder.

Lo propio sucedió con muchos artistas, aunque sin la pátina de intelectualidad de aquéllos, pero con las ventajas materiales que resultan del acercamiento al fogoncito oficial.

Y la vida también me dio la oportunidad de ser un hijo del siglo XX que pudo pasar al nuevo siglo con las neuronas todavía en condiciones, para evaluar los cambios en el mundo y observar hacia dónde nos dirigimos, que comportamientos sociales prevalecieron, que prácticas y que pensamientos políticos fueron desarrollándose, cuáles sistemas cayeron y cuales pervivieron para que la vida de las personas fuera en evolución.

Estoy convencido que hoy se vive mejor que ayer, que el hambre ha disminuido, que son mayoría los países en los que se practica la libertad, que los derechos civiles y políticos se han consolidado en muchas partes, que se ha evolucionado hacia un mundo más tolerante, hacia la comprensión mutua de los seres humanos, hacia el reconocimiento de las diferencias, pero no cierro los ojos ante la persistencia de desequilibrios sociales que parten al mundo transversalmente.

Analizada en largos períodos, la historia va siempre en evolución, en progreso, hacia adelante, a pesar de que nuestras cortas vidas nos confieran muchas veces una falta de perspectiva que deviene en impresiones de desaliento ante la marcha de los acontecimientos cotidianos.

Tanto en su aspecto material como en el reconocimiento de sus derechos, la vida ha progresado con grandes saltos cualitativos, grandiosos en lo individual y en lo social, en permanente mejoría.

Obviamente que los problemas, las inequidades, las injusticias, los desequilibrios, existen, porque son parte de la vida, que nunca termina, que siempre está recomenzando, con nuevos desafíos, nuevas inquietudes y, naturalmente, nuevos problemas.

La pobreza va en disminución, ciertamente que no en el mismo grado opuesto a la geométrica evolución de la riqueza, lo que pone en el centro de la discusión la desigual distribución de los recursos.

El mundo tiene débitos sociales y humanos de primera trascendencia. Debemos reconocer que los sistemas, las ideologías, la tecnología, los gobiernos, no han podido domesticar los flagelos más tremendos de la humanidad, como el hambre y la pobreza extrema.

El progreso en tales débitos fue grande, las hambrunas generalizadas son historia, pero también es justo reconocer que todavía miles de personas mueren de hambre al día, más de 1.000 millones de personas viven actualmente en la pobreza extrema (menos de 1,25 dólar al día), el 70% son mujeres, más de 1.500 millones de seres humanos no tienen acceso al agua potable,1.000

millones carecen de vivienda estimable, 840 millones de personas malnutridas, 200 millones son niños menores de cinco años, 2.000 millones de personas padecen anemia por falta de hierro, 880 millones de personas no tienen acceso a servicios básicos de salud, 2.000 millones de personas carecen de acceso a medicamentos esenciales.-

Pero hay que identificar cuales sistemas fracasaron literalmente, y cuales han operado con razonable efectividad en la lucha contra dichos flagelos. No es casualidad que el marxismo leninismo se haya derrumbado, y el capitalismo, con todos sus errores y demasías, sigue siendo el mecanismo que las sociedades democráticas y abiertas mantienen para cumplir sus fines.

En este mundo hoy unipolar, el debate no se dará en términos de socialistas y liberales, sino en los modos de ir cambiando la tendencia que nos lleva a ser testigos de una desproporcionada concentración de la riqueza en pocas manos, que trasciende la mera acumulación de capital como generadora del movimiento de la economía globalizada.

Así como va el mundo, el ámbito de confrontación de ideas se reconfigura dentro de un mismo sistema, y el problema se trata en otros términos que en el de mero reparto del producido por el trabajo humano.

La izquierda ha probado no ser solución para los problemas del hombre, ha fracasado en su estructuración socialista, la medida de su fracaso fueron los muros físicos y policíacos que tuvieron que construirse para que la gente no escapara de sus mazmorras sistémicas.

Y sí la caída del Muro de Berlín en 1989, que canalizó los borbotones de la disolución de la unión soviética comunista, fue sólo la válvula de escape de la insostenible acumulación de tensiones de un sistema incompatible con la vida humana digna, el intento de reconfiguración ideológica y política de la izquierda en el ámbito de nuestro continente latinoamericano, demuestra más una corriente de ambiciones humanas que no encontraron mejor manera de diferenciarse que la de una peregrina recuperación de una ideología muerta en ámbitos globales y condenada a una subsistencia marginal.-

La izquierda latinoamericana está terminando como lo que fue, con un deshilachado ropaje socialista que adornó una corrupción dirigencial inédita en sus dimensiones, pero que no alcanzó siquiera a mellar ninguno de los pilares básicos del capitalismo que decía combatir, y que sólo sirvió como telón para las trapisondas y los beneficios particulares.

Montados sobre un discurso tan estridente como hueco, los líderes latinoamericanos de la pretendida recuperación del socialismo del siglo XXI, fueron cayendo como víctimas de su propia invención, un dirigismo estatal sin socialismo, el uso indiscriminado del aparato del estado para su propio beneficio, y un populismo decadente que clientelizó el concepto de ciudadanía.

Triste e intuido final para una farsa montada sobre el discurso rescatista de una ideología fracasada, que terminó como un "engaña pichanga" para los que creyeron en serio, sin advertir que estaban jugando de público fervoroso de la más formidable estafa política y material gestada a partir de las mentiras de la ideología.

Por tales razones, la carátula del libro -*la neoizquierda*- tiene una intencionalidad deliberadamente desdeñosa.

C A P Í T U L O I

EL TRANSCURSO DE LAS IDEOLOGÍAS

"Como fuerza social, un individuo con una idea vale por noventa y nueve con un solo interés"

John Stuart Mill

LAS IDEAS, LA IDEOLOGÍA Y EL PRAGMATISMO

Los finales del siglo XX han sido señalados como los años en que las ideologías han hecho crisis, para dejar paso al pragmatismo, especialmente en el terreno de la política.

Uno y otro concepto han servido de refugio para quienes, de cada lado, pregonan su vigencia como instrumentos idóneos para dar respuesta a los interrogantes que los tiempos y la sociedad nos presentan. La muerte de la ideología, señalan los pragmáticos; la imposibilidad de dar respuestas coherentes sin un sistema de ideas, responden desde el otro sector.

Nada peor que las demasías del ideologismo o la multiplicidad de puertas del pragmatismo, para escapar de la verdadera naturaleza del debate en su contexto actual.

En términos sencillos, diremos que la ideología es el conjunto de ideas, más o menos sistematizadas, sobre la realidad, respecto a lo económico, lo social, lo político, lo cultural, lo científico, lo moral, lo religioso, etc. Creencias, preconceptos o bases intelectuales a partir de las cuales se analiza y enjuicia.-

La ideología presenta un rasgo fuertemente identitario entre sus adherentes, como la religión, la nación, la clase social, y se la ha asociado con mayor fuerza a la política como modo de pasar del campo teórico a la práctica aplicada en el ámbito de una sociedad.

Pero el concepto de ideología, tal como lo entendemos en nuestros tiempos, es mucho más joven que la historia de los pueblos.- El término fue acuñado en Francia a fines del siglo XVIII, pero entendido como "ciencia que estudia las ideas".- Su significado epistemológico fue gestado a partir de Carlos Marx, para quien la ideología forma parte de la superestructura que explica el mundo en cada sociedad en función de sus modos de producción.- Su papel –para los marxistas- es actuar como lubricante para mantener fluidas las relaciones sociales, proporcionando el mínimo social necesario mediante la justificación del predominio de las clases dominantes y del poder político.-

El siglo XX ha sido calificado como el siglo de las ideologías, en el que, de su origen histórico de "ciencia de las ideas" pasó a acuñarse el peligroso concepto de "sistema de ideas".- El comunismo, el fascismo, el anarquismo, el liberalismo que traspasó el siglo XIX, el socialismo democrático, el capitalismo, etc., son alguno de los sistemas calificados de ideologías que, a su momento, incidieron en las naciones y se turnaron algunos de ellos para dominar parte del orbe.-

A fines del siglo XX, especialmente luego de la caída del muro de Berlín y la desaparición del bloque comunista, la ideología fue entrando en franco declive. La corriente capitalista atravesó el mundo, con variantes domésticas más o menos democráticas, pero con términos económicos similares.

Los discursos políticos, de manera explícita o larvada, comenzaron a esgrimir el pragmatismo como instrumento de gestión en los asuntos públicos, lo que mereció el análisis descalificador de cierto intelectualismo petulante.

El pragmatismo peyorativamente fue rotulado como "falta de ideas". Sus defensores respondieron que las ideas se construyen a partir de la práctica social. El pragmatismo, entonces, presenta a la idea como instrumento de la acción y al conocimiento como el conjunto de verdades subjetivas.-

Cosa muy distinta es el enjuiciamiento de la política vacía de ideas, que equivale a "oportunismo", porque por la gigantesca puerta de las indefiniciones pasan las incoherencias mayores vestidas de pragmatismo, ocultando en realidad meros intereses personales o grupales.

Creo, sinceramente, que la ideología concebida como "sistema" ha entrado en su ocaso. Su carácter dogmático, precisamente, le ha jugado en contra, en un mundo en que el pluralismo es la única garantía de convivencia entre las personas. Repetidamente ha sido usada como **herramienta de control social,** para despojar al ser humano de su libertad, transformándolo en parte de una masa manipulable. En nombre de la ideología, se justificaron falsas idealizaciones y cometieron los peores crímenes contra la humanidad. La dictadura del proletariado, la pureza racial, los nacionalismos de izquierda y derecha, la lucha entre etnias, se basaron en construcciones ideológicas que justificaban atroces delitos contra los derechos humanos.-

Por ello no soy fanático del anclaje ideológico, lo que no quiere decir que no crea en las ideas, en los principios, en los valores, que son los que sustentan y dan sentido a la acción humana.- La acción es necesariamente el producto del pensamiento.- Todos los seres humanos vivimos creando, alimentando y retroalimentando ideas en nuestro cerebro, de la mañana a la noche, son las ideas las que nos impulsan.- Estas ideas, repetidas y asumidas en el marco comunitario, son las que forman los paradigmas sociales.- Ha dicho John Stuart Mill que "como fuerza social, un individuo con una idea vale por noventa y nueve con un solo interés".

No es de extrañar, por ello, que en estos tiempos hayan comunes ideas que atraviesan pueblos muy distintos del orbe. Es que ya no existen los "sistemas" que obligan a pensar y adecuar la conducta humana al sedazo de la ideología.-

La historia, los hechos, han sobrepasado al intelectualismo perezoso, que no asume la tarea de contrastar la teoría con los hechos, para confirmar o descartar la hipótesis.

A costa de parecer anarquista, no resisto la tentación de preguntar –parafraseando un texto no propio- "si es preferible "participar" de una concepción del mundo "impuesta" mecánicamente por el ambiente externo, esto es, por uno de los tantos grupos sociales en los que cada cual se encuentra inserto automáticamente desde que entra en el mundo consciente (y que puede ser la aldea o la provincia, puede tener su origen en la parroquia, en la "actividad intelectual" del cura o del viejarrón patriarcal cuya sabiduría es ley, o en la mujeruca que ha heredado el saber de las brujas, o en el pequeño intelectual amargado en su propia estupidez y en su impotencia para actuar), o es preferible elaborar uno su propia concepción del mundo consciente y críticamente, ya, por tanto, escoger la propia esfera de actividad en conexión con ese esfuerzo, del cerebro propio, participar activamente en la producción de la historia del mundo, ser guía de sí mismo en vez de aceptar pasivamente y supinamente la impronta puesta desde fuera a la personalidad?"

Salirnos del dogma parece ser el signo de estos tiempos, en los que cada sociedad busca sus caminos como el agua su salida.

LOS TIEMPOS DE LA IDEOLOGÍA

Si, es cierto, desde el siglo XVIII la ideología, orgánica o desperdigada, ha marcado la vida de los pueblos.

Un breve análisis histórico, con apenas toques de rigor cronológico, nos permitirá advertir que las mismas no se organizaron siempre de la misma forma, no tuvieron una metodología o mecanismo común. Como toda actividad humana, padecieron la impronta imprevisible de la incertidumbre, de los hechos consumados, de las necesidades materiales, de los estados de conciencia, pero también del análisis de gabinete, del pensamiento riguroso, del razonamiento científico.

El liberalismo, por caso, en contraposición al marxismo, se fue configurando de manera progresiva en el campo de los hechos y configuraciones sociales, que entremezclaban su evolución con el trabajo de sus teóricos como Adam Smith. Fue un sistema social que se fue construyendo a través de sucesos y costumbres que no respondían a un pensamiento ideológico compacto y cerrado, la ideología no resultó una guía infalible en la formación de la sociedad.

El caso del comunismo, el marxismo por nominarlo, o más bien el marxismo leninismo, es distinto, porque su aplicación en un país concreto y en un tiempo determinado, no fue el producto de una evolución sino de una revolución, cuyos protagonistas adoptaron una hermética teoría construida a partir de obras político científicas concretas. De allí que su marco de referencia teórica casi nunca pudo adaptarse a los hechos, o ir modificándose en función de los mismos, lo que finalmente provocó su derrumbe como un castillo de naipes.

La salida del sistema feudal, el industrialismo en ciernes, el cambio paulatino en los modos de relacionamiento laboral y social, marcaron lenta y progresivamente la conversión de las sociedades en función de nuevos parámetros teóricos y prácticos.

Fue necesario ir encontrando renovadas formas de organización que permitieran el progreso humano, nuevos problemas se presentaban, la salida de las gentes de los enclaves feudales los encontraba hacinados en los núcleos poblacionales formados en torno a las industrias nacientes.

La cuna territorial de la revolución industrial, también fue la sede del desarrollo de ideas que tenían que ver con renovados parámetros en el proceso de industrialización y comercialización. Uno de ellos, el principal tal vez, fue Adam Smith.

ADAM SMITH

Adam Smith (1723-1790) es considerado el padre de la economía moderna. Sin embargo, aunque parezca contradictorio, no fue un economista puro tal como lo conocemos hoy, no sólo porque en su época la economía no existía como ciencia independiente, sino fundamentalmente porque era un erudito cuyos intereses abarcaban también la ética, la filosofía política, la literatura (antigua y moderna), la lingüística, la psicología, y la historia de la ciencia.

No fue un desalmado teórico que pregonó el funcionamiento del mercado exclusivamente a través del sentimiento egoísta del hombre, tanto que su obra primigenia fue la *"Teoría de los sentimientos morales"* (1759).

Coincide con Hobbes, en que la primera tendencia del ser humano es la del amor hacia sí mismo, pero resalta la necesidad de controlar y dominar el egoísmo para posibilitar la vida en comunidad.

Para ello, desarrolla lo que denomina el proceso de *simpatía* (en el sentido de *empatía*), a través del cual el sujeto es capaz de ponerse en lugar del otro por la necesidad de buscar la aprobación ajena, aun cuando no obtenga beneficio para sí mismo.

Analiza el origen y funcionamiento de los sentimientos morales, la virtud, la admiración la corrupción, la justicia, el resentimiento, la venganza, para luego crear aquello que denomina *el espectador imparcial*, esa voz interior que en cada uno nos dicta la propiedad o impropiedad de nuestras acciones.

En oposición a las visiones estáticas de las religiones respecto a la moral, desarrolla una concepción dinámica de los sistemas morales, a través de la cual la naturaleza humana está diseñada para avanzar hacia causas finales, que no son necesariamente conocidas por los sujetos, los que se guían por causas eficientes.

Sin embargo, Smith fue reconocido por su obra *"La riqueza de las Naciones"* ("Una investigación sobre la naturaleza y causas de la riqueza de las naciones", es su título original), una justificación teórica que marcaría el pensamiento de los economistas más influyentes del siglo XIX (en favor y en contra) y que hoy sigue teniendo vigencia en los defensores del libre mercado.

Esta obra sistematiza de manera científica las bases del capitalismo moderno, por lo que sigue teniendo gran influencia en el pensamiento económico.

La teoría central de su obra cumbre reside en que la clave del bienestar social está en el crecimiento económico, y que éste se potencia a través de la división del trabajo.

Su famoso ejemplo respecto a la división del trabajo fue el de la fábrica de alfileres, que se hacían a mano en la Gran Bretaña del siglo XVIII. Un hombre normal podría hacer un alfiler por día, en cambio si la tarea se divide entre varios especialistas (el que alarga el alambre, el que corta, el que afila, el que coloca la cabeza, etc.), una fábrica de diez empleados podría fabricar cuarenta y ocho mil alfileres diarios. Lo que luego se denominó una cadena de producción.

La división del trabajo se profundiza cuando se amplían los mercados, y ello se logra a través de la libre competencia, que genera el movimiento pendular del juego entre la oferta y la demanda.

El interés propio es el que genera el movimiento económico, *"no es la benevolencia del carnicero, el cervecero o el panadero que esperamos nuestra comida, sino de su atención a sus intereses. Apelamos, no a su humanidad, sino a su amor propio, y en lugar de hablarles de nuestras necesidades, hablamos de su provecho"*, y es a través del mismo que se alcanza el bienestar general, decía Smith.

Pero fue cuidadoso en distinguir el interés propio de la pura codicia egoísta, para lo cual formuló su teoría de *la mano invisible*, en la que el propio mercado el que se encarga de poner las cosas de manera equilibrada. No hay nada malo que la gente actúe por propio interés, porque son en definitiva las fuerzas combinadas de todos los actores las que benefician a la sociedad en su conjunto y enriquecen a sus miembros.

"La codicia es buena", declaraba Gordon Gekko, el villano de Wall Street, el clásico de la década de 1980, para confirmar de un solo golpe los peores miedos de la sociedad bien pensante acerca de los financieros. En el despiadado mundo de Manhattan, la avaricia flagrante había dejado de ser algo de lo que avergonzarse, para convertirse en algo que podía lucirse con orgullo, como las camisas a rayas y los tirantes rojos"[1], nos comentaba Edmund Conway para referirse al comportamiento de los hombres de negocios en la Gran Manzana.

El autor comenta que, si la declaración resultaba escandalosa en una película de finales del siglo XX, imaginen lo que habría sonado doscientos años antes, cuando la vida intelectual estaba dominada por la iglesia y definir al hombre como un animal económico era casi blasfemo.

---

[1]Edmund Conway, *50 cosas que hay que saber sobre Economía*, Ariel 2011, p.10

Cuando Adam Smith la propuso originalmente en el siglo XVIII, pueden darse una idea del impacto que causó en aquellos tiempos, tanto que la primera edición del libro tuvo un impacto comercial muy grande, lo que continuó a través del tiempo.

La mano invisible es un modo de referirse a la ley de la oferta y la demanda, ese tire y afloje de dos factores necesarios que terminan beneficiando a los consumidores.

El genio de Smith radicó en comprender aquello que ya comenzó a instalarse cien años antes de su obra seminal, *"el sistema así concebido se autorregula de manera natural, en tanto las variables como el coste, el precio y el beneficio se determinan como funciones del sistema como un todo y no pueden ser manipuladas sin dañar al propio sistema, ni por las partes de una transacción ni por una tercera parte (como el gobierno) ajena a ella"*[2]

No puede negársele el mérito al escocés, de que las sociedades modernas han ido desarrollándose en su tremenda complejidad a partir de una teoría tan simple cómo lógica, que resalta la importancia de la auto limitación casi natural del impulso humano, sin necesidad de complejas reglamentaciones impuestas por los burócratas de turno.

---

[2] Ben Dupré, *50 cosas que hay que saber sobre Política*, Ariel 2012, p.81

Conway menciona el ejemplo interesante de la Coca Cola, que en la década de 1980 cambió la receta de su bebida gaseosa en un esfuerzo por atraer a los consumidores más jóvenes y a la moda. La nueva Coca Cola fue un desastre porque no fue del gusto del público y las ventas se desplomaron. La mano invisible, en este caso, dio un mensaje claro y contundente, y la tradicional empresa de la bebida cola tuvo que volver a su tipología "clásica" para recuperarse en el mercado.

Entre sus aportes más importantes se destacan[3]:

- La diferenciación clara entre valor de uso y valor de cambio.
- El reconocimiento de la división del trabajo, entendida como especialización de tareas, para la reducción de costos de producción.
- La predicción de posibles conflictos entre los dueños de las fábricas y los trabajadores mal asalariados.
- La acumulación de capital como fuente para el desarrollo económico.
- La defensa del mercado competitivo como el mecanismo más eficiente   de asignación de recursos

Contrariamente a lo que se predica acerca de la insensibilidad del liberalismo por las cuestiones sociales, Adam Smith demostró que conocía los peligros de los extremos, también de las posibilidades que su

---

[3] Wikipedia

doctrina podría causar en el hombre común, que no tiene tiempo para desarrollar su inteligencia y que la pérdida del hábito de ejercer sus facultades puede llevar al individuo a su alienación. De allí que ponía en hombros del Estado *"impulsar e incluso imponer"* la educación pública.

"Ninguna sociedad puede ser próspera ni feliz si la mayor parte de sus miembros son pobres y miserables", dijo en su obra cumbre, demostrando que la preocupación social fue central en su vida y en su obra.

EL LIBERALISMO CLÁSICO

"El liberalismo me proporcionó una satisfacción intelectual que no había encontrado nunca en el fundamentalismo"

Martin Luther King

El liberalismo es una doctrina política, moral, social y económica que se asienta en la idea central de la libertad. Resalta los derechos individuales contra los abusos de poder, en una concepción en la que los individuos son los actores racionales y autónomos, cada uno de igual valor y por tanto merecedor de igual consideración[4].

Defiende la libertad individual, la iniciativa privada, la igualdad ante la ley y limita la intervención del

---

4 Ben Dupré, *ob. cit.*, Ariel, 2012

Estado y de los poderes públicos en la vida social, económica y cultural.

Los orígenes del liberalismo se remontan a la obra de dos filósofos ingleses, Thomas Hobbes y John Locke.

Conmocionados por la agitación social y el sufrimiento humano causados por el largo conflicto religioso en la primera mitad del siglo XVII, primero Hobbes y luego Locke comienzan a reflexionar sobre la justificación del gobierno.

John Locke (1632-1704) es considerado el padre del liberalismo clásico . Sus dudas acerca de la capacidad del Estado de utilizar responsablemente sus poderes, le sugiere la idea que el alcance del gobierno debería estar determinado por límites constitucionales acordados con el pueblo.

El pensamiento liberal esencialmente se fundamenta en tres grandes ideas:

- Los seres humanos tienen derechos individuales inviolables, tres de los cuales son su base: *vida, libertad y propiedad privada*.
- La autoridad del estado debe surgir del consentimiento de las personas libres y *no interferir en la esfera privada de los ciudadanos*.

- El poder debe ser ejercido de acuerdo a las leyes, lo que se denomina el *estado de derecho*.

La idea política central del liberalismo, tuvo su reflejo en la obra del escocés Adam Smith. La doctrina del *laissez faire* se constituyó en el equivalente económico de la concepción de Locke, vinculando la doctrina del liberalismo clásico con la economía de libre mercado.

Hay que decir que, al contrario de las ideas colectivistas, el ideario liberal no pretende ser un sistema cerrado con todas las respuestas a los enigmas de la existencia humana.

Muy por el contrario, es de su esencia reconocer su falibilidad, sus limitaciones y la posibilidad de corrección en la marcha histórica de las sociedades.

Dice un liberal converso, Mario Vargas Llosa, que *"el liberalismo es una doctrina que no tiene respuestas para todo, como pretende el marxismo, y admite en su seno la divergencia y la crítica, a partir de un cuerpo pequeño pero inequívoco de convicciones. Por ejemplo, que la libertad es el valor supremo y que ella no es divisible y fragmentaria, que es una sola y debe manifestarse en todos los dominios -el económico, el político, el social, el cultural- en una sociedad genuinamente democrática"[5].*

De tal manera, refiere a la visión no dogmática del liberalismo que centralmente lo diferencia de las doctrinas colectivistas, las que, por su intransigencia teórica y práctica, caminaron directamente al precipicio al no encontrar respuestas alternativas dentro de su misma visión política, a las coyunturas de las sociedades en las que regía como sistema.

Del concepto político del liberalismo ha nacido la expresión de *democracia liberal*, como aquel sistema político en el que los representantes son electos a través del sufragio, para la toma de decisiones políticas que deben estar enmarcadas en el estado de derecho.

En rigor, la democracia liberal nace de la corriente del liberalismo político, aunque no necesariamente debe seguir esa idea política.

Sistema representativo, estado de derecho (constitución), división de poderes y pluralismo político son las características estructurales de la democracia liberal como sistema de gobierno, a

---

[5] Vargas Llosa, ob.cit., p.14

lo que se agregan como sustanciales en su funcionamiento, los derechos individuales de la libertad de asociación, libertad de culto, libertad de expresión, respeto por las minorías, presunción de inocencia y derecho al debido proceso.

Dice Ben Dupré que *"por complejas razones históricas, el uso de la palabra "liberal" ha acabado adquiriendo connotaciones muy distintas en el mundo anglosajón a ambos lados del Atlántico. En Gran Bretaña, el término suele ser un elogio, aplicado a políticos que, en general, son avanzados socialmente y a quienes preocupa la defensa de las libertades civiles. En la Europa continental, el sentido se aproxima al genérico de "progresista". Por el contrario, En Estados Unidos el término está más politizado y se utiliza con frecuencia como insulto"*[6].

En Latinoamérica, la calificación política de "liberal", actualizada en su versión contemporánea de "neoliberal", tiene mala prensa, y también es utilizada como descalificación.

LA REVOLUCIÓN INDUSTRIAL

---

[6] Ben Dupré, ob. cit., p.88

Podría decirse que la Revolución Industrial tuvo un lugar, Gran Bretaña (luego extendida a los restantes países europeos), un tiempo, la segunda mitad del siglo XVIII y primera del siglo XIX, y una base intelectual, las ideas de Adam Smith y de los fisiócratas.

El proceso de industrialización cambió radicalmente no sólo los modos de producción sino además las características de las sociedades.

La automatización del proceso productivo, a través de la introducción de la mecánica y de las máquinas a vapor reemplazando la tracción animal y humana, generaron cambios siderales.

Hasta entonces, la economía estaba sustentada en el mundo agrario y artesanal, la mayor parte de la población subsistía con trabajos agropecuarios, la comercialización de productos era escasa, la productividad también, y el autoconsumo era la regla. Con las personas instaladas en las áreas rurales, las ciudades eran pocas, pequeñas y escasamente desarrolladas.

La producción artesanal y las pequeñas tiendas del siglo XVIII fueron relegadas a una situación marginal, en beneficio de un sistema de producción que paulatinamente se fue especializando y concentrando en grandes centros denominados fábricas.

Los cambios tecnológicos, nuevos materiales cómo el acero, renovadas fuentes de energía como el carbón y máquinas motrices a vapor, nuevas máquinas de hilar y tejer, el transporte a través de trenes y barcos, hicieron crecer exponencialmente la producción y el papel de la industria y el comercio.

Los cambios culturales y sociales se generan a gran velocidad. Un aumento impresionante del conocimiento en todas sus ramas, tanto científicas como técnicas y sanitarias, la disminución drástica de la mortalidad catastrófica (aparición de la vacuna, mejor alimentación) y la elevada natalidad, provocaron un aumento demográfico que se volcó a las ciudades, para aprovechar las nuevas formas de producción.

Al tiempo que se desarrolló una clase burguesa propietaria de los medios de producción, surgió una nueva clase como contrapartida, la clase trabajadora, que ofrecía su fuerza de trabajo a cambio de una retribución monetaria.

Los trabajadores se agruparon en barracones en los suburbios cercanos a las fábricas, sus condiciones de vida fueron difíciles como también sus condiciones laborales.

Con ambientes laborales penosos, con poca ventilación y ninguna seguridad, con jornadas de trabajo de más de doce horas los siete días de la semana, con suburbios superpoblados y sucios, que los hacen víctima de epidemias de fácil propagación, las personas comienzan a organizarse para la defensa de sus intereses, apareciendo los primeros movimientos de protesta.

No sólo las protestas de los propios trabajadores se fueron incrementando, sino también la de numerosos críticos que defendieron distintos sistemas de propiedad comunitaria o socializada, como los socialistas utópicos.

El primero en desarrollar una teoría coherente acerca de la temática fue Carlos Marx, que vivió gran parte de su vida precisamente dónde había nacido el proceso industrializador, Inglaterra.

CAPITALISMO

"El vicio inherente del capitalismo es el reparto desigual de las bendiciones; la virtud inherente del socialismo es el reparto equitativo de las miserias"

Winston Churchil

Para sus panegiristas, el capitalismo es un sistema ideológico; para la mayoría es una forma de organizar la vida económica en una sociedad.

Es quizás el método que ha recibido más críticas que cualquier otro modelo económico, pero también, hay que decirlo, es el más exitoso, de hecho es el que se ha impuesto por sobre los restantes, tanto que, con variaciones y grados, existe actualmente en casi todo el mundo.

Son muchos los especialistas que se resisten a definirlo de manera unívoca, porque el capitalismo es un sistema híbrido, que a través de la historia ha tenido variantes que van desde una aplicación, no pura, de la actividad privada como gestora principal de la actividad económica, hasta el intervencionismo estatal de distinto grado.

Complejo y polifacético, se ha enriquecido con elementos de variados sistemas y teorías en apariencia contrapuestas. Su núcleo teórico fue complementado con su capacidad de adaptación a las circunstancias y con su maleabilidad conceptual y práctica, que, sin perder su esencia, le posibilitaron ser el sistema que mejor ha dado respuestas a las necesidades materiales de las naciones.

En ese aspecto, se contrapone a sistemas unidimensionales, como el comunismo, que se ha desarrollado sujeto a la concepción pura, estructurada y rígida de sus doctrinarios, que precisamente es lo que no le ha permitido adaptarse en el tiempo a las nuevas realidades y sucumbir sin remedio.

Diremos que el capitalismo no nació de la imaginación de un doctrinario, no nació en la teoría, fue el resultado de un proceso colectivo de mucho tiempo, que nació con la circulación de mercancías y su intercambio por dinero en el siglo XIV.- Podríamos considerar a esta etapa como *precapitalismo,* que fue evolucionando con las ideas liberales a partir del siglo XVIII, especialmente con la Ilustración francesa, dónde nace el concepto del *derecho de propiedad* y la necesidad de la protección a través del Estado.[7]

Adam Smith, con su obra seminal *La Riqueza de las Naciones,* es el que, luego de un largo tiempo de funcionamiento, organiza el marco teórico de manera magistral.

A fines del siglo XVI, el *sistema feudal* comenzó a ser reemplazado por aquello que podemos identificar como el precursor del capitalismo, el *mercantilismo.*

Los campesinos que trabajaban para beneficio de la nobleza terrateniente fueron lentamente emigrando hacia nuevos horizontes. El comercio comenzó a tomar el lugar principal en la actividad económica, el intercambio entre las distintas naciones y el descubrimiento de los lucrativos recursos de las Américas, hizo nacer una nueva clase, la de los empresarios, que comenzaron a ganar dinero sin depender de un monarca o aristócrata, volviéndose extremadamente ricos.

Los preceptos económicos del lucro y la competencia, acompañados de la evolución de las

---

[7] Enrico Udenio, *Corazón de Derecha, Discurso de Izquierda,* Ugerman, 2004, p.152

estructuras legales, acompañaron la consolidación del sistema capitalista.

En el siglo XIX, los industriales, los propietarios de fábricas, reemplazaron a los comerciantes, dando nacimiento al capitalismo moderno, que durante la segunda mitad de ese siglo tuvo su época de oro en cuanto a desarrollo, pero dónde también se multiplicaron sus negativas consecuencias, como la explotación de los trabajadores con bajos salarios, jornadas casi ilimitadas, condiciones pésimas en el ambiente laboral y en sus lugares de vivienda.

Con su astucia de viejo zorro, Winston Churchill decía que *"el vicio inherente del capitalismo es el reparto desigual de las bendiciones; la virtud inherente del socialismo es el reparto equitativo de las miserias"*.

De allí que, tal como la democracia en lo político, en lo económico el capitalismo es visto desde el siguiente ángulo: *"la idea en síntesis: la forma menos mala de manejar la economía"*[8].

Hay que decir que la economía capitalista sólo podría desarrollarse en un sistema que garantizara la libertad política, por lo que se ha dicho que el capitalismo es eminentemente democrático.

El monetarista Milton Friedman sostuvo que *"la historia sugiere que el capitalismo es una*

[8] Conway, ob.cit., p.41

condición necesaria de la libertad política", afirmación altamente discutible. Antes bien, podría mas vale sostenerse que *la libertad política es la condición necesaria del capitalismo*, obviamente hablando del capitalismo en un sistema de libre mercado, con razonable intervención estatal.

El híbrido chino tiene otros condimentos y un elevado grado de autoritarismo para imponerlo, por lo que lo hace un capitalismo impuesto por la dictadura política, que en definitiva constituye una desnaturalización del sistema que comentamos. Es, en el gigante asiático, como volver a los comienzos del industrialismo, dónde los bajos salarios y las condiciones laborales penosas, determinan una ventaja comparativa de costos.

El funcionamiento de la *mano invisible*, la priorización de la libertad individual sobre la intervención estatal, el derecho de la iniciativa privada y sus beneficios, el ánimo particular de lucro como motor del progreso, difícilmente tendrían cabida en sistemas verticales de mando, salvo el caso chino que es objeto de análisis diferencial.

Udenio explica los pilares del capitalismo:

1. *La propiedad privada.*
2. *El mercado libre de bienes y servicios, regulados principalmente por las leyes de la oferta y la demanda.*

3. *El ahorro acumulado, predispuesto para la inversión productiva activa o pasiva.*
4. *El trabajo asalariado libre.*
5. *Las leyes que regulan y protegen el sistema*[9]

Los monopolios han sido uno de los principales defectos del sistema, que han provocado en los gobiernos el dictado de abundante normativa para evitar la colusión empresaria en perjuicio del funcionamiento y de los consumidores.

El enorme poder financiero de grandes corporaciones aparecidas sobre finales del siglo XIX, especialmente en los Estados Unidos, generó en muchas áreas de la economía el control del proceso productivo y consecuentemente la monopolización del mercado, en las que los precios ya no se fijaban en función de la oferta y la demanda sino del acuerdo colusorio de las empresas.

Ello fue la razón del dictado de numerosa normativa antimonopolio, que en muchos casos no lograron reestablecer la competencia perfecta como lo teorizaba Adam Smith, pero impidieron la creación de grandes monopolios que destruyeran los principios del sistema y perjudicaran a los que finalmente lo sostenían, los consumidores.

No obstante, el capitalismo continuó en ascenso, demostrando su enorme capacidad para crear

---

[9] Udenio, ob.cit., p.152

riqueza y mejorar el nivel de vida de la gente, tanto que se convirtió en el principal sistema socioeconómico mundial.

La globalización de la economía ha puesto sobre el tapete nuevos problemas a resolver por los gobiernos, aunque para sus defensores los inconvenientes a superar son mucho menores que sus beneficios para el población mundial, que se ha visto beneficiada en una mejora sustancial de sus índices de desarrollo humano, como las condiciones de vida, la mortalidad, la pobreza.

DEL KEYNESIANISMO AL MONETARISMO

Con el correr del capitalismo, comenzó a hacerse evidente que el mismo no tenía una progresividad lineal, se movía con estertores, de manera cíclica. A períodos de expansión y prosperidad le seguían otros de recesión y depresión económica, en los que disminuía la actividad económica y aumentaba el desempleo.

Las ideas de Adam Smith no fueron suficientes para explicar los efectos de *montaña rusa* del sistema, los liberales clásicos lo explicaban como el precio que había que pagar por el progreso que permitía el desarrollo capitalista.

Los efectos de la globalización vinieron a remarcar los efectos de los ciclos, al mundializar tanto los tiempos buenos como los críticos, en especial éstos últimos.

La preocupación de los economistas y gobernantes no fue ya sólo centrada en el propio país, cualquier movimiento o recalentamiento de la economía en una nación, aunque sea periférica, ponía en peligro el equilibrio económico mundial, unos países más vulnerables que otros sufrían las peores consecuencias.

La cuestión se volvió marcada con patética demostración en 1929, con aquello que se dio en llamar *la Gran Depresión*, que afectó de gran manera a los Estados Unidos y la Gran Bretaña.

Es precisamente en Gran Bretaña dónde aparece el gran pensador y economista John Maynard Keynes (1883-1948), que formuló una nueva teoría económica para enfrentar los momentos capitalistas de depresión, en la que el estado jugaba un decisivo papel.

Esta teoría contradijo los parámetros del liberalismo clásico, cuya *mano invisible* fue incapaz de enfrentar las crisis profundas del sistema, que empobrecía a tanta gente y que ponía en juego hasta las bases profundas del libre mercado.

Keynes sostuvo que la teoría liberal clásica no funcionaba cuando los tiempos de crisis se hacían presente en las economías de los países.

A partir de sus enseñanzas primero, y de su obra maestra *"La teoría general de la ocupación, el interés y el dinero"* (1936) después, sostuvo que los gobiernos tienen que jugar un papel fundamental para mantener la economía a flote en tiempos de crisis.

Hasta la Gran Depresión, se tenía por sentado que el libre juego de la oferta y la demanda autorregulaba la economía en gran medida, y que la *mano invisible* haría su parte aumentando automáticamente el empleo y la producción hasta sus niveles adecuados.

Según la teoría del economista inglés, es responsabilidad del gobierno estimular la economía pidiendo prestado dinero y gastándolo en la creación de empleos en el sector público y en la construcción de infraestructura (carreteras, ferrocarriles, hospitales, escuelas, etc.).

El dinero extra que el estado inyectaba a la obra pública, se filtraría a toda la economía, produciendo un efecto multiplicador en el consumo y en el crecimiento de la actividad.

La política fiscal (los impuestos y el gasto público) se constituiría, conforme el keynesianismo, en un instrumento potente para controlar la economía.

Mencionando a Alan Blinder, que fuera consejero presidencial estadounidense, Edmund Conway[10] sostiene que la teoría keynesiana tiene seis principios básicos:

---

[10] Edmund Conway, ob.cit.,p.44

1. En el funcionamiento de una economía influyen tanto las decisiones públicas como las privadas.
2. El corto plazo importa. Keynes tiene una famosa frase: *"a largo plazo, todos muertos"*.
3. Los precios y salarios responden con mayor lentitud a los cambios en la oferta y la demanda, por lo que el desempleo puede verse aún en tiempos de una economía ya fortalecida.
4. El desempleo es a menudo alto y volátil y no responde al juego de la *mano invisible*, dónde la recesión y la depresión son enfermedades económicas que aquélla no puede curar.
5. Los gobiernos deben equilibrar en forma activa los ciclos naturales de crisis y auge de la economía.
6. Combatir el desempleo debe preocupar más que controlar la inflación.

El *New Deal* (Nuevo Trato) estadounidense, fue el nombre que el presidente Franklin Delano Roosevelt puso a su nueva política intervencionista para enfrentar las consecuencias de la *Gran Depresión*.

El programa se desarrolló entre 1933 y 1938, con el objeto de mejorar la situación de las capas más pobres de la población, reformar los mercados financieros y revitalizar la economía estadounidense afectada por las quiebras en cadena y el desempleo producidos por el *crac* de 1929.

El plan tuvo su fundamento teórico, ni más ni menos, en la teoría de Keynes, una mayor intervención del estado para reactivar la economía y reducir el desempleo en tiempos de crisis.

Se distinguen dos *New Deals*, el primero señalado por los *"Cien días de Roosevelt"* en 1933, que apuntaba a lograr una mejoría en el corto plazo, con una diversidad de medidas, como la reforma de los bancos, y programas de ayuda para el trabajo, de asistencia social y agrícolas.

El segundo se extendió entre 1935 y 1938, con medidas de mayor profundidad que importaban una nueva distribución de los recursos y del poder en una escala más amplia, con leyes sindicales de protección, ley de seguridad social, programas para agricultores y trabajadores, lo que importó para el estado mayores inversiones que aumentaron el déficit público.

Sin dudas que el keynesiano *New Deals* del gobierno de Roosevelt, tuvo bastante éxito en el plano social, ayudando a millones de estadounidenses a atravesar la crisis, de manera tal que los efectos no se volcaran de manera catastrófica por los sectores más vulnerables.

Todo ello duró hasta la reactivación de la economía del país del norte, que vino con la movilización de su economía que provocó la Segunda Guerra Mundial.

La teoría de John Maynard Keynes, de tal modo, hacía su presentación en el campo de los hechos, nada más y nada menos que en los Estados Unidos, y su desempeño fue correcto en función de las previsiones doctrinarias del inglés.

Tras la aparición de su obra, los gobiernos de casi todo el mundo incrementaron sus niveles de gasto público, en parte para responder a cuestiones sociales que configuraron el estado de bienestar, y en parte porque Keynes pensaba que los gobiernos debían tener el control de porciones significativas de la economía.

EL ESTADO DE BIENESTAR

"Es el año 1861 y la guerra civil estadounidense está destrozando el país. En un momento en que tanto unionistas como confederados se esforzaban por alistar a nuevos reclutas en sus ejércitos, alguien tuvo la idea ingeniosa: ofrecer pensiones generosas a los soldados y sus viudas. Todo indica que el plan surtió efecto: cientos de miles se apresuraron a sumarse a la contienda" (Edmund Conway)[11]

¿Cuándo cree que se hizo el último pago de las pensiones de la guerra civil estadounidense? Los veteranos más jóvenes se murieron entre 1930 y 1940, pero el último pago fue en 2004, año en que falleció la

---

[11] Conway, ob.cit., p.134

última viuda que se casó a los 21 años con un veterano de 81, en 1921.-

El estado de bienestar o benefactor es aquél que garantiza a su población más necesitada, los servicios de salud, educación, pensiones, vivienda, etc., que son financiados por la recaudación fiscal de los impuestos que paga la población económicamente activa y en blanco.

El modelo del estado benefactor se origina en la Alemania de Bismarck en el siglo XIX, aunque fue luego de la Primer Guerra Mundial y de la Gran Depresión de 1930, que se instaló fuertemente en los Estados Unidos y en el Reino Unido, ante la magnitud de las penurias por las que atravesaban muchísimas familias para obtener lo elemental.

El *New Deals* significó para los Estados Unidos las primeras formas del *Estado de Bienestar*, que ya se aplicaban desde hace tiempo en Europa.

En el siglo XX, las llamadas prestaciones sociales se fueron profundizando y extendiendo, abarcaron mayor número de ciudadanos, naciendo un nuevo concepto, ya que los países, antes, sólo tendían a cobrar impuestos a sus ciudadanos con el fin de protegerlos de la delincuencia y de una posible invasión.

El sistema funcionó de manera excelente en los años de la posguerra, el aumento de la población provocado por la explosión de la natalidad a fines de los cuarenta y la década del cincuenta (el denominado "baby boom"), hizo que hubieran muchos trabajadores jóvenes aportantes con sus impuestos, lo que permitió sostener el sistema hasta la década del 80.-

Luego, en función de la disminución de la tasa de fertilidad y otros problemas, el sistema comenzó a hacer agua y los países se pusieron a repensar las soluciones, ante la factura gigantesca que les quedaba pendiente.

A pesar de haber sacado a muchas familias de la pobreza y haber mejorado de manera importante los estándares sanitarios y educativos en el mundo occidental, los autores detectaron los dos problemas más importantes del estado benefactor: el socioeconómico, debido a su tendencia a desincentivar el trabajo, y el fiscal, relacionado a los recursos que se necesitan para financiar los beneficios sociales.

En la Argentina, sin dudas con importantes antecedentes de la administración radical, fue Juan Perón el que instaló en todo su esplendor el estado benefactor, aprovechando un momento excepcional de reservas económicas, y una política de apertura a las clases sociales menos favorecidas. Ello, con altos y bajos, llega a nuestros días.

Los beneficios de las ayudas sociales tienen mucho que ver con el funcionamiento de la economía en general, las fuentes de trabajo, el nivel de actividad económica. Por ello, gastar mucho en ayuda social no es un mérito (como parece pensar el populismo), sino un reconocimiento a la falta de posibilidades de las personas de vivir de su propio trabajo.

En rigor de verdad, no todo es de explicación tan sencilla y monocausal, pero cierto es que la experiencia ha indicado que el estado benefactor no debe ser el objetivo de máxima de una sociedad progresista y tampoco que el mercado es la solución a todos los problemas de un pueblo.

Los beneficios del estado benefactor deben ser el puente que permita atravesar un vacío entre dos caminos. Lo permanente es el camino del caminante, el producto del esfuerzo propio; lo provisorio, el puente que el estado tiende en los momentos en que con caminar no alcanza.

MONETARISMO

Durante muchos años el proceso pareció funcionar, con la inflación y el desempleo relativamente bajos y una fuerte expansión económica.

En la década del 70, sin embargo, las teorías keynesianas fueron duramente puestas en cuestionamiento, especialmente por los monetaristas. La crisis del petróleo y la confusión económica de la década de 1970, con la aparición de la *estanflación*, abrió la puerta para que los gobiernos prestaran atención a la teoría monetarista.

Mientras Keynes pensaba que el objetivo central era combatir el desempleo, en el que el gasto estatal resultaba fundamental en la estrategia, los monetaristas sostenían que las personas debían arreglarse por su cuenta y la función del estado era vigilar y controlar la cantidad de dinero que circulaba en la economía, lo que significaba mantener la inflación a raya.

Milton Friedman (1912-2006) fue tal vez la voz más destacada del monetarismo, especialmente con su obra principal *"Una historia monetaria de Estados Unidos, 1867-1960"*, escrita en colaboración con Anna Schwartz.

Decía Friedman que *"la inflación es siempre y en todas partes un fenómeno monetario"*, por lo que inyectar dinero extra en el sistema (como lo sostienen los keynesianos), los gobiernos sólo lograban incrementar la inflación y generar un mayor daño a la economía. Sostenía que si la autoridad monetaria se encargaba de controlar los precios, los restantes aspectos de la economía (desempleo, crecimiento, productividad) se resolverían solos.

El monetarismo logró su expansión teórica a través del departamento de economía de la Universidad de Chicago. Tuvo su aplicación como política gubernamental durante los gobiernos de Ronald Reagan en Estados Unidos y Margaret Thatcher en Gran Bretaña, extendiéndose a un numeroso grupo de países.

Fernando Escalante Gonzalbo recuerda que *"Los "Chicago boys" forman parte del folklore político latinoamericano de los años setenta, pero no sin razón. La escuela de Friedman, Stigler, Becker, Posner, fue durante décadas la columna vertebral del proyecto neoliberal, y tuvo orgullosos discípulos en todo el mundo"*[12].

Dice Conway: *"John Maynard Keynes contra Milton Friedman: el combate del siglo. La cuestión no es simplemente que estamos ante una pareja de polemistas increíblemente inteligentes y con frecuencia cáusticos, procedentes de dos contextos muy diferentes, un inglés educado en Eton y un hijo de inmigrantes*

---

[12] Fernando Escalante Gonzalbo, *Historia mínima del neoliberalismo"*, 2015, p.37

húngaros de Brooklyn, sino que ambos representan doctrinas radicalmente opuestas. Se trata de la batalla ideológica fundamental de la economía de los últimos cincuenta años".[13]

El autor que comentamos refiere que el resultado final de la contienda entre Friedman y Keynes resultó, como sucede en un enfrentamiento entre gigantes, en un empate. Los bancos centrales modernos, al momento de decidir sus políticas, se concentran en los indicadores monetarios tanto como en otros más tradicionales.

La aplicación del keynesianismo resurgió en 2008, año en el que algunos economistas echaban la culpa de la crisis recesiva a la contracción monetaria.

NEOLIBERALISMO

"El mercado no es un hecho natural, no surge de manera espontánea ni se sostiene por sí solo, sino que tiene que ser creado, apuntalado, defendido por el Estado"

Fernando Escalante Gonzalbo

Hoy, en el campo de la economía y la política el gran debate se suscita en torno a un sistema de

---

[13] Edmund Conway, ob.cit., p.48

ideas que se ha impuesto en casi todo el mundo, creo que ese sistema es el *neoliberalismo.*

La expresión *neoliberal* comenzó a utilizarse en la década del 80 del siglo pasado, pero en rigor el neoliberalismo existe, según sus estudiosos, desde ya casi un siglo, cuando comienzan a aparecer en los años 30, en respuesta a la *Gran Depresión,* intenciones de reformar el liberalismo clásico (laissez faire) por otro que, conservando sus principios, otorgara mayor intervención al estado para la corrección de los inconvenientes del libre mercado.

En el último tercio del siglo XIX, las ideas liberales comenzaron a perder terreno especialmente por las deplorables condiciones de vida de la clase obrera a consecuencia del industrialismo. La vieja idea del funcionamiento libre del mercado (*laissez faire*), comenzó a hacerse insostenible.

Por lo que apareció entre los autores adherentes a la idea, la mantención de los principios liberales, pero acompañados de preocupaciones económicas enteramente nuevas, sobre todo la necesidad de intentar alguna redistribución del ingreso.

No tenían sentido la libertad y los derechos civiles sin la presencia mínima de un conjunto de condiciones materiales como el de un ingreso mínimo, salud, educación.

Hubo intentos en tal sentido, en lo que se dio en llamar el Nuevo Liberalismo o también Liberalismo Social.

El uso de la expresión fue dirigida en varios sentidos, pero cierto es que a finales del siglo XX y comienzos del siglo XXI, en especial en la izquierda latinoamericana, se utilizó como adjetivación derogatoria, cómo crítica a un gobierno o a decisiones políticas y económicas que se apartaran de los supuestos intereses populares.

El resultado fue que la palabra comenzó a perder consistencia y sustantividad, aunque, paradójicamente, su mala prensa fue acompañada de una cada vez más extendida aplicación en los países del orbe.

Para Escalante Gonzalbo, *"es sin duda la ideología más exitosa de la segunda mitad del siglo veinte, y de los años que van del siglo veintiuno...no es exagerado decir que vivimos, globalmente, un momento neoliberal"*[14].

En su interesante obra, sin dejar de admitir que el neoliberalismo tiene perfiles borrosos en parte debido al uso retórico del término, considera que el

---

[14] Escalante Gonzalbo, ob.cit., p.13

mismo *"es un programa intelectual, un conjunto de ideas acerca de la sociedad, la economía, el derecho, y es un programa político derivado de esas ideas"*[15].

Reconoce que entre los autores que adhieren a esta visión, existen diferencias importantes, pero cualitativas coincidencias.

Además de un programa intelectual al que adhieren economistas, filósofos, sociólogos, juristas, como Friedrich Hayek, Milton Friedman y Wilhelm Röpke, también es un programa político, un conjunto de leyes, arreglos institucionales, criterios de política económica, fiscal, cuyo propósito en sus primeros tiempos fue el de *aggiornar* el liberalismo clásico ante el avance de las ideas colectivistas.

Tanto Hayek como Friedman, lograron inyectar en la ideología burguesa, los argumentos teórico-científicos (obviamente tan discutibles como los creados por Marx) necesarios para competir con el marxismo en ese campo. Se trata de *"enfrentar al socialismo "científico" de Marx, con el capitalismo "científico" de Hayek"*.[16]

Según Escalante Gonzalbo, *"es posible poner una fecha concreta en el acta de nacimiento. Entre*

---

[15] Escalante Gonzalbo, ob.cit., p.12
[16] Enrico Udenio, ob.cit., p.177

el 26 y el 30 de agosto de 1938, convocada por Louis Rougier, se reunió en París una conferencia internacional con motivo de la publicación de la versión francesa del libro de Walter Lippmann, The Good Society. Asistieron 84 personas. Se discutió el nombre que podría adoptar el movimiento. Rueff propuso "liberalismo de izquierda", Rougier prefería "liberalismo positivo", finalmente, a propuesta de Rüstow, se optó por "neoliberalismo", para dejar en claro que no se trataba del liberalismo clásico, manchesteriano, pero tampoco del Nuevo Liberalismo de Hobhouse y Hill Green"[17].

El austríaco Friederich Hayek fue sin duda la figura mayor de la constelación neoliberal, especialmente cuando en 1944 publica su libro *Camino de servidumbre,* que servirá como referencia hacia adelante.

De ese núcleo de pensamiento, surgieron estrategias concretas para todos los ámbitos: hay una idea neoliberal de la economía, pero también hay una idea neoliberal de la educación, de la atención médica, de la administración pública, del desarrollo tecnológico, del derecho y de la política.

Podrían mencionarse algunas características del ideario neoliberal:

---

[17] Escalante Gonzalbo, ob.cit., p.19

1. Se confiere una nueva idea de Estado, no se pretende eliminarlo sino transformarlo en un instrumento que sirva para sostener y guiar la lógica del mercado.
2. El mercado es insuperable en términos técnicos, es un mecanismo para procesar información, que mediante el sistema de precios permite saber que quieren los consumidores, que se puede producir y cuánto cuesta hacerlo.
3. Pero también el mercado tiene superioridad en términos morales, porque permite que cada persona organice su vida en todos los terrenos de acuerdo a su propio juicio, a sus valores, a sus ideas de lo que es bueno y de lo que no lo es.
4. El programa noeoliberal tiende a establecer la idea de superioridad de lo privado sobre lo público, ya se trate de producir energía, administrar un hospital, construir una carretera.
5. Propenden a un conjunto de reformas legales institucionales que apunten a la privatización de los activos públicos (empresas, tierras, servicios); liberalización del mercado financiero y del movimiento global de capitales; utilización de mecanismos de mercado o criterios empresariales para hacer más eficiente la prestación de los servicios públicos; impulso sistemático hacia la

reducción de impuestos, baja de la inflación, disminución del gasto público y del déficit fiscal.

6. Sus principios políticos y éticos se basan en la existencia de una rigurosa división de los poderes públicos, la observancia estricta del orden jurídico, el respeto de un conjunto de valores basados en la libertad y la autonomía individual.

En el siglo XXI, el capitalismo liberal sigue impulsando vigorosamente el capital privado como el motor del desarrollo de un país. El estado, nunca es demasiado ágil para responder a los requerimientos de la sociedad.

Uno de los argumentos más poderosos del neoliberalismo es que un estado nunca devuelve en obras y servicios aquello que recauda. El estado, la historia lo prueba, siempre gasta todo el dinero que recauda, y todo el adicional que pueda. El déficit fiscal es la norma, en cualquier país que se elija, incluyendo los Estados Unidos.

El concepto es que el estado no regula sus gastos en función de sus recursos, no determina sus prioridades a través del gasto posible, sino del déficit políticamente tolerable. Es lo que la doctrina neoliberal pretende encauzar a través de una reestructuración del estado, que reduzca su tamaño, pero que a la vez sea más eficiente.[18]

El *neoliberalismo*, en sus comienzos, fue una filosofía económica surgida entre los eruditos liberales europeos en la década de 1930, que trataban de encontrar un "tercer camino" o un "camino entre medias" de la disputa que en ese momento se libraba entre el liberalismo clásico y la planificación económica propuesta por el socialismo.

El impulso de desarrollar esta nueva doctrina surgió del deseo de evitar nuevos fracasos económicos tras la Gran Depresión y el hundimiento económico vivido en los primeros años de la década de 1930, fracasos atribuidos en su mayoría al liberalismo clásico. En las décadas siguientes la teoría neoliberal tendió a estar en contra de la doctrina *laissez-faire* del liberalismo, promoviendo una economía de mercado tutelada por un Estado fuerte, modelo que llegó a ser conocido como la economía social de mercado (Wikipedia).

Luego de la etapa de apogeo del keynesianismo, especialmente luego de la Segunda Guerra Mundial, el neoliberalismo reaparece con fuerza en las décadas de 1970 y 1980, con representantes gubernamentales en los países centrales, como Ronal Reagan en Estados Unidos y Margaret Thatcher en el Reino Unido.

---

[18] Enrico Udenio, ob.cit., p.177 y 178

La aplicación de la política neoliberal, especialmente a través de los "muchachos de Chicago" en Chile durante la dictadura pinochetista, le trajo no pocos dolores de cabeza a sus mentores, no tanto por los resultados de su política económica, que resultaron exitosos para el país trasandino, sino por su aplicación en un régimen opresor e irrespetuoso de los derechos humanos.

Ello permitió el acrecentamiento de la mala prensa al identificar, especialmente en Latinoamérica, el neoliberalismo con la derecha política, y especialmente con la represión policíaca como sustento para su aplicación.

Esa mala fama se llegó a acrecentar con el crecimiento de la izquierda latinoamericana, que llegó a hacer una bandera la lucha contra las políticas neoliberales.

Paradójicamente, el neoliberalismo como sistema político y económico terminó imponiéndose en gran parte del orbe, también en Latinoamérica a partir del cuarto lustro del siglo XXI, en paralelo al desprestigio y caída del populismo izquierdista de nuestro continente.

SOCIALISMO Y COMUNISMO

"En una fase superior de la sociedad comunista, cuando la esclavizadora subordinación del individuo a la división del trabajo y con ello a la antítesis entre trabajo mental y físico haya desaparecido; cuando el trabajo se haya convertido no sólo en medio de vida, sino en la primera necesidad vital; cuando a la par con el desarrollo global del individuo hayan aumentado las fuerzas productivas y los manantiales de la riqueza colectiva fluyan más abundantemente, sólo entonces podrá rebasarse en su totalidad el estrecho horizonte del derecho burgués y podrá la sociedad inscribir en su estandarte: "¡De cada cual según sus capacidades, a cada cual según sus necesidades!"

KARL MARX, *Crítica del Programa de Gotha*

Según Javier Paniagua[19], el término *socialismo* no tiene una procedencia clara, comenzó a divulgarse en el primer tercio del siglo XIX en Inglaterra, precisamente la cuna del *revolución industrial*, cuyas características cambiaron de cuajo la sociedad de esos tiempos y, a la par de nuevas fuentes laborales y modalidades de trabajo, generaron una nueva clase, la clase trabajadora, cuya vida se tornó muy dura, en los

---

[19] Javier Paniagua, *"Breve historia del socialismo y del comunismo"*, ed. Nowtilus, 2010

límites de la subsistencia y la insalubridad, tanto en los lugares de labor cuánto en sus viviendas.

La reflexión sobre esa realidad estimuló a muchos autores sensibilizados por el estado de cosas, a buscar cambios radicales que dieran un vuelco en la situación.

Basados en el pensamiento de la Ilustración del siglo XVIII, y los nuevos vientos de la Revolución Francesa, comienzan a surgir alternativas de carácter *colectivista* que tienden a dar respuesta a la situación de la población obrera y campesina.

A medida que avanzaba la industrialización, la *cuestión social* se convirtió en el tema central de esos tiempos, analizada por escritores, ensayistas, economistas, religiosos, filántropos, legisladores y gobernantes. *"La dialéctica entre la libertad individual y la lucha por conquistar mediante la asociación, mejoras en las condiciones de vida o cambiar radicalmente el sistema capitalista fue el eje sobre el que giró la dinámica de los combates sociales de aquellos que vivían en los límites de la subsistencia"*[20].

El concepto de ciudadanía nació como superación de la estamentatización feudal, los nuevos derechos fueron la consecuencia de la revolución inglesa

---

[20] Paniagua, ob.cit, p.18

del siglo XVII, la estadounidense de 1776 y fundamentalmente la francesa de 1789.

Ello trajo aparejado nuevas formas de relacionamiento entre gobernantes y gobernados, poco a poco comenzó a extenderse el *liberalismo*, que sin constituir una teoría política completa y cerrada, fue alimentándose con los hechos y la confluencia de distintas corrientes de pensamiento que resaltaban la capacidad individual de decidir.

Se convirtió el *liberalismo* en la ideología de la burguesía, esa clase nacida al calor de la industrialización, que fuera protagonista de los principales movimientos revolucionarios de entonces.

En ese punto, los trabajadores comprobaron que la libertad para fabricar, comerciar, ampliar los mercados, no los comprendía. La libertad para elegir el gobierno apropiado y votar las leyes que se consideraran convenientes, para salvaguardar la libertad de expresión y asociación, para respetar los derechos individuales, no eran iguales para todos, una determinada renta trazaba la raya entre ciudadanos con todos los derechos y obreros y campesinos sin tierra.

A finales del siglo XVIII y comienzos del XIX, comenzaron a surgir pensadores y activistas que adscribieron a la idea de una sociedad basada en la comunidad de bienes, en el trabajo obligatorio y en la igual distribución de los productos, la eliminación de la propiedad privada y su sustitución por un sistema colectivista de propiedad estatal a través de productores cooperativizados.

Fueron ellos los denominados *socialistas utópicos,* término que, si bien fue acuñado en 1839 por Louis Blanqui, adquirió virtualidad teórica a partir de las obras de Carlos Marx y Federico Engels, que lo denominaron como tales para diferenciarlo de su propia elaboración doctrinaria a la que llamaron *socialismo científico*.

En 1848, Marx y Engels publicaron el *Manifiesto Comunista*, mediante el cual pretendieron trazar las diferencias entre las reivindicaciones democráticas de la burguesía y los intereses de los *proletarios*, incluyendo en la categoría de clase a obreros industriales y a trabajadores autónomos que vivían de su oficio, como zapateros, carpinteros, pintores, etc.

Según Engels, el socialismo marxista se distingue de los demás socialismos, en su *método científico*, que no es otro que el enfoque basado en el *materialismo histórico*, la constatación histórica que es la lucha de clases la que genera cambios en la sociedad.

El comúnmente denominado *marxismo* es, nada más y nada menos, el modelo teórico compuesto por Marx, y su colaborador Engels, enriquecidos en la práctica por los aportes de muchos autores, entre ellos el de Vladimir Ilich Ulianov (Lenin), que tiene una concepción de la historia, de la evolución de las relaciones sociales y económicas y de la estructuración futura de la convivencia, conforme a una metodología semicerrada de pensamiento, que tuvo muchos fallos en la práctica.

Existen algunos conceptos básicos de la teoría marxista:

1. Basado en la lógica hegeliana de la dialéctica, Marx analiza la historia humana en torno a los conceptos de clase social, contradicción y división del trabajo. Basado en ellos, en el Manifiesto Comunista Marx formula por primera vez su tesis central de la evolución humana, la *lucha de clases*: *"La historia de todas las sociedades que han existido hasta ahora, es la historia de la lucha de clases"*.

2. El segundo concepto es el de la *plusvalía*, que es desarrollado en su obra *El Capital*. La teoría de la plusvalía descansa en el cálculo de valor que desarrolla, distinto al de la teoría capitalista, en el que el mismo está sustentado en el *"tiempo socialmente necesario para la producción de mercancías"*. No es más que el excedente

monetario originado por el trabajo humano presente en cualquier acción productiva y del que se apropia gratuitamente el capitalista o empresario. El plusvalor que el trabajo incorpora al precio de la mercancía, es el robo que el burgués propietario de los medios de producción le hace al trabajador, legitimado por un estado de derecho capitalista que consagra la propiedad privada sobre los medios de producción.

3. El tercer concepto es el de *ideología*, que Marx identifica como un elemento superestructural, que es el que justifica los modos de la dominación capitalista sobre el trabajo, y la explotación del trabajador.

4. La sociedad capitalista irá avanzando en su contradicción principal, hasta que la clase proletaria realizará la revolución e implantará un nuevo orden. Según el modelo teórico del marxismo, una primera fase supondrá la *dictadura del proletariado* como clase social sobre el resto, en los que la propiedad privada será disuelta y los medios de producción administrados por el estado. La fase final será el *comunismo*, estadío en el que las clases no existirán, el estado se disolverá, y la igualdad humana será el elemento central de la convivencia.

Durante el siglo XX, se produjeron movimientos políticos y sociales inspirados en la teoría marxista, como los de la revolución rusa, la revolución china y la revolución cubana.

En rigor de verdad, no toda la doctrina política de dichos acontecimientos se sustentaron exclusivamente en los conceptos de Marx.

En la Unión Soviética, el líder de la revolución bolchevique, Lenín, cree que era equivocado el concepto de Marx respecto a que la revolución se produciría con la rebelión espontánea de los trabajadores para derrocar a sus opresores. *"Lo que se necesitaba era una vanguardia de un partido de revolucionarios profesionales -un grupo de élite de intelectuales radicalizados como él mismo-, que dirigiría a los trabajadores a la revolución y les guiaría para establecer una dictadura temporal del proletariado"*.[21] La teoría de la vanguardia intelectual de Lenín es lo que acabará conociéndose como *marxismo-leninismo*.

La caída del Muro de Berlín en 1989, y la posterior disolución y salida de la Unión Soviética del comunismo, no fue sino la consecuencia de la causa fundamental del modelo teórico marxista: su discordancia con la psicología humana.

En algún momento del siglo XX, casi la mitad de la población mundial vivía bajo gobiernos que se

---

[21] Ben Dupré, ob.cit., p.79

declaraban comunistas. Hoy, apenas subsisten un par de países con tal ideología, gobernados por dictaduras recalcitrantes.

El capitalismo, por una parte, no evolucionó conforme las predicciones de Marx, sus aspectos negativos fueron ralentizándose a través de regulaciones legales y, además, por la vigencia controlada de la mano invisible. El mudo no cayó en el desempleo generalizado y tampoco los períodos cíclicos de crisis y auges, que efectivamente se daban en el mundo capitalista, fueron tan profundos y extensos como para minar el sistema y crear las condiciones objetivas para la revolución marxista.

"Mientras que las fuerzas de la oferta y la demanda creaban economías dinámicas que generaban riquezas a un ritmo veloz los sistemas centralizados de la Unión Soviética y China se anquilosaron y ahogaron la innovación. Sin competencia entre compañías...la economía sencillamente funcionó al ralentí, empujada por los burócratas", comenta Edmund Conway.[22]

Tampoco los países que se incorporaron al comunismo tenían las características de las sociedades que, según Marx, generaría la revolución espontánea. No eran naciones muy industrializadas con una fase superior

---

[22] Edmund Conway, ob.cit., p.53

de capitalismo económico, en su mayoría funcionaban en una economía agrícola, con una sociedad bastante pobre y subdesarrollada.

Definitivamente, las barreras físicas y jurídicas que debieron establecerse para que los habitantes de los países comunistas no emigraran (Cuba, Alemania Oriental, etc.), son el testimonio vívido de un sistema patético, que no pudo salir de su diseño teórico y que en los hechos se reveló como antinatural, únicamente sostenido por fuerza de feroces dictaduras.

Asimismo, cuando cayó finalmente el telón y las antiguas repúblicas soviéticas se abrieron a la mirada de Occidente, resultó palmario que, en comparación con el mundo libre, eran países terriblemente subdesarrollados.

LA GLOBALIZACIÓN

"La globalización es un hecho de vida, pero pienso que hemos subestimado su fragilidad"

Kofi Anan

La globalización es un fenómeno polifacético que está ya instalado entre nosotros, las naciones poco pueden hacer para neutralizar sus inconvenientes, aunque casi todas se benefician con sus ventajas.

Su llegada constituyó la erosión continuada de la soberanía de los estados-nación, otrora con sus fronteras celosamente vigiladas. Hoy, además de la desaparición de las mismas en casos como el de la Unión Europea, las fronteras se han vuelto permeables y porosas, con un tráfico incontenible, real y virtual, una imparable avalancha de mercancías, personas, ideas, información.[23]

Las cuestiones han cambiado su centro, que ha pasado desde lo nacional a lo global.

Rodolfo Casadei define de esta forma la globalización: *"Es un proceso de integración de las realidades mundiales y de creciente interacción e interdependencia entre las partes del mundo. En la globalización, como en todo proceso de integración, parcela de sistemas separados entran a formar parte de un mismo y común sistema. Los procesos actuales de integración más notables son los económico-financieros, pero la globalización concierne también a la cultura, a la política, a los sistemas de seguridad, a la ciencia y a la tecnología"*.[24]

El mundo, evidentemente, se ha encogido. La evolución de la tecnología en las comunicaciones, el espacio virtual, ha permitido el

[23] Ben Dupré, ob.cit., p.196
[24] Rodolfo Casadei, *Los mitos de la nueva izquierda,* 2005, Tempi Duri, p.19

relacionamiento a un click en todo el planeta. Relaciones personales, transferencias bancarias, operaciones comerciales, intercambios culturales, cambiaron tan profundamente en su gestación, que los límites espaciales han cedido en favor de una autonomía casi sin trabas o separaciones.

La evolución del transporte también ha posibilitado que el encogimiento del mundo virtual tenga su correlato en el ámbito real.

Comemos las mismas comidas en todo el mundo, vestimos la misma ropa, las mismas marcas están instaladas en cada lugar del planeta, vemos los espectáculos deportivos que se suceden en cualquier país, compartimos la música a un click.

La mundialización de la vida tiene sus muchas ventajas aunque también dificultades. Lo cierto es que no es reversible, no es cuestión de una nación o un gobierno, es la consecuencia de un proceso imparable que requiere de nuestra parte sacarle el mayor provecho.

Es cierto que, como el capitalismo, la globalización tiene mala prensa, su nombre se utiliza frecuentemente en sentido peyorativo para criticar la economía mundial del siglo XXI. Para ello se evocan imágenes de talleres de trabajo esclavo en Malasia, centros de atención de llamadas en Bangalore, sucursales de Starbucks y Mc Donald's en todo el mundo.

Lo que no puede ignorarse es que la mundialización de la vida ha traído progreso económico para gran parte de las naciones del planeta, especialmente en las menos favorecidas, y que generó un período de quince años, antes de 2007, de estabilidad y crecimiento como nunca antes.

A pesar de que el término se instaló en la última parte del siglo XX, debe decirse que el fenómeno de la globalización no es nuevo, ni siquiera nace en el siglo pasado, ya existía aún antes que Colón descubriera América en 1492, con el vibrante comercio entre Europa y Oriente.

Dice Dupré que, en algún sentido, el desembarco de Colón en el Nuevo Mundo por ejemplo, representa un caso clásico de globalización, *"el encuentro de dos continentes y dos mundos después del cual ninguno de los dos volvería a ser el mismo"*.[25]

En tiempos victorianos del Imperio Británico, escribe John Maynard Keynes que *"el habitante de Londres podía ordenar por teléfono, mientras tomaba el té de la mañana, diversos productos de toda la tierra, y esperar que le fueran entregados oportunamente en su*

---

[25] Dupré, ob.cit., p.198

puerta; podía en el mismo momento y por los mismos medios, invertir su riqueza en los recursos naturales y las nuevas empresas de cualquier parte del mundo y compartir sus frutos y ventajas futuros".[26]

Pero, tal cual lo conocemos ahora, el fenómeno fue profetizado ya en los años 60, por el teórico de los medios de comunicación canadiense, Marshall McLuhan, con su concepto de *aldea global*: *"La circuitería eléctrica ha derrocado el régimen de "tiempo" y "espacio" y vierte sobre nosotros, instantánea y continuamente, las preocupaciones de todos los demás hombres. Ha reconstruido el diálogo a escala global. Su mensaje es el Cambio Total, que ha puesto fin al provincianismo político, económico, social y físico...El nuestro es un nuevo mundo de "todo a la vez". El "tiempo" se ha detenido; el "espacio" ha desaparecido. Ahora vivimos en la aldea global".[27]*

La reciente globalización se sostiene en los siguientes factores clave[28]:

1. El *libre comercio*, para lo cual los países han derribado un sinnúmero de trabas y barreras arancelarias para la importación y la exportación. La incorporación de China al proceso, debido al

---

[26] Conway, ob.cit., p.166
[27] Dupré, ob.cit., p.197
[28] Conway, ob.cit.,p.167/168

tamaño colosal de su población y al coste menor de su mano de obra, generó la llegada masiva de productos baratos a las naciones ricas.

2. La *externalización de las compañías*, que reducen sus costos trasladando la producción de sus bienes y servicios a lugares dónde les resulta más económico.

3. La *revolución en las comunicaciones y en el transporte.* El comercio internacional se vio favorecido por una transformación sin parangón de las comunicaciones, especialmente con los cables de fibra óptica que permiten el estallido de las empresas.com a través de super avenidas de banda ancha con una conexión rápida y barata. La estandarización de los contenedores de mercaderías también facilitó el intercambio a gran escala y de manera más sencilla y estandarizada.

4. La *liberalización de las fronteras*, que permitió la circulación de personas, mercaderías y capitales entre los países que favorecieron el crecimiento de los mercados.

5. La *armonización jurídica.* Los países hicieron esfuerzos para acercar las regulaciones normativas de cada estado en un mismo sentido, especialmente en el reconocimiento de la propiedad y de la propiedad intelectual.

El profeta de la *aldea global*, Marshal McLuhan, mostraba ya en la década de 1960 su entusiasmo ante tal perspectiva. Uno de sus discípulos más influyentes, el filósofo derechista estadounidense Francis Fukuyama, en 1992 conjeturaba que la desaparición de la Unión Soviética *"podría señalar el punto final de la evolución ideológica de la humanidad y la universalización de la democracia liberal occidental como forma definitiva de gobierno humano"*, para agregar que el triunfo del liberalismo significaba que *"una cultura verdaderamente global ha emergido, centrada en el crecimiento económico impulsado por la tecnología y las relaciones sociales capitalistas necesarias para producirlo y sostenerlo"*.

Sin dudas que la globalización es un fenómeno que ya no depende de las decisiones unilaterales de los gobiernos, su instalación trajo la generación de nuevos intercambios en todos los niveles que han adquirido una dinámica propia sin dependencia directa de los antiguos conceptos de soberanía de los estados.

Con el final del feudalismo y la industrialización moderna, *"la nación-estado se constituyó en el vehículo político y administrativo central de la Modernidad y en el más formidable agente de desarrollo económico, de la democratización política y del progreso social de la historia humana"* dice Fernando Iglesias, para agregar que *"es este mismo éxito el que originó su actual crisis"*[29].

La nación moderna fue el vehículo para motorizar el sistema industrial de producción y egresar del feudalismo, fue la nueva frontera económica y política de aquellos nuevos tiempos.

Pero hoy, con el crecimiento exponencial de la producción, la universalidad económica, el movimiento de capitales, la tecnología de la información y las comunicaciones, con todas las consecuencias positivas y negativas que ello ha implicado, las fronteras nacionales han quedado obsoletas.

Para dar respuesta a algunos desafíos fundamentales como la unificación de las regulaciones, el control del uso legal y legítimo del capital, las condiciones adecuadas de trabajo y de salarios, la competencia justa, es que se deben dar nuevas formas de organización, teniendo en cuenta que las naciones-estado han quedado obsoletas para algunas tareas fundamentales que requieren del concurso de nuevas organizaciones transnacionales.

---

[29] Fernando Iglesias, *¿Qué significa ser progresista en la Argentina del siglo XXI?*, Sudamericana, p.11

Tan es cierto lo sostenido por Fernando Iglesias, que en este cuarto lustro del siglo XXI, también los países centrales sostienen una disputa en cuánto a aspectos fundamentales de la globalización, tanto que algunos, como el Estados Unidos de Trump, están adoptando políticas proteccionistas para resguardarse - según sus argumentos- de la competencia desleal.

La prisión en Canadá, de Meng Wanz-hou, vicepresidenta de la enorme empresa china Huawei, especialista en telecomunicaciones, por orden de la justicia estadounidense, responde no sólo a la disputa comercial entre China y Estados Unidos, sino también a la descarnada política ofensiva del gigante asiático, que ha sido acusado de robo tecnológico, espionaje industrial y el pago de gigantescos sobornos a los gobernantes de distintos países para la consecución de jugosos contratos.

Es evidente que Estados Unidos no abandona su política de "policía del mundo", aunque esta vez no ya desde el costado político, sino desde el comercial, extendiendo sus normas locales y la competencia de su justicia a todo el orbe, lo que es una vez más arbitrario y peligroso.

Sin embargo, tampoco podemos obviar los peligros y daños que al mundo causa que hayan zonas liberadas para la explotación laboral, la corrupción como medio para la captación de negocios y fundamentalmente la falta de cumplimiento de elementales normas de preservación del ambiente, para lo cual se hace evidente la necesidad de una mayor unificación de normas y de una autoridad extra nacional que las haga cumplir con mayor efectividad que hasta el presente.

En lo económico, los países en general fueron beneficiados, especialmente aquéllos que generaron tecnología, y grandes sectores de población antes sumergidos tuvieron un efecto positivo en sus economías, disminuyendo las condiciones de pobreza extrema.

La creación de riqueza, la transformación de los circuitos económicos y de la tipología empresaria, la ampliación geométrica de los mercados, el abaratamiento de los productos, el incremento incesante del consumo, trajo beneficios importantes para casi todo el mundo.

Otro aspecto favorable, es que la existencia de vínculos económicos fuertes entre las naciones, ha actuado como un poderoso factor disuasivo para ir a la guerra. El periodista estadounidense Thomas Friedman, sostuvo que nunca dos países que tuvieran restaurantes Mc Donald's habían guerreado entre sí, afirmación que, siendo fácticamente comprobable, dejó de ser absoluta cuando en 2008 Rusia atacara a Georgia.

Cómo expresó Conway: *"La idea en síntesis: la globalización es la adrenalina del capitalismo"*.

Sin embargo, como no puede ser de otra manera, el proceso de mundialización de las relaciones económicas trajo aparejados aspectos negativos de consideración, que no pueden ser obviados, pero que no neutralizan, a mi juicio, el resultado finalmente positivo para la humanidad.

La crítica a la globalización se efectuó desde tres ángulos:

1. *Económico*, porque el crecimiento de la riqueza no tuvo su correlato en su reparto en forma equitativa. De hecho, la desigualdad en el mundo ha aumentado a niveles que no se conocían desde hace más de ochenta años. Más abajo dedico un parágrafo especial a comentar sobre la riqueza y su inequitativa distribución.

2. *Derechos Humanos,* teniendo en cuenta que se multiplicaron, especialmente en el sector de ropa y calzado, los talleres de trabajo esclavo, empleados con salarios extremadamente bajos, jornadas larguísimas y condiciones lamentables.

3. *Cultural*, dado que la creciente influencia mundial de las grandes multinacionales occidentales, con sus cadenas y sus populares marcas, han desnaturalizado la cultura de los pueblos con la

pérdida de identidad, y han marginado a los productores y comerciantes independientes.

Hay quienes opinan que la pérdida de identidad cultural como consecuencia de la globalización es de relativa importancia, porque la influencia nunca se produce en un proceso unidireccional.

Mencionando abundante investigación, han establecido que *"cuando dos culturas distintas se encuentran, nunca sucede que una sencillamente domine y desplace a la otra, más bien se da un sutil proceso de fertilización cruzada en el que surge algo distinto y nuevo, algo que puede ser enriquecedor para ambas partes"*.[30]

Sin embargo, los seres humanos son territoriales por naturaleza, no cosmopolitas, tienen un sentido de arraigo que forma parte de sus instintos más básicos, y a pesar de la curiosidad que pueden experimentar por lo novedoso, retienen un fuerte sentido de pertenencia a su núcleo social y a su sistema de creencias y costumbres locales.

Otra cuestión a considerar es el papel que los estados-nación, como unidad política, tienen ante el proceso de globalización económica.

---

[30] Dupré, ob.cit., p.199

Es manifiesta la situación en que el movimiento comercial mundial ha sabido establecer sus propias reglas que, sucesivamente, va logrando la unificación de las legislaciones nacionales que lo posibiliten.

Sin embargo, resulta evidente que los organismos mundiales de países, ni los multilaterales, tienen la suficiente organicidad e *imperium*, para hacer frente a las nuevas reglas de juego que precisan árbitros de competencia mundial.

Hoy, el cumplimiento de los mínimos laborales, tanto de salarios como de condiciones, la vigencia de los principios de competencia leal y legal en el mercado mundial, el movimiento de capitales con muy poco control, la competitividad como producto de condiciones similares, son muy difíciles de vigilar, en tanto y en cuanto los instrumentos democráticos no han pasado del nivel nacional al mundial, como sí lo han hecho los de carácter económico.

Dice Fernando Iglesias[31], un activista global de la primera hora, que es necesario conciliar los intereses nacionales de la actividad política, con los globales. Escribe en contra los nacionalismos paranoides y aislacionistas, y destaca que, dentro de los desafíos de la

---

[31] Fernando Iglesias, *ob cit*.

globalización, está la construcción de nuevos valores y nuevos instrumentos democráticos, que precisamente le permitan al estado-nación proveer a la defensa pacífica y racional de los intereses propios, sin renunciar por ello a las ventajas del mundo globalizado.

PROGRESISMO

"El kit básico del progre es un móvil, un hashtag y una sentada en una plaza bien armado de cerveza...aunque una buena manifestación nunca será rechazada"

Gloria Alvarez, *"Cómo hablar con un progre"*

Como definición política, el progresismo tuvo su origen en el contexto de la Revolución Liberal del siglo XIX, designando a los partidarios de las transformaciones económicas, políticas e intelectuales de la época, por oposición a quienes defendían el orden existente, calificados como conservadores.

El concepto fue mutando a lo largo del siglo XX, variando significativamente su representatividad. Cada lugar hoy le da su carácter: en Europa, es una izquierda democrática no necesariamente marxista, en E.E.U.U. el ala izquierda del Partido Demócrata.-

En América Latina, el progresismo está asociado a corrientes políticas complejas y muchas veces contrarias entre sí, una especie de izquierda difusa, combinada con un nacionalismo cavernario, un estado benefactor y gobiernos de corte populista, de variables dosis de autoritarismo. Lo que se dice, una mezcla.

El régimen que gobernó el país en los tres primeros lustros del siglo XXI, se autoinscribió en el *"progresismo"* latinoamericano, y en él pudo observarse la coexistencia de fuerzas en apariencia opuestas, como la intolerancia cuasi nazi de D'Elía, el izquierdismo otoñal de Carta Abierta y la vanguardia juvenil instalada en los sillones de poder y las butacas de comitiva.

Tengo para mí que en el mundo las categorías políticas están teñidas de una relatividad casi esencial.- Los moldes ideológicos han caído conjuntamente con el Muro de Berlín.- A partir de allí, los países, sus dirigencias, los pueblos, adoptaron caminos desandados desde sus propias necesidades, y las denominaciones cayeron en desuso, salvo para los que se quedaron en el pasado o intentaron construir alternativas a partir de los rescates nostálgicos.- En nuestro país, los años setenta sirvieron para eso.-

No creo que el progresismo sea patrimonio de un sector político, tampoco que tenga una condición autónoma. En nuestro país, con el gobierno de los Kirchner, se fue desarrollando una retórica calificada como progresista, con poco de ideas y mucho de banalidad.-

¿Quién de nosotros no desea el progreso? ¿Ud. no señora o señor?

Ese progresismo argentino no nació del seno social, sino como construcción del poder. Desde los inquilinos del mando estatal, desde los millonarios de retórica izquierdista o desde los artistas de escenarios oficiales, se fue instalando una especial cultura "progre", que cubrió algunas anchas avenidas del devenir comunitario.-

Justo es decir que, a partir de la actividad incesante de organizaciones representativas de minorías sociales, se lograron reconversiones cualitativas en temas que dividen las miradas, cómo la ley del matrimonio igualitario y normas dirigidas hacia la misma óptica de la indiscriminación sexual.

La mirada progresista de los problemas no tiene monopolio político, hoy la sociedad no es la misma, ha "aggiornado" su mirada sobre distintas cuestiones que antes constituían dogmas intocables y hoy son objeto de una mirada más analítica.

Sin embargo, ello no significa que aspectos nucleares del funcionamiento social deban ser modificadas simplemente por la decisión de una parcialidad, sin el análisis y el debate necesario del conjunto. No hablamos de cuestiones instrumentales, de la deuda, de la inflación, del presupuesto, hablamos de una relación condescendiente con el delito, una amistosa convivencia con la droga, el aborto, de nuevas normas penales y civiles que cambien de cuajo el paradigma de relaciones.

Temo, por ello, que debemos ser extremadamente cuidadosos cuando adoptamos posturas sin el análisis debido, no son las modas mediáticas o las poses políticas las que deben presidir nuestras decisiones.

En tal sentido, el progresismo kirchnerista hubo instalado una mirada inquietante sobre el delito. Desde un extraordinario teórico del Derecho Penal, devenido en vocero doctrinario del modelo kirchnerista, hasta la opinión casi liviana de actores, cineastas y cantantes, empollados por el dinero púbico, se pretendió instalar la idea del delincuente como víctima social del sistema, una suerte de dilema rígido entre no comer y delinquir.

Szifrón, entre otros, el director de la exitosa película "Relatos Salvajes", dijo al aire que "si no tuviera satisfechas las necesidades básicas, incursionaría en el delito". Un reduccionismo oportunista y demagógico, por parte de quienes fueron los usufructuarios del poder, del político, del económico, del artístico.

Lo grave es que este concepto bajó desde el mismo gobierno. El entonces Secretario de Justicia, el camporista Julián Alvarez, dijo que "la desigualdad genera personas que delinquen".

Si la mirada "progre" es que la posición en relación al delito está determinado por el nivel social y económico de cada uno, esa visión clasista genera un falso silogismo de hierro: el que es pobre, es delincuente, y cómo la pobreza no ha sido solucionada por el modelo, la delincuencia debe tolerarse. Ese es el mensaje del progresismo de estado: *"si no tenés plata, necesariamente tenés que ser chorro"*.

El delito es un problema complejo e integral de la sociedad. Son víctimas todos los sectores, especialmente los menos favorecidos.

Esta hipócrita mirada de los "empoderados" del sistema, es una bofetada sonora hacia todos aquellos argentinos que, viviendo en villas o en situación de pobreza, llevan una vida honrada, digna, son los verdaderos héroes y las principales víctimas de delincuentes, ladrones, asesinos, narcotraficantes, son los que diariamente resisten a aquéllos que les roban sus escasas pertenencias, que quieren conducir a sus hijos al paco, que invaden sus casas.

Estos ciudadanos honestos de las villas constituyen la mayoría silenciosa, pero flaco favor les hacemos cuando el mensaje del poder estatal es la solidaridad con sus vecinos delincuentes.

Un programa de televisión realizaba una encuesta entre transeúntes de clase media, preguntando si incursionarían en el delito si fueran pobres. Error. La encuesta debió ser hecha entre aquéllos que viven diariamente la pobreza, para darse cuenta de la heroicidad de sus conductas que, pese a las adversidades, persisten en la buena senda.-

Pero éstos, necesitan de la visión solidaria del estado, no de una actitud hipócrita del falso progresismo que, sobándole el lomo a los delincuentes, generan precisamente el efecto contrario en el ánimo de la sociedad, que se vuelve cavernaria, básica, y quiere tomar el camino de la justicia por mano propia.

Si dieciocho millones de planes sociales, ciento veinte mil millones de pesos destinados a los mismos, más de sesenta programas asistenciales, no han servido para destrozar la matriz de pobreza de la Argentina, es hora de que comencemos a pensar en caminos alternativos, que refuercen la dinámica asistencialista con crecimiento económico que posibilite trabajo digno y estable.

Mientras eso no suceda, la retórica del falso progresismo seguirá siendo una bofetada hipócrita al hombre humilde que resiste en su dignidad.

El progre no tiene buena mirada en los países en general: En España se les llama *izquierda caviar*; en México, *chairos* o *pejezombies*; en Cuba, *comecandela*; en Guatemala, *guerrilleros de cafetería*; en El Salvador, *izquierdosos* o *ninis*; En Costa Rica, *chancletudos*; en República Dominicana, *zurdos*; en Colombia, *mamertos*; en Perú, *caviar*; en Venezuela, *robolucionarios* o *boliburgueses*; en Ecuador, *chupamedias* o *perrunios*; en Argentina, *progres* o *hippie con Osde*; en Uruguay, *socialatas* o *zurdos caviar*; en Brasil, *esquerda caviar* o *mortadela*. En 1970, Tom Wolfe los denominó *radical chic*.[32]

RIQUEZA Y DESIGUALDAD SOCIAL

La generación de riqueza es un elemento esencial del sistema capitalista, como que se ha develado como el método económico más eficaz para producirla.

---

[32] Gloria Alvarez, *Como hablar con un progre*, p.9

Pero a la par, es connatural al sistema las dificultades para que la misma llegue a todos los seres humanos, especialmente para combatir los extremos inhumanos de la pobreza y el hambre.

Caído el sistema comunista, por el propio peso de su ineficiencia e inaplicabilidad, la pobreza y el hambre siguen siendo problemas capitalistas, problemas del propio sistema, que deben resolverse dentro del mismo, y que los gobiernos le han dado diversa metodología para enfrentarlo, sin lograr un definitivo equilibrio.

Seguramente que es un tema de debate filosófico, pero a una primera lectura el objeto fundamental de la vida es alcanzar la felicidad, el bienestar, y en ese camino el aspecto material ocupa un lugar importante.

No se trata de constituirlo en el objeto principal de nuestra existencia, tan sólo de reconocer que precisamos de un conjunto de bienes imprescindibles para tener una vida digna.

Todo ser humano en esta tierra, por el sólo hecho de serlo, tiene derechos básicos, indispensables, entre ellos el de compartir la riqueza en el mínimo nivel para la subsistencia en condiciones razonables. Esto constituye la plataforma vital de la vida civilizada, alimentación, vestido, salud, y un techo, son los trazos gruesos del transcurrir de la existencia.

Con una visión del extremo liberal, es posible sostener que todo lo que un individuo logra en la vida, debe sustentarse invariablemente en el propio esfuerzo para conseguirlo, talento, voluntad, dedicación, creatividad, son los componentes esenciales para el progreso individual y social.

En la otra punta, se ubican los que hacen de la ayuda social el fundamento de la subsistencia del sector menos pudiente de la sociedad, asignando al estado el papel regulador y repartidor de premios y castigos.

En el medio, siempre hay un medio, queda un gran campo que abona la tesis del progreso en función del esfuerzo propio, pero también con un componente solidario para los que han llegado a esta vida con una disfunción social de origen, aquellos que necesitan del bastón fraterno para poder caminar a la par de sus congéneres.

En este punto nos detenemos para hablar de dos conceptos que tienen que ver con la calidad de la vida planetaria: la riqueza y la distribución de la riqueza.

La simple observación del mundo nos muestra que en esta época tecnológica postmoderna y de economía globalizada, la riqueza material, la producción de bienes para la vida, esenciales y no esenciales, se ha incrementado exponencialmente.- Es también casi una verdad de Perogrullo que la riqueza, en los últimos treinta años, ha ingresado en un proceso de concentración espectacular, es decir en pocos que tienen mucho, ¡pero mucho, eh¡ Mensualmente, publicaciones especializadas nos exhiben el ranking del exclusivísimo club de los "mil millonarios", cada uno de ellos con fortunas que casi ni pueden contarse.-

A la par del aumento de la riqueza y su concentración en pocas manos, existe un proceso mundial de pauperización de la pobreza (aunque parezca un pleonasmo) y de degradación de la clase media. Pobres, medio pobres, y una gruesa capa de pobres potenciales, ven disminuida su participación en la renta mundial.

De tal manera, hoy es posible concluir indubitablemente que el mundo ha generado un silogismo cruel y contradictorio: a mayor riqueza, mayor pobreza, porque la riqueza se continúa privatizando y la pobreza se socializa cada vez más.

Unos pocos números: la riqueza combinada de las mil personas más ricas del mundo es casi el doble que la riqueza de los 2.500 millones más pobres, según el Instituto Mundial para la Investigación del Desarrollo Económico (Helsinski).- La OIT estima que 3.000 millones de personas viven por debajo del umbral de pobreza, establecido en 2 dólares por día.- El FMI indica que el país más rico es 292 veces más rico que el país más pobre.- En E.E.U.U., en 1960 el salario medio de un ejecutivo de empresas era 12 veces mayor que el salario medio de un trabajador fabril, en el año 2000 la brecha se amplió a 531 veces.-

La teoría capitalista y liberal sugiere que el incremento de la riqueza resulta la plataforma indispensable para el progreso económico de la sociedades, la acumulación del capital en pocas manos termina derramándose al conjunto, el enriquecimiento de los más ricos acaba revirtiendo en el resto, el progreso individual tiene como derivación el progreso social.

La "mano invisible del mercado" o el mito de la marea creciente que levanta a todos los barcos por igual, resultan la traducción metafórica del fenómeno capitalista. Según la ortodoxia económica, una fuerte dosis de desigualdad produce economías que crecen de manera más rápida y eficiente, dando lugar a un pastel económico más grande.

Sin embargo, parece ser que la teoría contrasta con la experiencia de los últimos treinta años, según el sociólogo polaco Zygmunt Bauman, autor de un pequeño gran librito titulado "¿La riqueza de unos pocos nos beneficia a todos?"

En Estados Unidos, nación emblemática si las hay, el número de milmillonarios se multiplicó 40 veces en los 25 años anteriores a 2007, mientras la riqueza total de los 400 norteamericanos más ricos aumentó de 169 mil millones de dólares a los 1.500 miles de millones de dólares.- Sin embargo, casi todo el crecimiento del producto nacional que consiguió ese país desde el colapso crediticio de 2007, más del 90% del mismo cayó en manos del 1% de los estadounidenses.- Actualmente, el 20% más rico de la población consume el 90% de los bienes, mientras que el 20% más pobre apenas consume el 1%.- Amancio Ortega, propietario de las 1.600 tiendas de Zara, ganó en 2011 más de 66 millones por día.-

Según Bauman, casi todos los estudios indican que, paralelamente al incremento de la riqueza mundial, la desigualdad está creciendo rápidamente en todos los rincones del orbe, los muy ricos son cada vez más ricos, mientras que los pobres, y especialmente los muy pobres, son cada vez más pobres. En el medio, un grueso sector que se pauperiza.

La desigualdad, según el polaco, tiene hoy su propia lógica y su propio ritmo, un frankenstein creado por los mismos humanos que tiene movimiento autopropulsado. La conclusión del móvil autonómico es que los ricos se están enriqueciendo sólo porque son ricos, y los pobres se empobrecen sólo porque son pobres.

Las preguntas son: ¿el futuro de una persona está determinado exclusivamente por su propio cerebro, su talento sus esfuerzos, su dedicación, o por el contrario tiene un destino que le marcan sus circunstancias sociales, su lugar geográfico de nacimiento, la situación social de sus padres? ¿Una o la otra, o ambas combinadas en distinta proporción?

Lo cierto es que existe un crecimiento exponencial de la riqueza, pero la misma se concentra en pocas manos y no derrama al resto como debería, produciendo naturalmente un panorama de incremento de la desigualdad social.

La teoría ortodoxa no parece hacer pie en las soluciones, tampoco el populismo distribucionista. Caídas en descrédito los esquemas colectivistas, habrá que seguir buscando los caminos para que la riqueza siga evolucionando, pero que sus beneficios alcancen más equitativamente al mayor número de personas.

EL ESTADO O LOS INDIVIDUOS: DISCUSION SUPERADA

A propósito de opiniones que reducen la suerte de la condición humana casi exclusivamente a la capacidad individual de procurarse los propios medios, condenando la transferencia de recursos de los que más poseen hacia los que no tienen lo básico para la subsistencia, repensamos cuestiones que han sido objeto de debate a través de los tiempos y que creíamos superadas.

En el mundo actual, a nadie se le ocurre cuestionar la existencia del estado; la discusión persistente es hasta dónde debe intervenir en la vida de los individuos.- Desde el liberalismo irreductible hasta los estatismos de la más variada gama, ninguna de tales posiciones extremas ha logrado consolidarse en la vida de los pueblos y en el campo real de la organización social.- La desaparición del comunismo, como expresión extrema del intervencionismo estatal, hasta la inaplicabilidad comprobada del individualismo liberal, dieron lugar a una serie de modelos que combinan el principio del hombre como promotor de su propio destino con la necesidad de la organización común para establecer reglas básicas de convivencia y garantizar niveles mínimos de subsistencia para la condición humana.-

Ha quedado en los pliegues de la historia, el interrogante acerca de si el hombre tiene derechos por el sólo hecho de ser persona, independiente de sus cualidades y sus esfuerzos. Los derechos individuales, políticos, sociales, ambientales, agrupados muchos de ellos como derechos humanos de tercera y cuarta generación, han sido reconocidos por casi todos los países en su respectivos ordenamientos jurídicos, a partir de su consagración universal en los instrumentos supranacionales.-

Cierto es que el motor de la historia, el combustible del progreso, el núcleo de la creatividad, es el esfuerzo humano, la dedicación personal.- La impronta individual es el elemento insustituible en la evolución de la humanidad.- La compensación económica, el reconocimiento social, la satisfacción espiritual, resultan la contrapartida justa y necesaria.- Sin embargo, la historia de la humanidad no está escrita sólo por la suma de historias individuales, las sociedades que han marcado una época determinada son las que han sabido amalgamar trabajo individual, organización comunitaria y objetivos comunes, además de los éxitos pero también de los fracasos individuales.

Es que existe un contexto social que suma a la libertad humana un condimento algo determinista, que condiciona el rendimiento meramente personal, provocando resultados que no siempre son en proporción directa a la apuesta individual. La igualdad de oportunidades, necesaria para comparar resultados individuales, es un concepto que tiene que estar garantizado por la organización social, razón por la cual la lucha individual está excedida por los condicionantes globales.

De tal modo, la intervención del Estado se fue haciendo necesaria para proponer las reglas de convivencia y para compensar las desigualdades sociales. Es cómo en una competencia de 100 metros llanos, en que la organización deportiva garantiza que todos corran con los zapatos especiales y no algunos descalzos.

Para eso existe el estado, para que se compensen las desigualdades, y todos tengan las mismas oportunidades de competir, de trabajar, de vivir con dignidad. De tal modo, es el estado –no como entelequia sino como organización humana- quien actúa para intentar compensar desigualdades, poniendo dónde tiene que poner y sacando dónde debe hacerlo. Ese es el desafío, siempre perfectible como toda tarea humana.-

No debe existir en el ordenamiento jurídico, en la organización estatal, en el gobernante, la motivación perversa de despojar de parte de sus bienes al que trabaja, sólo que el aporte del que más tiene es consecuencia de la obligación social de contribuir, para que luego se compensen las inequidades a través de la distribución.

De tal modo, alimento, vestido, vivienda, salud, educación, extremos indispensables para la vida en comunidad, deben ser promovidos, con un estándar mínimo, por la organización social, es decir por el Estado.

En la era moderna, el siglo XX se constituyó en el banco de pruebas de experiencias de un estado omnipresente, que diseñaba, intervenía y ejecutaba, dejando al ciudadano sólo la opción de seguir tras el rebaño. El sistema comunista, al él nos referimos, cuando perdió un ladrillo se desplomó entero como un castillo de naipes, producto de la artificialidad de su esquema, ajeno a la naturaleza humana.-

El principio es la iniciativa privada como impulsor primigenio, con un estado presente que garantice reglas claras, estables y niveles vitales básicos. Este es el rumbo que ha tomado el mundo: ni el liberalismo individualista ni el estatismo ineficiente e invasor.-

Con todo, los sistemas siempre suponen el ejercicio de la responsabilidad colectiva. Sin ahorro e inversión no hay futuro. La incitación permanente al consumo exagerado, el gasto sin medida, ha hecho que países con economías aparentemente consolidadas comenzaran a padecer las consecuencias de sus propios derroches. Una sociedad dispendiosa y una dirigencia exitista, es una mala combinación para el futuro de cualquier país, lo fue para nosotros, lo está siendo para Europa.-

En un nivel mucho mayor de urgencia, el mundo tiene débitos sociales y humanos de primera trascendencia. Debemos reconocer que los sistemas, las ideologías, la tecnología, los gobiernos, no han podido domesticar los flagelos más tremendos de la humanidad, como el hambre y la pobreza extrema, aunque cierto es que la disminuyeron considerablemente.

Es cierto que los números han progresado, pero todavía miles de personas mueren de hambre al día, más de 1.000 millones de personas viven actualmente en la pobreza extrema (menos de 1,25 dólar al día), el 70% son mujeres, más de 1.500 millones de seres humanos no tienen acceso al agua potable,1.000 millones carecen de vivienda estimable, 840 millones de personas malnutridas, 200 millones son niños menores de cinco años,2.000 millones de personas padecen anemia por falta de hierro, 880 millones de personas no tienen acceso a servicios básicos de salud,2.000 millones de personas carecen de acceso a medicamentos esenciales.

Mucho se ha hecho pero –aunque parezca contradictorio- queda todo por hacer. El esfuerzo individual es la fuerza motriz, la solidaridad es el combustible espiritual.

En suma, la consigna del mundo actual es: *"ayuda a tus semejantes a levantar su carga, pero no te consideres obligado a llevársela"*.

C A P I T U L O II

LA NEOIZQUIERDA

"El nuevo enemigo no es ya el comunismo, sino el terrorismo"

José Natanson

LA DESAPARICIÓN DEL MUNDO BIPOLAR

Cuenta Enrico Udenio que *"Los dinosaurios, a pesar de ser los más poderosos, desaparecieron mientras que otras especies, en apariencia más débiles, sobrevivieron. La virtud fundamental de éstas fue que pudieron cambiar y adecuarse a las exigencias que imponía la misma naturaleza a través del paso del tiempo".*[33]

El liberalismo, al decir de *Udenio*, ha sido más pez que dinosaurio. Bueno o malo, o mejor dicho bueno y malo, demostró que durante más de 250 años fue el sistema que más y mejor se adaptó a los cambios que el mismo ser humano impuso.

No podía pensar el *barón de Montesquieu*, cuando publicara su obra en 1748, El espíritu de las leyes, que diera inicio a un proceso verdaderamente revolucionario en las reglas políticas, económicas, culturales y sociales, que más de dos siglos y medio después, en un mundo extremadamente distinto del siglo XXI, se seguiría con la misma base ideológica, el liberalismo.

Pasaron en el medio el marxismo, el fascismo, el nazismo, los distintos nacionalismos, los populismos de diversa raigambre, el fundamentalismo religioso, el anarquismo, entre otros, con intentos más o menos radicales de cambiar los principios liberales, y terminaron por sucumbir ante ellos.[34]

"El 9 de noviembre de 1989, exactamente a las 18:53, Günter Schabowski, portavoz del Politburó del

---

[33] Enrico Udenio, *Corazón de derecha, discurso de izquierda*, Ugerman, 2004, p.19
[34] Enrico Udenio, ob.cit., p. 20

Partido Socialista de Alemania del Este, anunció en una conferencia de prensa la decisión del gobierno de simplificar los trámites para viajar fuera del país. *"Los viajes privados al extranjero se pueden autorizar sin la presentación de un justificante, motivo de viaje o lugar de residencia"*, informó. -¿Cuándo entrará en vigor?-le preguntaron los periodistas. *Schabowski dudó unos segundos, consultó sus notas y respondió: - Inmediatamente. La noticia generó una estampida de alemanes orientales al puesto de control de Bornholmer Strasse, que a las once de la noche quedó completamente desbordado por una marea humana que al cabo de unas horas, con picos y palas, derrumbaría para siempre el Muro de Berlín"*, relata José Natanson en su libro La Nueva Izquierda.[35]

Caía el símbolo más patético de un sistema que tuvo que construir barreras físicas y legales, para impedir que las personas escaparan de las verdaderas mazmorras en que se habían convertido los países que giraban bajo la órbita de la Unión Soviética.

Pero la explosión y el súbito desborde de gente fue la culminación de tensiones que se fueron acumulando en el tiempo y que llevaron a la Unión Soviética, a través de sus nuevos dirigentes, a diseñar caminos de salida del sistema comunista, incapaz a esa altura de dar respuestas económicas, sociales y políticas a sus ciudadanos.

---

[35] José Natanson, *La Nueva Izquierda,* Debate, p.4

La caída del comunismo, en el que el muro sólo constituía su símbolo más execrable, dejaba blanco sobre negro el fracaso de una teoría, la marxista leninista, que en toda la línea dejó a los países en el más absoluto subdesarrollo, que se tornó más evidente cuando la comparación se hizo directa con los países del otro lado de la valla en momentos en que los escombros eran ya testigos mudos de un pasado al que no se volvería.

La envasada teoría de Carlos Marx, que de la doctrina pasó a la práctica en 1917 con la Revolución Rusa, no tuvo pasos intermedios que pudieran calibrar los comportamientos con el método de prueba y error.

La naturaleza humana se presentó como un problema insoluble para la teoría marxista, tanto que el cierre de sus fronteras fue la respuesta para la subsistencia de un sistema que amenazaba con su desaparición si permitía el libre tránsito de sus ciudadanos.

Ni pasó totalmente lo que predecía el autor respecto a la crisis terminal del capitalismo, ni se cumplieron las etapas previstas en el desarrollo de la revolución comunista.

El capitalismo no se vio degenerado, al menos no totalmente, por un sistema monopólico y explotador. Al contrario, tuvo capacidad de adaptación conforme evolucionaban los tiempos y las tecnologías. Ese *aggiornamento* es lo que le permitió subsistir y actualizarse a los nuevos requerimientos.

Tampoco se configuró la tesis marxista de la mundialización de la revolución a raíz del crecimiento de la explotación capitalista y la reacción de la clase proletaria.

El sistema capitalista de producción no se configuró de igual manera en todos los países, muchos de ellos con economías agrarias todavía atrasadas, y consecuentemente tampoco se constituyó un clase de trabajadores industriales explotados que constituyeran la materia prima de un proletariado.

Un ejemplo de ello es que la revolución comunista sólo pudo realizarse con las características de tal, en dos países casi no industrializados, con economías pastoriles absolutamente atrasadas, como Rusia y China.

Tampoco el mundo, tal cual lo preveía Marx, se vio desbordado por la explotación y el desempleo, y las crisis recurrentes del sistema capitalista encontraron en la labilidad del propio sistema las soluciones coyunturales que las circunstancias ameritaban.

Asimismo, no se configuró la secuencia de la revolución comunista, con un primer paso de la toma del poder por parte del trabajador industrial explotado, el establecimiento de la etapa de la dictadura del proletariado, con la abolición de la propiedad privada de los medios de producción, y una segunda, con un comunismo plenamente realizado, la desaparición de las clases sociales y una sociedad con verdadera libertad para todos.

La panacea marxista quedó a medio camino, en que el estado, conducido por una burocracia política, se apropió de los bienes y de la vida de las personas, reduciendo las libertades a un mínimo, deteriorando las condiciones de vida de las personas a niveles dramáticos e imponiendo un autoritarismo represor como único modo de mantener el sistema y el manejo por parte de los privilegiados del mismo.

La dicotomía mundial, esa tensión permanente entre el occidente capitalista y el Oriente comunista, que nos introdujo en un mundo de permanente tensión, con un largo período de una guerra sorda y no declarada, la Guerra Fría, desapareció conforme se disolvió la Unión de Repúblicas Socialistas Soviéticas, dejó de ser un polo de poder con la suficiente enjundia para contrapesar el influjo de los Estados Unidos.

José Natanson expresa que *"A partir de 1989 la Unión Soviética dejó de ser un poder capaz de poner en función de sus intereses geopolíticos a los gobiernos subordinados, perdió buna parte de su carácter amenazante y liberó de la obligación de la competencia bipolar a un Washington super poderoso, que en poco tiempo extendió su influencia a prácticamente todo el planeta"*.[36]

El mundo se volvió aún más globalizado, el sistema de producción capitalista se instaló en casi todos los lugares del orbe, incluyendo al gigante asiático, China, que combinó el autoritarismo político con la producción capitalista y con un bajo nivel de protección salarial de sus trabajadores, lo que le permitió que sus costos se volvieran absolutamente competitivos en un mundo en que los capitales se emancipaban de su carácter nacional.

Hoy, el sistema comunista apenas subsiste en países absolutamente empobrecidos, como la Cuba castrista y la Corea del Norte de la dinastía de Kim Il-sung y su hijo Kim Jong-sung.

¿El porqué de todo ello? El capitalismo es producto colectivo de la evolución humana, el socialismo, en cambio, el resultado de la creación teórica. Así fueron los resultados.

La desaparición del bloque comunista eliminó la bipolaridad mundial, y los países en general se comenzaron a adaptar a un sistema común de producción y comercio, el capitalista, con un sistema político similar, el democrático.

Podría decirse, no sin cierta generalización, que el mundo se ha convertido en unipolar, con la

---

[36] José Natanson, ob.cit., p.239

hegemonía aún vigente de los Estados Unidos, aunque comienzan a verificarse las transformaciones que los procesos globalizadores conllevan y que nos están conduciendo a un modo de convivencia universal de características renovadas.

IZQUIERDA Y DERECHA, SUS DEFINICIONES CONCEPTUALES Y LAS FORMAS DE ENTENDERLAS

Desaparecido el mundo bipolar, se hizo más dificultoso establecer diferencias reales entre los conceptos de derecha e izquierda. Sin recurrir a los etiquetamientos, al observador imparcial le resulta escabroso identificar los regímenes políticos de los distintos países sólo con estudiar sus políticas públicas y categorizarlas en la díada derecha-izquierda.

Los antecedentes históricos de la terminología izquierda y derecha determinan que los mismos comenzaron a utilizarse durante los tiempos de la Revolución Francesa, y que, más que una categorización estrictamente política, definía la ubicación geográfica de los adherentes y de los contrarios a la política del rey.

En la votación del 11 de setiembre de 1789, de la Asamblea Constituyente francesa, los diputados que aceptaban la injerencia del rey (veto) en las leyes aprobadas, se ubicaron a la derecha del presidente de la Asamblea, y a su izquierda los que la rechazaban y estaban a favor de un cambio político y social.

Con el tiempo, el concepto fue variando, en general eran considerados de izquierda los partidarios del cambio, y los conservadores de derecha, aún dentro del régimen comunista. Especialmente tras la caída del muro de Berlín, desaparecido el elemento físico y jurídico de diferenciación, los límites se tornaron confusos.

Sin embargo, fue con la doctrina marxista que adquirió el concepto de izquierda una sustancialidad de la que antes carecía, trascendiendo su antecedente geográfico para inscribirse en el concepto de concepción política que participaba de una idea social colectivista, basada en la inexistencia de la propiedad privada de los medios de producción. Ser de izquierda era ser partidario del socialismo.

Resultaba fundamental como insumo informacional de la identificación política de un sujeto, su ubicación dentro de la cadena de producción. Así, la burguesía capitalista se identificaba fuertemente con la derecha, en sus conceptos, valores y formas; el obrero era partidario de la izquierda política, que le aseguraba en su concepción una futura sociedad comunista sin clases, sin explotación burguesa y con bienestar general.

Cierto es que la centralidad del trabajo como instrumento diferenciador, iba estrechamente de la mano de la existencia de un bloque comunista y otro capitalista, lo que facilitaba la ubicación política con sólo mirar el mapamundi.

Pero esto ya no es así, por lo que la clasificación de las cuestiones políticas a veces se mueven en terrenos movedizos, que no tienen una referencia central sino que resumen posicionamientos en una variedad infinita de temas, que no siempre pueden determinar nuestra posición ideológica de manera clara y contundente.

Interrogarse acerca de las políticas públicas de los gobiernos en términos de izquierda-derecha, o de las identificaciones partidarias e individuales con uno de ellos, es preguntarse sobre conceptos, valores, ideas, que muchas veces tienen gran volubilidad y volatilidad. Tan difícil resulta luego definir con claridad, como antes se hacía, con una raya conceptual y un muro real, tanto que podemos decir parafraseando a Fernando Savater que hoy las naciones están pobladas por *ciudadanos ambidextros*.

Según los uruguayos González Ferrer y Queirolo Velazco[37], *"izquierda y derecha (o liberales y conservadores) son conceptos usados ampliamente para estudiar partidos y otros objetos políticos, pero tienen al menos dos problemas. Primero, no es claro que sean útiles fuera de las democracias prósperas. Segundo(...)hay dos*

---

[37] Luis Eduardo González Ferrer-Rosario Queirolo Velazco, *Izquierda y derecha, formas de definirlas*, Luis
BIBLID [1130-2887 (2013) 65, 79-105]

familias de enfoques. Por un lado, una tradición histórico-analítica y, por otro, un enfoque basado en(...) la competencia de partidos".

Hoy día, la dimensión izquierda-derecha, denominada dimensión ideológica, paradójicamente sigue siendo muy utilizada, a pesar que sus diferencias conceptuales y prácticas en el campo político e institucional de gran parte de los países, han sido prácticamente borradas por un pragmatismo creciente, o se han tornado tan difusas que resulta difícil distinguirlas.

Sin embargo, un estudio de 2006 (Knight) revela que más de la mitad de los artículos de investigación política publicados en los últimos cincuenta años, hablan de ideología y dentro de ella el papel relevante de la categorización espacial izquierda-derecha.

A principios del siglo pasado, no lo era. En los años sesenta, con la discusión del fin de las ideologías, fue puesta en duda su vigencia, ello se repitió en los noventa con la tesis de Fukuyama del fin de la historia (1992) y la implosión del *socialismo real*.

Los autores uruguayos mencionados, expresan que la dimensión en cuestión parece ya no ser útil para estudiar las complejidades políticas en el ámbito de los países desarrollados y también en los países latinoamericanos. Se presentan, hoy por hoy, una familia de problemas identificados con las dificultades de definir ideas, principios, políticas, que agrupadas puedan identificar una u otra posición ideológica.

A esas dificultades sustantivas, se agregan aquéllas introducidas por los propios actores políticos y sociales que actúan como jueces (los votantes, las agrupaciones sociales, los partidos políticos, las élites políticas y académicas) al calificarse a sí mismos o a los distintos objetos políticos.

Los votantes evalúan a través de las encuestas; las élites partidarias o académicas al dar su opinión de expertos. Unos y otros, introducen menos conceptos sustantivos y más elementos circunstanciales.

Huber e Inglehart (1995), señalaron que la medición *"de las ideologías partidarias y de las posiciones que los partidos adoptan ha seguido tres estrategias diferentes: el análisis de los manifiestos de los partidos..., el análisis de encuestas de opinión pública...y las evaluaciones de los expertos" (Huber e Inglehart 1995: 75-76)".*[38]

Está establecido que las etiquetas ideológicas pueden resultar de suma utilidad para identificar, dar sentido y comunicarse entre los individuos en el complejo mundo de la política.

Sin embargo, estudios realizados en varios países (Inglehart y Klingemann, 1976), determinaron que

---

[38] Luis Eduardo González Ferrer-Rosario Queirolo Velazco, ob. cit.

el significado de los términos *derecha* e *izquierda* varían entre individuos y entre países.[39]

Las élites intelectuales y políticas tienen un instinto para determinar aquello que es "políticamente correcto", aunque no sea la realidad. Los políticos del ala derecha del espectro, no se autodefinen como derechistas, argumentando que la diferenciación derecha e izquierdas ya no tienen sustento actualizado, o sea evitan la calificación, aunque ideológicamente se acerquen a ese segmento. No sucede lo propio con los ubicados a la izquierda en el espectro ideológico, que sí confieren validez a la dicotomía.

En síntesis, la derecha no tiene, casi nunca la tuvo, buena prensa; en cambio la izquierda, por más desatinos que haya cometido, tiene un halo de progresismo y humanismo que muchas veces no responde a razones reales, pero que está instalado en el imaginario colectivo.

Las mediciones que arrojan las encuestas de opinión pública acerca de la autoreferencialidad ideológica en términos de izquierda y derecha, no arrojan resultados confiables. Los votantes utilizan la dimensión como un atajo, un sesgo referencial, para decidir su voto, sin necesidad de recurrir a un largo proceso de reunir y

---

[39] Elizabeth Zechmeister y Margarita Corral, *Perspectivas desde el Barómetro de las Américas: 2010 (Num.38), "El variado significado de "izquierdas" y "derecha en América Latina"*

procesar información acerca de las propuestas de candidatos y partidos

"Cuando se ha decidido si uno es de izquierda o de derecha (o de algún lugar intermedio, más o menos distante de las dos puntas), siempre que sea necesario elegir entre partidos, candidatos o políticas, basta con elegir los que están más cerca de la posición propia."[40]

No hay que olvidar que el discurso de las élites y el medio en que se da la información política, afecta sin dudas a la semántica y a su contenido, de manera tal que los etiquetamientos de las políticas públicas también tienen que ver con aquello que la gente entiende por derecha y por izquierda.

Ha quedado demostrado también que el entendimiento ideológico y el uso de conceptos abstractos, requieren de un grado importante de esfuerzo cognitivo, por lo que la ideología varía conforme sean los niveles de educación, información y participación política.[41]

LA DIMENSIÓN IDEOLÓGICA EN AMÉRICA LATINA

No voy a referirme en este tramo del libro, a aquello que se dio en llamar la nueva izquierda latinoamericana o el socialismo del siglo XXI,

[40] Luis Eduardo González Ferrer-Rosario Queirolo Velazco, ob. cit.
[41] Luis Eduardo González Ferrer-Rosario Queirolo Velazco, ob. cit.

denominaciones que se hallaron para designar a aquellos gobiernos que con el nuevo siglo alumbraron en gran parte de la América hispana, y que hoy se encuentran en retirada. Ello será objeto de un análisis separado.

Deseo, en cambio, considerar aquí la naturaleza y la penetración que la dimensión ideológica tuvo en la sociedad y en los partidos políticos de América Latina, considerando el caso especialísimo de la Argentina.

Los estudios académicos dan cuenta de la confusión existente en el ámbito latinoamericano de la dimensión, tanto en cuanto a la autoidentificación de votantes como a la calificación de las élites partidarias.

Coppedge[42] realiza una clasificación de los partidos políticos (1997) en América Latina, teniendo en cuenta el eje izquierda derecha.

En la clasificación original de Coppedge, así están considerados

1. los *partidos de derecha* son aquellos: a) cuyo público objetivo son los herederos de las élites tradicionales del siglo XIX, que b) usan un discurso fascista o neofascista o c) son apoyados por militares. De derecha serían entonces los

---

[42] COPPEDGE, Michael. The dynamic diversity of Latin American party systems. *Party Politics*, 1998, vol. 4 (4): 547-568.
http://dx.doi.org/10.1177/1354068898004004007; mencionado por González Ferrer - Queirolo Velazco, ob cit.

defensores más elitistas del orden establecido, incluyendo a los nostálgicos del siglo XIX, a los que se inspiran en las grandes corrientes autoritarias europeas de la primera mitad del siglo XX y a los que recogen las tradiciones autoritarias (y militaristas) más locales.

2. Los *partidos de centro-derecha* serían los que, además del apoyo de las élites, buscan deliberadamente «votantes de capas medias o bajas haciendo énfasis en la cooperación con el sector privado, el orden público, gobiernos honestos, moralidad, o la prioridad asignada al crecimiento económico antes que a la distribución de sus resultados» (Coppedge (1997: 8).

3. Los *partidos de centro* serían los que a) promueven el liberalismo político clásico sin una agenda social o económica destacada, o b) partidos gobernantes cuyas políticas (policies) oscilan entre izquierda y derecha sin mostrar consistencia a través del tiempo.

4. Los *partidos de centro-izquierda* serían los que hacen énfasis en la justicia, la igualdad y la movilidad social, tratando de no alienar votantes de las élites.

5. Los *partidos de izquierda*, finalmente, priorizan la distribución sobre la acumulación, y asignan gran peso al Estado.

Teniendo en cuenta la autoidentificación de los votantes, que van desde el 1 (izquierda) al 10 (derecha), las encuestas indican que el promedio está girado hacia la derecha, por ejemplo levemente en el Uruguay con 5,19; Bolivia con 5,23 Chile y Venezuela con 5,26, y más marcadamente en Honduras con 6,64 y Colombia con 6,24 (Fuente Barómetro de las Américas 2006/2007). La encuesta no incluye a la Argentina.

Según González Ferrer y Queirolo Velazco, en América Latina, por lo menos a mediados de la primera década del siglo XXI, hay una discrepancia entre la clasificación de los partidos políticos en la escala izquierda-derecha realizada por expertos con aquellas basadas en las autoidentificaciones ideológicas de los votantes. El desacuerdo podría considerarse bajo en países como Chile, Venezuela, Uruguay y Honduras y alto en Colombia, Brasil y Nicaragua.

Para los autores que comentamos, los desacuerdos registrados entre los juicios de las élites y los de los votantes en la dimensión izquierda-derecha, en muchos casos por demás evidentes, no significan que unos estén en lo cierto y los otros estén equivocados.

Para ellos, las clasificaciones de los partidos realizadas por expertos reflejan la historia y las circunstancias específicas de su tiempo y lugar. En cambio, las realizadas por los votantes miden el punto a que se ha llegado en un proceso de aprendizaje colectivo necesariamente largo. La mejor manera de analizarlo, es combinando ambas perspectivas.

Basados en un trabajo posterior [43] (2010), realizado en 22 países de América Latina, a la pregunta ("según el sentido que tengan para usted los términos "izquierda" y "derecha", cuando piensa sobre su punto de vista político, ¿dónde se colocaría en la escala de 1 a 10- dónde 1 es izquierda y 10 es derecha"), la media entre todos los países se ubicó entre 5 y 6, excepto República Dominicana que aparece en la derecha en un 7.

Las diferencias que se advierten entre la calificación de las elites políticas y académicas sobre los posicionamientos de los partidos y las personas en el eje izquierda-derecha, y la autoidentificación electoral del votante, nos muestran hasta dónde lo políticamente correcto (que es la ubicación preferida de la clase política y que tiene tendencia a la izquierda) no responde en paralelo con el pensamiento de las personas comunes (cuyo promedio es el centro, con una leve inclinación al centro derecha).

¿ES VÁLIDA LA DICOTOMIA DERECHA-IZQUIERDA EN EL SIGLO XXI?

---

[43] Elizabeth Zechmeister y Margarita Corral, ob. cit.

"Una izquierda sin derecha es, además de una imposibilidad geométrica, un absurdo político"

José Natanson

Con la virtual desaparición del bloque comunista, que en algún momento del siglo XX llegó a abarcar casi la mitad de la población mundial, es válido preguntarse si puede hablarse en el nuevo siglo de la dicotomía izquierda-derecha, si los países que en Latinoamérica se auto titularon de socialistas pueden catalogarse en tal categoría, si existe todavía la izquierda y la derecha como calificación política, y cual es el alcance que tal definición comprende.

Norberto Bobbio (1909-2004) es un jurista filósofo y politólogo italiano, que podría ser considerado un socialista liberal. En 1994 publicó un libro, *Derecha e Izquierda*, del que extraemos algunas conclusiones.

Su prologuista, Joaquín Estefanía, dice que Bobbio era un hombre moderado de izquierda, que creía que la tendencia dominante es dirigirse hacia un centro, que unas veces es centro izquierda y otras, centro derecha.

Decía Bobbio que *"En una sociedad democrática, pluralista, dónde existen varios grupos en libre competición, con reglas del juego que deben ser respetadas, mi convicción es que tiene mayor posibilidad de éxito los moderados (...). Guste o no guste, las democracias suelen favorecer a los moderados y castigan a los extremistas. Se podría también sostener que es un mal que así ocurra. Pero si queremos hacer política y estamos obligados a hacerla según las reglas de la democracia, debemos tener en cuenta los resultados que este juego favorece. Quien quiera hacer política día a día debe adaptarse a la regla principal de la democracia, la de moderar los tonos cuando ello es necesario para obtener un fin, el llegar a pactos con el adversario, el aceptar el compromiso cuando este no sea humillante y cuando es el único medio de obtener algún resultado"*.[44]

Según Estefanía, las elecciones al Parlamento Europeo de 2004, establecieron que las diferencias instaladas entre la derecha y la izquierda, *"sean poco más de un centímetro ideológico y práctico"*.

Reconoce Bobbio que siempre ha dado al término izquierda una connotación positiva, y negativa al término derecha. Sin embargo, es evidente su inclinación a la desconfianza en una política demasiado ideologizada. Es partidario de la prevalencia del gobierno de las leyes frente al gobierno de los hombres; el elogio constante de la democracia; la defensa a ultranza de una política laica, entendido el laicisismo como ejercicio del espíritu crítico contra los opuestos dogmatismos de católicos y comunistas; y una incondicional admiración por el sistema político británico.

---

[44] Norberto Bobbio, Derecha e Izquierda, 1994, prólogo de Joaquín Estefanía, p.2 y 3

Comentando sus últimas ideas antes de su muerte (2004), Estefanía considera que Bobbio sigue creyendo que la díada izquierda y derecha tañe a duelo cada vez con mayor frecuencia, por la aparición de otras contradicciones, adhiriendo a la idea que Fernando Savater calificara como *"sociedad de ambidextros"*: *"No hay gente químicamente pura de izquierdas o de derechas, sino que todo el mundo tiene componentes de ambas ideologías y todas las personas cuerdas son contradictorias y sólo los locos son monotemáticos, esa dualidad continúa vigente, permanece activa. ¿Es que debe sorprendernos, se pregunta, que en un universo como el político, constituido sobre todo por relaciones de antagonismo entre partes contrapuestas (partidos, grupos de intereses, facciones, pueblos, relaciones internacionales, naciones, ciudadanos...), la manera más común de representarlas sea mediante la díada izquierda-derecha?"*[45]

En el sentido indicado por Bobbio, entiendo que las polarizaciones políticas del siglo XXI, pasan por otras dimensiones. Describir el mundo con la polarización entre derecha e izquierda, es una idea que atrasa, por lo menos, treinta años, teniendo en cuenta que el término *izquierda* acabó internalizando el concepto de colectivismo marxista, o, de manera menos extrema, el carácter socialista de la identificación. De tal manera, la

---

[45] Norberto Bobbio, ob.cit., p.3 y 4

caída del mundo comunista trajo aparejada el derrumbe de la categorización política de la izquierda.

La vieja idea de una izquierda representante del proletariado oprimido contra los intereses de las grandes empresas y la burguesía es cosa del pasado.

Hoy, las caracterizaciones de izquierda pasan más por auto definiciones de gobiernos que casi nada tienen que ver con la realidad de sus ideas ni con el sentido de sus políticas. Pasa lo mismo con las ubicaciones políticas que las personas se atribuyen.

Más adelante describiremos aquello que, a mi juicio, significa hoy la nueva izquierda, especialmente la nueva izquierda latinoamericana, que ideológicamente no parece ya contraponerse al sistema liberal capitalista, antes bien sus propuestas apenas alcanzan a los mayores acentos en políticas de moderación de las consecuencias negativas del mismo, antes que una visión doctrinariamente distinta.

La derecha, por otra parte, que sería la contracara de una división ideológica del mundo, también ha casi desaparecido, sus viejas propuestas fundadas en el fascismo o el nacionalismo han quedado casi archivadas en el tiempo, sólo rescatadas incidentalmente por algunos grupúsculos extremistas o por la aparición de políticos con discursos de la contrapolítica, que se consumen en su propio fuego de carácter fatuo, para fenecer con la misma rapidez con la que aparecieron, o para olvidarse en gestión de gobierno de sus propuestas intolerantes, ante la contundencia de los problemas reales que deben enfrentar.

"La perspectiva es relacional. Como explica el sociólogo chileno Fernando Mires, una izquierda sin derecha es, además de una imposibilidad geométrica, un absurdo político", escribe Natanson.[46]

Pienso que los conjuntos de opuestos o distintos, en el mundo actual de las ideologías, pasan por otros parámetros.

Algunos de ellos pueden ser:

- *Categorización organicista*, en la que entrarían las posiciones de políticas *liberales* por un lado (que hace su centro en la actividad privada como promotora de la riqueza, y un estado eficiente acotado a determinadas materias, chico en su estructura y ágil en su gestión), y *estatistas* por el otro (un estado interventor, empresario y sostén de gran parte de la actividad económica). No hay aquí, a mi juicio, una diferencia ontológica, teniendo en cuenta que, en distintos momentos del siglo XX, los países instrumentaron políticas con menor dosis de intervención estatal en la economía (como las llevadas a cabo por Reagan y Thatcher en los ochenta) y en otros la misma fue mayor, como las

[46] José Natanson, ob.cit., p.247

políticas del *New Deal* de Roosvelt y especialmente con la crisis de 2008, en la que se dio la mayor intervención estatal de la historia para salvar a bancos y evitar el hundimiento del sistema. Parecería, en la práctica, una cuestión de gradación en torno a la mayor o menor intervención estatal, conforme sea el momento económico por la que atraviese el mundo, pero siempre dentro del sistema del capitalismo occidental.

- *Categorización temporal*, en la que la dicotomía podría ubicarse entre quienes son tradicionalistas y promueven políticas *conservadoras*, y aquellos que creen que el progreso se mueve hacia adelante y es con políticas de cambio, de tinte *progresista*, que debe gobernarse la sociedad.

- *Categorización política*, en la que la contradicción se produce en el ámbito de la gestión gubernativa, entre quiénes promueven la vigencia *democrática* en el origen y en el desarrollo, y quiénes, a pesar de un origen democrático, imponen modos de gobierno de corte *autoritario*.

- *Categorización unicista*, en la que se discute cuál es la unidad política y económica del siglo XXI, por una parte el estado-nación dentro de sus fronteras y con políticas proteccionistas, los *nacionalistas*, y por la otra la promoción de uniones regionales para intervenir en los procesos *globalistas* del mundo moderno.

- *Categorización economicista*, que podría formar parte del debate de la sobrevivencia de la derecha y de la izquierda, en la que los promotores del sistema *capitalista* que han copado la mayoría de los países del orbe, y una economía de tipo *colectivista*, hoy ya arrinconada a pocos y pequeños países en el subdesarrollo más absoluto.

ESTOS NUEVOS IZQUIERDISTAS

Coincidimos con Bobbio que hoy la tendencia dominante es dirigirse hacia el centro, el centro político y económico.

En términos ontológicos, la discusión del siglo XX entre el capitalismo liberal y el comunismo, ha perdido vigencia teórica y práctica por la desaparición del bloque comunista y el *aggiornamento* de la tesis liberal.

En los tiempos que corren, ni la nueva izquierda es tan izquierdista ni el neoliberalismo es tan liberal.

Es más, creo que la denominada nueva izquierda no tiene vida propia, carece de naturaleza distintiva en el campo filosófico, político y económico que le permita disputarle al neoliberalismo, por vía de la contradicción, el terreno filosófico, político, económico y social dónde se juegan las alternativas de las sociedades en el mundo actual.

La teoría marxista leninista, que se instrumentó en los hechos de manera incompleta en el bloque soviético, tenía como objeto la eliminación de la propiedad privada de los medios de producción, la instauración de una dictadura de la clase proletaria, para finalmente llegar a la solidaridad completa en una sociedad sin clases (objetivo trunco). Su medio de acceso al poder fue la violencia revolucionaria.

Claramente contrastaba con la tesis liberal, propia del mundo occidental, en que la propiedad privada y el ánimo de lucro constituían el basamento de la evolución de la democracia liberal.

Pero el marxismo leninismo, considerado la verdadera izquierda revolucionaria, no pudo pasar de su etapa primigenia. La dictadura del proletariado en realidad alcanzó sólo a ser la dictadura de la burocracia política, en medio de una centralización absoluta de la economía y la vigencia de un poder autocrático.

La nueva izquierda no fue construida, en la realidad, con los escombros ideológicos y políticos del derrumbe soviético, no mantuvo uno sólo de los basamentos doctrinarios importantes de la doctrina marxista, antes bien su metodología de subsistencia, especialmente en los países del tercer mundo, fue el de la mimetización con los reclamos que siempre se le hicieron al sistema liberal capitalista, aunque sin el cuestionamiento del sistema como tal, y, mucho menos, el de ofrecer alternativas que socaven su propia base.

Ni propiedad colectiva de los medios de producción, ni dominio del gobierno por la clase obrera, ni colectivización de la vida social, ni socialismo de ningún tipo, nada de eso conserva la autodenominada *nueva izquierda* como base política, sólo ha convertido su razón de ser en un *combo cultural de reclamos* que de ningún modo tiende a cambiar el sistema neoliberal vigente hoy en el mundo.

Para bien o para mal, los izquierdistas de estos tiempos, se han convertido más en los lúmpenes políticos de la democracia liberal, que transitan por sus bordes y ayudan a corregir las demasías del sistema con sus reclamos, pero que son en última instancia un justificante por oposición de la vigencia del propio sistema.

Estoy convencido que la izquierda ha muerto con la caída del muro de Berlín. Es cierto que el origen del término refería a un señalamiento geográfico, y que a través del tiempo ha ido mutando de diversas maneras.

Pero, desde la Revolución Rusa de 1917 hasta 1989, setenta y dos años de vigencia comunista, han forjado una férrea identificación de la izquierda con la teoría y la práctica marxista.

La izquierda quedó sujeta a las anclas ideológicas del comunismo, y, a pesar de que hoy se quiere mantener la terminología para ciertos movimientos políticos, lo cierto es que la izquierda ha muerto con la muerte del bloque soviético, y que no existen hoy doctrinas vigentes que recuperen los principios nucleares del socialismo.

Si se quiere denominar izquierda a los rebeldes del sistema, el término puede aplicarse a una variada gama de rebeldías sociales, culturales, políticas, pero no ideológicas. La izquierda murió con la muerte del socialismo.

Seguir usando el término izquierda para definir lo que no es socialismo, es negar la realidad y mimetizarse engañosamente con mensajes confusos creados para engañar y adulterar el verdadero significado del objeto político y doctrinario.

El ejemplo más palpable de adulteración ideológica está en el fenómeno latinoamericano del socialismo del siglo XXI, un combo de oportunismo, populismo y corrupción que casi nada tiene que ver con una concepción política diferente a la que rige hoy en el mundo.

El neoliberalismo, que ha terminado por imponerse en la mayor parte del orbe, para bien o para mal, conserva los principios de la vieja tradición liberal, respetando sus líneas fundamentales de los derechos individuales, la propiedad privada y la lógica del mercado como método más eficiente de asignación de recursos en la sociedad, introduciendo en el mismo funcionamiento del sistema, una mayor injerencia estatal para corregir los numerosos inconvenientes generados por el propio sistema.

Pero es un método de prueba y error, que va corrigiéndose en la medida que las circunstancias indiquen, pero sin salirse de los principios políticos y doctrinarios elaborados a lo largos de muchos años de práctica.

En la teoría, la izquierda podría decirse que ha tenido una ética superior a la del liberalismo, al proclamar la solidaridad entre todos los seres humanos, pero al no ser una ética natural, porque omite el egoísmo innato del hombre, la solidaridad sólo puede ser impuesta por un régimen creado por el mismo hombre, que en los hechos desvirtúa el objeto moralizador.

Una ética de izquierda basada en la solidaridad de compartir el pan, en vivir modestamente, en renunciar a los bienes que cada uno tenga en exceso, es una ética impostada, no natural, y como tal se ha desbandado de mil formas y de la peor manera. Los propios dirigentes políticos de dichos gobiernos demostraron la discordancia entre los principios y sus comportamientos.

La ambición natural del hombre, su afán de lucro, sus objetivos de superación personal y social sólo han necesitado a través del tiempo la corrección del ordenamiento jurídico para corregir sus demasías.

En consecuencia, es mucho más difícil implantar la ética impostada y antinatural propuesta por el marxismo, que corregir la ética liberal que tiene su fuente en el comportamiento instintivo del ser humano.

ANTONIO GRAMSCI, EL INTELECTUAL DE LA NEOIZQUIERDA

"La lucha económica no puede separarse de la lucha política, y ni la una ni la otra pueden ser separadas de la lucha ideológica"

Antonio Gramsci, "De la necesidad de una preparación ideológica de la masa"

La base teórica de lo que hoy se denomina la *nueva izquierda*, especialmente lo que conocemos como la *izquierda latinoamericana* o *socialismo del siglo XXI*, está tomada del trabajo del filósofo, teórico marxista, político y periodista italiano Antonio Gramsci (1891-1937).

Su obra es muy importante, de la que deben destacarse los *Cuadernos de la Cárcel*, que fue escrito cuando estuvo privado de la libertad en tiempos del régimen fascista de Benito Mussolini.

Desde sus años universitarios, Gramsci fue un decidido opositor a la concepción fatalista y positivista del marxismo, para la cual el capitalismo necesariamente estaba destinado a caer, dando lugar a una sociedad comunista. Consideraba que esta posición enmascaraba la impotencia política de la clase subalterna, su incapacidad para tomar la iniciativa.

En sus comienzos, Gramsci fue considerado un autor cultural, pero la continuidad de su obra y su relectura a partir de la década del cincuenta, lo convirtieron en un teórico marxista de gran predicamento, que no sólo interpretó al andamiaje doctrinario de Carlos Marx, sino que fue capaz de crear conceptos autonómicos que, finalmente, sirvieron para reformular las concepciones políticas de la izquierda a partir del fin del bloque soviético.

Su aporte científico más importante en el campo de las ciencias políticas fue el de la construcción del concepto de *hegemonía*, en especial del de hegemonía cultural, que cambiaba casi radicalmente el eje de la construcción marxista del socialismo.

Hay que decir que antes de Gramsci, ya el vocablo hegemonía formaba parte del universo marxista. Esto es lo que sucedió entre 1889 y 1923 en el seno de la Segunda Internacional Socialista.

Conforme lo describe Laje, en esos tiempos la hegemonía tenía un significado particular. *"¿A qué se refería la hegemonía en un inicio? Las clases sociales para la teoría marxista tienen "tareas históricas" bien precisas: la burguesía debe barrer con la sociedad feudal, y el proletariado barrer a su vez con la sociedad burguesa (capitalista) La hegemonía será el concepto utilizado por el teórico Gueorgui Plejanov -uno de los fundadores de la Segunda Internacional- para describir y justificar el hecho de que en Rusia la clase proletaria asumiera la tarea burguesa de sepultar la sociedad feudal (...) la hegemonía es apenas el nombre otorgado al hecho excepcional dado por la asunción por parte de una clase social de una tarea que en teoría no le es propia".*[47]

LA HEGEMONÍA GRAMSCIANA

Gramsci es conocido también por algunos como *el marxista de las superestructuras.*[48]

Percibe al Estado no sólo como *coercitividad jurídica* estatal, sino también como *hegemonía cultural* de un grupo social sobre la sociedad entera. Es decir que, conviven en el Estado *la sociedad política,* por un lado, que es el ámbito de lo público y jurídico, que es el poder de coerción representado por el ordenamiento jurídico y la estructura represiva; con *la sociedad civil,* que es el ámbito de la ideología que se impone, la cultura que domina.

El *bloque histórico del Estado,* está así constituido por:

[47] Nicolas Márquez-Agustín Laje*, El libro negro de la nueva izquierda*, Grupo Unión, 2016, p.34
[48] Wikipedia

- *la estructura*, base real de la sociedad que incluye fuerzas de producción y relaciones sociales de producción, y
- por *la superestructura*, que es el ordenamiento jurídico, la ideología dominante, las organizaciones religiosas, artísticas, la prensa.

Según ese concepto, el poder de las clases dominantes sobre el proletariado y todas las clases sometidas en el modo de producción capitalista, no está dado simplemente por el control de los aparatos represivos del Estado, sino fundamentalmente por *la "hegemonía" cultural* que las clases dominantes logran ejercer sobre las clases sometidas, a través del control del sistema educativo, de las instituciones religiosas y de los medios de comunicación. A través de estos medios, las clases dominantes "educan" a los dominados.

La *hegemonía*, según Gramsci, es una dominación en torno a la *dirección ideológica política, cultural* de la burguesía o clase que detenta el poder sobre las demás clases marginadas y fuera de la élite de poder; cuya sujeción se centra en el aparato ideológico del Estado que se hace praxis en el resto de la sociedad.

El *grupo hegemónico*, que en la sociedad capitalista es la burguesía, ejerce la hegemonía no sólo desde el manejo de las estructuras coercitivas del estado, sino también a través del dominio cultural constituido por todo el andamiaje educativo, periodístico, artístico, etc., que crea en la sociedad toda la internalización de una concepción que es la concepción de la burguesía dominante.

La *ecuación gramsciana* estaría así constituida: *sociedad política + sociedad civil = Hegemonía.*

La *hegemonía* no es una simple alianza económico-política como pregonaba Lenin, ni la asunción de tareas externas a la propia clase como planteaba Plejanov, la hegemonía se realiza generando cambios a nivel cultural, en un *eje intelectual-moral.*[49]

Es el vínculo ideológico, no tanto el económico, el que confiere sentido a la conquista de la hegemonía por parte de las clases menos favorecidas. *"Toda revolución ha sido precedida por un intenso trabajo de crítica, de penetración cultural, de permeación de ideas a través de agregados humanos al principio refractarios y sólo atentos a resolver día a día, hora por hora, y para ellos mismos su problema económico y político, sin vínculos de solidaridad con los demás que se encuentran en las mismas condiciones".*[50]

Para Antonio Laje, dicho de otra manera, la hegemonía ya no se da en la transacción de intereses

---

[49] Nicolas Márquez-Agustín Laje, *ob. cit.*, p.34
[50] Gramsci Antonio, *Para la reforma moral e intelectual*, Libros de la Catarata, 1998, p. 25

materiales, sino en el hecho de inyectar en el otro una misma concepción del mundo que anude lazos de solidaridad orgánicos (hegemónicos) entre grupos que pertenecen a distintas clases sociales.[51]

La burguesía mantiene dominada a la clase obrera no sólo por la fuerza del dominio del Estado, sino fundamentalmente por la "mentira refinada"; la escuela, la iglesia, la literatura y la prensa cotidiana y otros tantos poderosos instrumentos de que se vale la burguesía para embrutecer a las masas y lograr que penetre las ideas burguesas en el proletariado.

¿Cuál es el *master plan gramsciano* para que los de abajo puedan hacer la *revolución socialista*?: simple, las clases subalternas deben constituirse en clase dominante, y para ello deben logar ejercer la hegemonía cultural, con intelectuales orgánicos, ideas, pensamientos, difusión, logrando adhesión de otros grupos aliados.

Finalmente, será el partido revolucionario, sin necesidad de revolución a la marxista, el que se constituirá en clase dominante a través del ejercicio de la hegemonía cultural que se convertirá en bloque hegemónico por la adhesión de otros sectores sociales y políticos. El estado, entonces, pasará a manos de los revolucionarios, que adquirirán así poder coercitivo y hegemonía cultural.

---

[51] Nicolás Márquez-Antonio Laje, ob.cit., p.34

DIFERENCIAS ENTRE LA TEORÍA MARXISTA LENINISTA Y LA TEORÍA GRAMSCIANA

Lo primero que hay que considerar al establecer las diferencias entre ambas concepciones, son las diferentes lógicas que manejan en el proceso de acceso al poder por parte de las clases subyugadas del sistema:

- Marx y Lenin abogaban por una *lógica de asalto al poder*, que supone siempre un acto revolucionario más o menos violento.
- Gramsci, en cambio, se guía por una *lógica de la construcción de la hegemonía*.

Las ideas del italiano no constituyen simples elucubraciones sobre la teoría marxista. Sobre la base de un muy interesante trabajo de Raúl Burgos[52], de la Universidad Estadual de Campinas, realizado en 1997 para el encuentro del *Latin American Studies Association* en Guadalajara, México, podemos señalar diferencias importantes entre ambas construcciones sistematizadas de ideas, lo que permite no considerar la del italiano sólo como un afluente de la primera.

Los trazos generales del **marxismo** son:

---

[52] Raúl Burgos, *La interferencia gramsciana en la producción teórica y política de la izquierda latinoamericana*

1. Una *teoría de las condiciones generales para la revolución*, que implican condiciones objetivas y condiciones subjetivas.

   a) Las *objetivas* hablan del desarrollo suficiente del capitalismo, que significan la existencia de una *base material suficiente* y la de una *clase obrera* como principal fuerza motriz de la revolución socialista. Para concretar la revolución, debería haber un capitalismo industrial con suficiente desarrollo material, y una clase explotada por los dueños de los medios de producción. Esto último no se dio en la práctica, por cuanto en las revoluciones rusa y china, los países eran casi exclusivamente agrícolas, con poco desarrollo de la industria, y consecuentemente con un proletariado escaso.

   b) Las *subjetivas* refieren a una teoría de las *fuerzas sociales motrices* (con el proletariado como cabeza) de la revolución socialista, y una teoría de la *vanguardia o partido revolucionario*, introducida por Lenin. El papel central de la clase obrera, es conjugado con la alianza con el campesinado pobre y la pequeña burguesía urbana. A su vez, la vanguardia del proceso revolucionario es la élite más esclarecida del movimiento obrero, que conforma el estado mayor revolucionario como un partido único. Se generaba así, según la teoría, el *centralismo democrático*.

2. Una *teoría del Estado*, concebido como aparato burocrático militar a ser tomado y destruido. Sobre sus cenizas se construiría el nuevo Estado.

3. Una *teoría de la crisis del Estado*, es decir un estado de cosas definida como la situación revolucionaria: *"los de arriba no pueden y los de abajo no quieren"*.

4. Una *teoría de la revolución*, como toma del poder político más transformación de la estructura económico social, lo que se traduciría en una *dictadura del proletariado* como primera fase.

5. La *transferencia de los principales medios de producción al Estado*, y con ello a la sociedad, lo que le da el carácter de *socialista*. Así entonces:

   a) El conjunto de las *relaciones sociales* son reducidas a las relaciones de producción.

   b) Las *relaciones de producción* son las *relaciones de propiedad*.

   c) La *propiedad social* de los medios de producción es reducida a la administración estatal de los mismos, con la ecuación*: propiedad del Estado = propiedad social*. Cualquier clase de transición socialista sin la transferencia del poder económico al Estado, es considerada como reformismo, o sea una forma democratizante del capitalismo.

La lógica de *la transformación social* construida por **Gramsci**, tiene los siguientes parámetros:

1. La revolución no es un acto explosivo sino *un proceso* en el que se van construyendo nuevas relaciones de poder y nuevos niveles culturales y organizativos de la sociedad, concebida metafóricamente por Gramsci como *guerra de posiciones*. Los bordes de esta concepción son: contra el acto puntual y explosivo de la revolución marxista, se destaca el concepto de proceso; contra el paradigma socialdemócrata de la evolución infinita (que no deja de ser capitalismo), la necesidad de *continuas y sucesivas rupturas anticapitalistas*.

2. La idea de la toma o asalto del poder es desplazada por la de *construcción de nuevas relaciones de poder y conquista de la hegemonía*.

3. El terreno indispensable para la construcción de la hegemonía es el de la *democracia política*, en la que los movimientos de la sociedad civil adquieren un lugar predominante sobre los hechos del Estado. Reabsorción de la sociedad política, con su connotación coercitiva, por la sociedad civil, a través de la conquista de la hegemonía.

4. Se construye así una idea de *socialismo* pensado como sinónimo de *radicalización de la democracia*, que deberá ser política, económica y social, para la conquista de nuevos derechos para el conjunto de los ciudadanos. Se pone el acento en los elementos auto organizativos y auto gestionarios de la

comunidad, acercando de tal manera al concepto gramsciano de la sociedad (auto) regulada.

5. Se cambia la idea marxista del sujeto social (fuerza motriz) de la transformación (la clase obrera), por un *bloque social múltiple y heterogéneo* que permita dar cauce a diversos tipos de reivindicaciones de las clases y sectores subalternos.

6. La concepción vertical del partido y sus relaciones con los movimientos sociales, propia del leninismo, debe reconfigurarse para Gramsci en una *relación horizontal*, basada en las ideas de autonomía, autogestión, democracia participativa, etc.

De tal modo, con la idea gramsciana comenzaron a ser repensados, especialmente en Latinoamérica, los conceptos marxistas, en algunos aspectos fundamentales:

a) La relación de *cristianismo y marxismo* pasaron, de opuestos filosóficos a complementarios políticos.

b) La cuestión del *sujeto social de la revolución*, en América desbordó el concepto cerrado de clase hacia una *idea reciclada de pueblo*.

c) El *sujeto político de la revolución* pasa del partido vanguardia a *frente de partidos*.

d) La *democracia política* con la introducción del tema del pluralismo.

e) La *cuestión económica*, introduciendo los conceptos de *economía mixta* y ciertos replanteos acerca del mercado.

La *construcción de la hegemonía* constituyó un papel fundamental en la izquierda latinoamericana. En el 7° encuentro del PT brasileño en 1990, aún en el llano, el documento final decía: *"luchar por la hegemonía en el camino de la construcción del socialismo,(...) ampliar considerablemente el relacionamiento del PT con la sociedad civil, permitiéndole disputar efectivamente la hegemonía ideológica y política, (...) se impulsará a la militancia partidaria a la "búsqueda de la hegemonía petista en la sociedad".*

EL PAPEL DE LOS INTELECTUALES

"Todos los hombres son intelectuales, pero no todos los hombres tienen en la sociedad la función de intelectuales"

Antonio Gramsci

El lugar que ocupan los intelectuales en una sociedad, especialmente el papel que ejercen en la misma, es un tema debatido.

No es necesario ser partidario del pensamiento del italiano Antonio Gramsci, un intérprete marxista creador del concepto de "hegemonía", para coincidir con su concepto. Los pueblos necesitan, para escapar de su propia mediocridad, que sus intelectuales cumplan con su función social.

La noción común de "intelectuales" se acerca a la de vanguardia cultural de una comunidad, es decir aquéllos que, a través de la palabra hablada o escrita, ejercitan una suerte de guía o avanzada de las corrientes culturales comunitarias.

Desde las antípodas ideológicas de Gramsci, Ludwig Von Mises decía: *"Cada uno de nosotros lleva sobre sus espaldas el peso de parte de la sociedad, y nadie ha sido dispensado de su responsabilidad por los demás; nadie puede hallar una vía de escape para sí mismo si la sociedad se ve arrastrada a la destrucción. Por consiguiente, cada uno, por su propio interés, debe participar vigorosamente en la batalla intelectual. Nadie puede permanecer indiferente; del resultado de esa lucha dependen los intereses de todos"*.

Por su parte, Margaret Mead, en el mismo sentido, expresó: *"Nunca dudes de que un pequeño grupo de ciudadanos reflexivos y comprometidos puede cambiar el mundo; de hecho, es lo único que lo ha logrado"*.

Pero lo que para Gramsci el ejercicio de la función social del intelectual significa nada más y nada menos que pensamiento sistémico, al servicio de la hegemonía, con clara direccionalidad política, la intelectualidad regimentada, el intelectual orgánico, como lo llama Gramsci, encargado de construir la hegemonía cultural; para Von Mises en cambio la función social del intelectual es batallar con su propio pensamiento producido en libertad, que servirá indirectamente a la sociedad echando luz a los oscuros caminos de la civilización.

Científicos, escritores, filósofos, periodistas, académicos, sociólogos, politólogos, artistas y una larga lista de profesiones y actividades, diariamente difunden sus concepciones y van dirigiendo al conjunto social las líneas trazadoras de su pensamiento, ejercitando una suerte de paternidad crítica acerca de los temas que ocupan y preocupan al ser individual y social, el hombre y la mujer.- Son, o deberían serlo, los autores de una especie de manual de la vida, en función de su posición de intelectuales de la misma.-

Así dicho, pareciera que las cosas son extremadamente sencillas, pero no lo son.- Cuando de ideas se trata, el pensamiento y la elaboración individual de las propias concepciones, no están sometidos a una relación de subordinación, ellas simplemente constituyen "ríos de lava" que se canalizan de diferentes maneras y por variados senderos, pocas veces sometidos a normas preconcebidas.- De allí que, si el elemento constitutivo esencial del pensamiento es la libertad, ésta te conduce adónde cada uno quiera o pueda llegar.-

Sin embargo, además de la libertad, la socialización humana es un dato esencial en la constitución del pensamiento. El trazo autorreferencial del razonamiento se correlaciona e influencia por la misma actividad de nuestros congéneres, influencia en la que el intelectual funcional tiene un papel relevante.

No siempre, hay que decirlo, la función intelectual ha tenido un papel positivo en la conformación de una concepción social dominante. Al contrario, muchas veces condujo a la generación o convalidación de procesos de gran perversión. Los regímenes totalitarios, de ordinario tuvieron a mano su propia caterva de intelectuales que fueron funcionales a sus perversiones.-

Además de los panegiristas, también están los destacados hombres del intelecto que se dejaron fascinar con la personalidad de los peores autócratas. "Gabo" (Gabriel García Márquez) —según cuenta Enrique Krauze en su libro "Redentores"- experimentaba una *"extraña fascinación ante la figura embalsamada de Stalin"*, también la *"intoxicación que le produce la proximidad física de János Kádár, el hombre* que reprimió la sublevación húngara, cuyos actos se empeñó en justificar", y especialmente con Fidel Castro: "No hay en la historia de Hispanoamérica, un vínculo entre las letras y el poder remotamente comparable en duración, fidelidad, servicios mutuos y convivencia personal al de Fidel y "Gabo".-

"Hay momentos en la historia, que los que saben escribir no tienen nada que decir y los que tienen algo que decir no saben escribir", sostuvo Césare Pavese, escritor italiano.- Esto habla de la relatividad de la influencia que los intelectuales, en un determinado tiempo y lugar, pueden llegar a tener en relación a la conformación del "sentido común" de la sociedad, entendido éste como "la filosofía de los no filósofos", el pensamiento del hombre común.-

Es jurisprudencia social mayoritaria que el papel del intelectual es, fundamentalmente, su posición crítica frente al poder.- Así como la función periodística es ontológicamente refractaria a la justificación de los actos del poder ("noticia es aquello que nosotros no queremos que sea publicado, el resto es publicidad", decía el entonces Presidente Lula), el intelectual desnaturaliza su función y debilita su papel social cuando su mirada se configura desde los puestos de mando o desde sus relaciones con el mismo.-

No puede ser ignorado que todas las estructuras del mando social siempre necesitaron de los intelectuales. De tal manera, el poder los ha seducido, acercado, "aggiornado", comprometido y, finalmente, incorporado a las filas del "relato" militante, convirtiéndolos en reintérpretes benignos de la voluntad del mando, o simplemente panegiristas patéticos de las figuras de turno.

Y si, como muchas veces, la producción intelectual individual fue funcional a los objetivos de un régimen –cual Heidegger en la época nazi-, la posición adquiere mayor virtualidad cuando de agruparse se trata, conformando aglomeraciones de pensamiento cuya única utilidad es la funcionalidad a los intereses de los encumbrados del momento. Claro que, desde allí, pierden mucha credibilidad de la sociedad y, obviamente, se debilita su carácter de guías culturales.

En el país, tenemos -tuvimos, en rigor- un ejemplo claro y concreto de un grupo de intelectuales que fueron cooptados por un gobierno y constituyeron una suerte de carro erudito llevado a la rastra por el entonces oficialismo.- "Carta Abierta", de ellos se trata, ni siquiera fue capaz de formular guías ideológicas o metodológicas a seguir por sus mentores en gestión de gobierno, su tarea fue más mundana, menos creativa, más militante, menos productora, no funcionó siquiera como "usina intelectual" sino más bien como difusora ilustrada de las verdades elaboradas desde la cúspide del mando populista.

Así, a la desnaturalizada posición social en función de su constitución en "intelectualidad oficialista", tanto que se reunían ordinariamente en el edificio gubernamental de la Biblioteca Nacional, el papel que cumplieron para Cristina no fue el de "guías culturales" del modelo, sino más bien el de justificadores prestos de su acción de gobierno, con una cerrazón intelectual más pronunciada, mucho más que la del militante común.

Nos están haciendo falta por estos tiempos, algunas referencias intelectuales que nos ayuden a ver un poco más allá de lo inmediato, de la difícil conyuntura por la que atraviesa el país, que contribuyan con los ciudadanos comunes a poder interpretar la realidad y visualizar entre la bruma el puerto al que estamos yendo.

El discurso de este gobierno es repetitivo y cansador, no sirve siquiera para ver más allá de nuestras narices, antes bien funciona como una suerte de brújula descompuesta que nos desorienta antes que mostrarnos un norte seguro.

Nos resistimos a aceptar que el remedio contra la ineficacia, en la Argentina de hoy, sea el regreso del autoritarismo y de la corrupción, debieran haber otros modos de ir construyendo un futuro que nos saque definitivamente de una dicotomía que nos atenaza el ánimo y nos comprime la voluntad.

Y en ello, los intelectuales deben jugar su papel social de entregarnos las grandes líneas que nos sirvan para saltar cualitativamente un tiempo muerto en la Argentina, sin el riesgo de caer en la regresión.

Si los intelectuales no recuperan el prestigio perdido, seguiremos transitando el camino sin la brújula indispensable del pensamiento.

Porque tiene relación con el tema, me permito transcribir un artículo de mi autoría, publicado en junio de 2014, que tiene que ver con el intento político de domesticar el pensamiento:

AHORA, EL PENSAMIENTO TIENE MINISTERIO (junio de 2014)

Sobre llovido, mojado. Como si no fuera suficiente con la estatización de la Universidad de Madres para la producción de militantes revolucionarios y la creación de la Universidad de la Defensa para el adoctrinamiento de militares y civiles en el campo de la seguridad interior y exterior, ahora también el "pensamiento" tendrá su estructura estatal.-

No podíamos ser menos que Venezuela, que fue capaz de descubrir que la "felicidad" puede generarse a través de la burocracia, y creó el Ministerio de la Felicidad. Nosotros fuimos más ambiciosos y, por qué no decirlo, más profundos que los venezolanos, nos remontamos al núcleo de la producción humana, el pensamiento, al que le creamos también una oficina, en el Ministerio a cargo de una comprovinciana.-

Por Decreto Nacional N° 837/2014, la Presidente de la Nación Cristina Kirchner designó al filósofo Ricardo Forster, en el cargo de Secretario de Coordinación Estratégica para el Pensamiento Nacional, pomposo nombre si los hay.- Aunque parezca mentira, el decreto tiene cuatro líneas, literalmente no tiene ningún fundamento, ni existen tampoco antecedentes de las características, facultades, misiones y funciones de la mencionada Secretaría.-

La importancia de la cuestión no radica, sin embargo, en los aspectos burocráticos de la original creación presidencial, sino en el significado trascendente que la medida tiene para el sistema de vida de los argentinos, la vigencia de las libertades.- ¿Hasta dónde llega el estado en su intervención en la vida de las personas, cuál es su límite, qué aspectos fueron reservados para el ámbito privado que los burócratas de turno no pueden ni deben traspasar, cuál es el reducto sagrado e inviolable del ser humano como tal y en interrelación con su entorno y con otros seres humanos?

Si hay algo que nadie debe, de ningún modo, encorsetar, direccionar, coordinar, sugerir, regimentar, discernir, o de cualquier modo intervenir, es sin dudas el ámbito de las ideas. El atributo esencial de la condición humana, primario, definitivo, diferenciador, es la capacidad de pensar, entendido ésta como la producción del intelecto en su libre evolución.- Es decir, la libertad es al pensamiento cómo el oxígeno a la vida, una precondición.-

De tal modo, si el estado crea un organismo coordinador del pensamiento y si además el sustantivo es cualificado con el adjetivo de "nacional", está significando sin dudas que todo pensador que no tribute a la "Secretaría del Pensamiento" será un pensador marginal, y sus "ideas" podrán ser catalogadas como "no nacionales".

Tal parece que el régimen kirchnerista completa las casillas del "buen autoritario". Uniformar el pensamiento, hacer un manual del "pensador nacional", y tal vez declararlo obligatorio para la educación púbica en el próximo paso.-

La obligación esencial de los gobiernos no es garantizar la propagación del pensamiento mayoritario, ésa es una condición de los totalitarismos. La democracia sólo se consuma si se garantiza a las minorías el ejercicio pleno de manifestar su propio pensamiento, sin miedos ni cortapisas, en absoluta libertad.- El flamante organismo camina exactamente para el lado opuesto.-

El empaquetamiento intelectual es absolutamente contradictorio con la naturaleza del pensamiento, la codificación estatal de las ideas es una actitud policíaca deleznable.

El filósofo marxista italiano Antonio Gramsci, ha dicho que la hegemonía existe cuando una clase dominante es capaz de obligar a una clase subordinada a renunciar a su identidad y a su cultura grupal, ejerciendo el control total de las formas de relación y de producción.- Michel Foucault, que ha descripto al poder como una relación entre dominantes y dominados, sostuvo que la "potentia" es la ideología de los dominantes, cuyo objeto es imponer los criterios de verdad a los dominados; la "potestas" intenta contrarrestar esa fuerza mediante el trabajo de resistencia a su influjo.-

La hegemonía política tiene su sustento principal en la hegemonía cultural, y ésta se construye a través del pensamiento hegemónico. Hegemonía cultural es la imposición al otro del propio pensamiento, y cuando sucede desde el estado, la nota de coacción que ello supone termina por borrar los vestigios del pensamiento diferente.-

Otro tanto cabe para el filósofo puesto a cargo.- Es el líder de "Carta Abierta", ese colectivo de intelectuales kirchneristas que se ha encargado puntualmente de difundir textos retrógados, facistoides, maniqueos, intolerantes, que parecen representar verdaderos orgasmos intelectuales de otoñales impotentes.- Sus integrantes, inmersos en su propio cerco intelectual que han sabido construir desde la Biblioteca Nacional, cada rato nos anotician de sus posiciones incompatibles con la libertad de pensar que debe ser propia de la producción intelectual.- La Cámpora, al lado de ellos, resultan kirchneristas tibios.-

Me pregunto, entonces, si puede coordinar la pluralidad ideológica que se supone en un estado democrático, un representante del intelectualismo regimentado, un cultor de la trinchera antes que del consenso. Imposible.-

Pidiendo de antemano perdón por los términos, creo que la creación de un organismo estatal para coordinar el "pensamiento" es propio de un país trucho, bananero, retrógrado, seguramente nos hará sujeto de las burlas del mundo, así como en su oportunidad las recibió Maduro con su ministerial "felicidad".

Forster se quejó de las calificaciones mediáticas, que compararon su flamante Secretaría con el goebbeliano Ministerio de Propaganda nazi. Alfonsín trajo a cuento el Ministerio de la Verdad de la novela "1984" de H.G.Wells. La ex diputada Giudici le puso el cuadro de Stalin en su twiter. Tiene razón Forster, son verdaderas excesos comparativos, no porque el concepto sea diferente, sino porque el régimen carece del poder de fuego de las otroras dictaduras mencionadas.

Seguramente, esta singular creación presidencial va rumbo al más rotundo fracaso, no sólo porque no se puede ir contra la esencia de las cosas, sino porque los únicos intelectuales que podrán juntar son los que adhieren al modelo nac&pop, que tiene como fecha de vencimiento el 10 de diciembre de 2015.

Dudo que el kirchnerismo, con su impronta agresiva, nos deje ideas para la Argentina que sigue. Lo que sí es seguro que recibiremos como herencia, son los miles de militantes que están siendo nombrados en planta permanente en los distintos organismos del estado.-

Los totalitarismos atraviesan por un primer período, que es el de la imposición al resto de su ideología, de su concepción cultural. En el segundo, el post hegemónico,   la hegemonía está instaurada y sólo hace falta controlar y mantener el "status quo".- Sobre el final del régimen, ¿en qué punto estaremos los argentinos?

GRAMSCI EN AMÉRICA LATINA

Los gobiernos de distintas naciones de Latinoamérica de los últimos tiempos, inscriptos en lo que dieron en llamar el *socialismo siglo XXI*, tienen sin duda un basamento gramsciano en su construcción discursiva, aunque no hayan alcanzado a concretar el *proceso* que describía el filósofo italiano.

Antonio Gramsci tuvo diversas etapas en la influencia de su obra en América Latina. Raúl Burgos[53] lo explica con claridad.

Cronológicamente, puede dividirse la historia del pensamiento gramsciano en su relación con nuestro subcontinente, en *dos período*s:

a) *El primero*, desde comienzos de los años 50 hasta el primer lustro de los 70. En esta primera etapa, los principales centros de edición de su obra fueron la Argentina (con ediciones Lautaro, vinculada al Partido Comunista), que realizó la primer gran difusión de la obra gramsciana a nivel continental. A partir de 1963, con las ediciones del grupo Pasado y Presente en Argentina, y las de la Editorial Civilizacao Brasileira, en Brasil. En esta etapa, Gramsci era más bien visto como un teórico de la cultura.

b) *El segundo*, desde mediados de los 70 en adelante, cambia la relación del Partido Comunista con la obra de Gramsci, y su difusión se realiza en un ambiente conflictivo respecto al marxismo tradicional. Es en este período que se produce una verdadera explosión de sus ideas, especialmente en Brasil, aunque en una franca contienda con el

---

[53] Raúl Burgos, ob.cit.

Partido Comunista. La concepción tradicional de revolución proletaria con el de hegemonía de las clases subalternas, entra en un proceso de entrecruzamiento de los izquierdistas de la época, que así lo explica Portantiero: *"...Es que no se trataba sólo de Gramsci. Nosotros hacíamos una especie de cóctel, donde Gramsci convivía con Guevara y la Revolución China. En ese conjunto nosotros veíamos posibilidades de articulación, con un discurso historicista y voluntarista frente a otro que nos parecía especulativo y cientificista. Cualquiera de esas tres entradas (el culturalismo, Gramsci, o Guevara) nos ayudaba a pensar las cosas de esa manera. Aunque utilizábamos más a Gramsci, por sus análisis sobre la cultura y las clases subalternas (Portantiero, 1991: 8)".*[54]

El nacimiento del Partido de los Trabajadores (PT) en Brasil a fines de los 80, marca ya en el inicio su adhesión al concepto de hegemonía, que se profundizará con la maduración del *camino petista al socialismo*, que marca su propio Congreso partidario en diciembre de 1991.

Paulatinamente, el *PT brasileño*, el partido de Lula, se definirá en el campo teórico y práctico como el *partido de la hegemonía* gramsciana, lo que es repetido en distintos congresos y encuentros.

---

[54] Portantiero, Juan Carlos, 1991, Entrevista, *In*, *El ojo mocho*, Nº 4, Buenos Aires, verano de 1991.

Finalmente, Gramsci consiguió entrar en el proyecto político del partido tal vez caratulado como el más dogmático de los partidos comunistas latinoamericanos, el Partido Comunista Argentino (PCA), que a partir de su XVI Congreso de octubre de 1986, comenzaron un proceso que dieron el llamar de *"viraje revolucionario"*, con el que intentaron purgar los errores del pasado y encontrar una definición teórica, política, pragmática y organizativa más acorde con la realidad argentina y latinoamericana. En ello, no pudo faltar la incorporación de parte de la teoría de Gramsci.

LA IZQUIERDA LATINOAMERICANA

"La izquierda latinoamericana ha perdido todas las calidades que hicieron de la izquierda un polo autonómico en el campo ideológico y político en el transcurso del siglo XX"

Jorge Eduardo Simonetti

En el marco de la virtual desaparición del socialismo mundial en su versión marxista, ¿qué espacio teórico y práctico había quedado para la izquierda? y ¿cuál es el alcance de la definición del socialismo siglo XXI, con que algunos gobiernos de la región se autodefinieron?

Nos tenemos que preguntar que ha sido la izquierda del Brasil de Lula, de la Argentina de los

Kirchner, de la Venezuela de Chávez, de la Bolivia de Evo Morales, del Ecuador de Correa.

La aparición de esta nueva izquierda en el continente es el producto de la desintegración de la URSS, pero con un proceso perfectamente diseñado ante tal posibilidad.

En un discurso, Fidel Castro ya había olfateado tal posibilidad: *"Porque si mañana o cualquier día nos despertáramos con la noticia de que se ha creado una gran contienda civil de la URSS o incluso nos despertáramos con la noticia que la URSS se desintegró, cosa que esperamos que no ocurra jamás, aún en esas circunstancias Cuba y la revolución cubana seguirían luchando y seguirían resistiendo"*.[55]

En 1990, el propio Fidel Castro, acompañado del entonces joven trotskista Ignacio Lula Da Silva, inauguraba el Foro de Sao Paulo, al que acudieron originalmente 68 fuerzas políticas de 22 países latinoamericanos. Desde entonces, siguieron reuniéndose regularmente, y 6 años después, en la ciudad de San Salvador, esta asamblea revolucionaria era integrada por 52 organizaciones, entre las que se encontraban el Ejército de Liberación Nacional (ELN) y las Fuerzas Armadas Revolucionarias de Colombia (FARC), estructuras armadas violentas y relacionadas con el narcotráfico.[56]

---

[55] Nicolas Márquez-Agustín Laje, *ob.cit., p.15*
[56] Nicolás Márquez-Agustín Laje, ob.cit., p.15 y 16

Fueron esos los antecedentes de la izquierda latinoamericana, que reconvirtió su discursos con olor a naftalina. Ya no podía hablar de reformas agrarias, ni de lucha de clases, ni de plusvalía, ni de la hoz y el martillo. Necesitaba aggiornar su discurso, mimetizarlo con las corrientes y problemas en boga en la sociedad de entonces. De allí nació la multiculturalidad, el respeto por la diversidad sexual, el feminismo militante, el indigenismo, y todo un combo cultural con claro propósito de la disputa hegemónica del discurso.

Ya he adelantado que, en mi opinión, la izquierda post muro y especialmente la izquierda latinoamericana, ha perdido todas las calidades que hicieron de la izquierda un polo autonómico en el campo ideológico y político en el transcurso del siglo XX.

En una visión contraria a la propia, José Natanson[57] considera a la nueva izquierda como *"postrevolucionaria, pragmática, flexible, democrática, abierta a las minorías, desideologizada, muy diferente de la del pasado (...) la nueva izquierda sigue siendo izquierda"*.

"Quizás todo comenzó el 4 de febrero de 1992, en Caracas, exactamente a las 10:30 de una radiante mañana de sol, cuando un militar corpulento y moreno, con la boina roja perfectamente terciada y un tono de voz firme y tranquilo, apareció ante las cámaras

---

[57] José Natanson, *La Nueva Izquierda*, Random House Mondadori, 2012, p. 249

de televisión para instar a la rendición a sus compañeros golpistas. Hugo Chávez Frías afirmó que los objetivos militares que se habían propuesto no habían podido cumplirse, pero dijo "por ahora", y dijo "asumo la responsabilidad", y ello alcanzó para transformarlo instantáneamente en la nueva esperanza de Venezuela. En un minuto y doce segundos apenas 169 palabras, Chávez generó una corriente de empatía con una sociedad angustiada por la crisis económica, y dio el primer paso por un camino que seis años después concluiría con su arrollador triunfo en las elecciones presidenciales y su coronación como el primer representante de la nueva izquierda en llegar al poder", comenta Natanson.[58]

Fue Hugo Chávez Frías, el mismo que seis años antes fue golpista militar, el que era "coronado" -una expresión utilizada por Natanson, tal vez premonitoria de lo que sería el "coronel" en función de gobierno- como el primer representante de la nueva izquierda latinoamericana.

¿En qué contexto aparecía, a fines del siglo XX y comienzos del XXI, la autodenominada izquierda latinoamericana en función de gobierno adquirido a través de las urnas?

Entre los escombros del Muro de Berlín, nadie intuía que una izquierda post guerra fría aparecería en Sudamérica, menos los propios sudamericanos que

---

[58] Jose Natanson, ob.cit., p.4

todavía festejaban la salida de los gobiernos militares dictatoriales.

Luego de la Segunda Guerra Mundial, las dos potencias mundiales emergentes, los Estados Unidos y la URSS, acordaron una división tácita del mundo, comprometiéndose a no intervenir en el campo del otro, salvo las consabidas protestas diplomáticas.

Así como Moscú podía invadir Checoslovaquia y recibir quejas formales de los Estados Unidos, éste podía disponer a su antojo el Caribe, Centroamérica o Chile sin que los soviéticos fueran más allá en su reacción internacional.

Obviamente que hubo excepciones, como la crisis de los misiles de Cuba, en 1962, situación que finalmente quedó zanjada no sin negociaciones de extrema tensión.

Dice Natanson que *"por obvios motivos geográficos, históricos y culturales, América Latina quedó bajo el ala de Estados Unidos, que impidió que surgieran gobiernos díscolos en su patio trasero mediante diversos métodos, siempre antidemocráticos y casi siempre cruentos; la participación de la CIA en el golpe contra Allende y el abierto respaldo a las dictaduras del Cono Sur se combinan con decisiones todavía más descaradas como el apoyo a la Contra en Nicaragua o la invasión de los marines a la República Dominicana. Podía arriesgarse una ecuación: cuánto más cerca de Estados Unidos y de sus intereses se encontraba un país, más fuerte y directa era la presión".*[59]

A partir de 1989, la Unión Soviética dejó de ser un poder capaz de someter a otros países. Se liberó entonces Estados Unidos de la competencia bipolar, extendiendo su influencia a casi todo el planeta.

Con los atentados del 11 de setiembre a las Torres Gemelas, en el nuevo contexto dominado por las invasiones a Irak y Afganistán, el eje de la situación cambió completamente y surgió, al decir de Natanson, una nueva doctrina de seguridad: *"el verdadero enemigo ya no era el comunismo sino el terrorismo".*

En el nuevo contexto, el país del norte decidió dedicarse a México y Centroamérica, reduciendo su atención en Sudamérica, su presencia aquí fue menos directa, más suave. *"Y esto, como explica Teodoro Petkoff, habilitó un espacio de autonomía que antes no existía y creó una condición de posibilidad clave para el ascenso de la nueva izquierda".*

Esta izquierda que nacía en América Latina, era una izquierda distinta, diría -como lo veremos más adelante- que casi ni era izquierda.

Ya no existía por delante un horizonte revolucionario que desde el siglo XIX guiaría los pasos de

---

[59] José Natanson, ob.cit., p.239

la izquierda, esa fe en el curso lineal de la historia y del progreso indetenible hasta alcanzar el paraíso comunista.

Los izquierdistas de América Latina se verían liberados de las pesadas mochilas que la Revolución Rusa y el mundo bipolar habían cargado sobre sus espaldas. Ya no debían rendir cuentas, menos aún ser sospechados por los más radicales de "capitalistas", "pequeños burgueses", "tibios", reformistas, ni tildados por el resto de la sociedad como "comunistas encubiertos".

Los interminables debates de la utopía revolucionaria, el tiempo dedicado al largo plazo de si dictadura del proletariado o no, si gobierno de los soviets o no, si revolución planetaria o nacional, eran cosa del pasado, y se revelaban como un desperdicio de esfuerzos en la construcción de alternativas de izquierda más actualizadas y adaptables a las realidades locales.

Eso ya formaba parte de un mundo en retirada, de un tiempo pasado, llegaba la hora de una mayor autonomía, sin una referencia mundial a la que darle cuenta o responder, como la URSS.

Se había inaugurado un nuevo tiempo en que se podía debatir en el corto plazo, medidas concretas y urgentes -nacionalización sí o no, formas de redistribución de la riqueza-, la nueva izquierda tenía interesantes dosis de flexibilidad sin tener que adaptarse al master plan revolucionario.

LOS TEÓRICOS DEL SOCIALISMO SIGLO XXI

Desde su programa de radio *"Aló Presidente"*, Hugo Chávez convocó a los intelectuales orgánicos a construir el *socialismo siglo XXI*. El socialismo no había muerto, decía, debe reinventarse con los ajustes necesarios de conformidad a las condiciones del nuevo siglo, y los postulados que los revisionistas marxistas habían confeccionado.

Nace así, el carácter cultural de la neoizquierda latinoamericana, en la que resultaría básica la construcción de nuevos antagonismos sociales, culturales, étnicos, etarios, sexuales, etc.

La necesidad de configurar la hegemonía cultural a través del liderazgo ideológico, necesitó de intelectuales orgánicos al servicio de los nuevos gobiernos y su necesidad de darle fundamento teórico a sus políticas.

Es lamentable decirlo, pero cierto es que a la mayoría de los intelectuales les interesa, más que la verdad, ser reconocidos y ver sus pensamientos llevados a la práctica. Así, la realidad es un insumo de segunda línea, lo importante es la construcción teórica del proyecto.

Ya lo explicaba Hayek en su artículo *"Los intelectuales y el socialismo"*, cuando expresaba que el socialismo nunca fue el producto de la clase obrera, sino de élites intelectuales que pasaron mucho tiempo teorizando y difundiendo las ideas, hasta que estas fueron cada vez más aceptadas. Para ello, decía, fue fundamental la tarea de lo que llama *"distribuidores de segunda mano"*, como escritores, periodistas, artistas, quiénes definen la opinión general.[60]

Obviamente que Antonio Gramsci, el mentor del concepto de hegemonía, fue el teórico más importante sobre la cual se construyó el edificio neoizquierdista y populista latinoamericano. De su pensamiento nos hemos ocupado en otro lugar. Obviamente, Gramsci, de una época distinta, ni soñaba con el *socialismo siglo XXI*.

Aunque Chávez comenzó su incursión política sin una ideología definida, sin dudas que finalmente su proyecto tuvo un componente ideológico estructurado a partir de sus propios "intelectuales orgánicos", que funcionaban en el papel de asesores.

Entre ellos, podemos mencionar en primer lugar a quien acuñara el término, el alemán Heinz Dietrich, quién sostuvo que las peores miserias de la humanidad como la guerra, la pobreza y la dominación, son culpa de la institucionalidad capitalista, que debía ser

---

[60] Axel Kaiser-Gloria Alvarez, El engaño populista, Ariel, 2016, p.51

superada por su creada versión política (socialismo siglo XXI), caracterizada por "la democracia participativa, la economía democráticamente planificada de equivalencias, el Estado no clasista y, como consecuencia, el ciudadano racional-ético-estético".

La psicóloga y comunista chilena Marta Harnecker también asesoró intelectualmente a Chávez. Según ella, los regímenes de Chávez, Morales, Correa y demás, son algo distinto al totalitarismo soviético, porque *"estarían libres de corrupción, llenos de amor, solidaridad e igualdad"*.[61]

Fue igualmente influyente en el gobierno chavista, el argentino Norberto Ceresole, un pensador fascista, que buscaba "la superación de la democracia y su reemplazo por una dictadura militar caudillista y unipersonal"[62]. Ceresole fue un férreo defensor de Perón en Argentina, y colaboró con Velasco Alvarado en Perú, y apoyó a Salvador Allende en Chile. Una prueba de parentesco entre el fascismo y el socialismo.

Otro influyente en ese ámbito para el gobierno venezolano, fue Ignacio Ramonet, director de *Le Monde Diplomatique*, un verdadero fanático de la dictadura bolivariana.

El intelectual más reconocido del chavismo fue el pensador marxista de origen húngaro y

---

[61] Axel Kaiser-Gloria Alvarez, ob.cit., p.58
[62] Axel Kaiser-Gloria Alvarez, ob.cit., p.60

profesor de la Universidad de Susex, Istvan Mészáros. En 2008 Hugo Chávez le entregó el premio *"Libertador al pensamiento crítico"* por su libro *"El desafío y la carga del tiempo histórico"*, que el autor dedicara, entre otros, a Antonio Gramsci y al Che Guevara.

Ya no cercano al gobierno bolivariano, podemos mencionar como intelectual de la neoizquierda latinoamericana al uruguayo Sirio López Velasco, que sostuvo que *"ya suena a museo la invocación de cualquier "partido obrero de vanguardia"; la tarea crítica utópica ecocomunitarista hoy es colocada en manos de un bloque social heterogéneo, con forma de movimiento, que agrupa a los asalariados, los excluidos de la economía capitalista formal, las llamadas "minorías", las minorías activas (sobre todo en movimientos, partidos, sindicatos y organizaciones no gubernamentales, y en especial muchas de carácter ambientalista), los pueblos indígenas que sin asumir una postura identitaria a-histórica esencialista, quieren permanecer y transformarse sin aceptar el dogma de los valores capitalistas"*[63].

También podemos mencionar en esa caterva, al argentino Atilio Borón, el sociólogo venezolano Rigoberto Lanz, el pensador neomarxista ruso Alexander Buksgalín, el filósofo exguerrillero Alvaro García Linera, vicepresidente de Morales (muy presente en la temática indigenista).

---

[63] Nicolás Márquez-Antonio Laje, ob.cit., p.43

Y, definitivamente, no podemos olvidarnos de los teóricos del kirchnerismo, Ernesto Laclau y su mujer Chantal Mouffe, dos de los referentes del posmarxismo, que colaboran en la elaboración teórica de la izquierda latinoamericana, con su libro "Hegemonía y estrategia socialista".

Laclau es uno de los pensadores más importante del espacio. Sostuvo que la *"hegemonía"* debía darse a través de un proceso que denomina de *"articulación"*, que se da cuando dos frentes políticos entablan una alianza que termina por modificar la identidad de ambos. Ese fenómeno sólo puede darse, para la conquista de la hegemonía, en el marco del *"antagonismo social"*.

A la muerte de Laclau, en su discurso de despedida Cristina Kirchner dijo: *"Laclau era un filósofo muy controversial, un pensador con tres virtudes. La primera, pensar, algo no muy habitual en los tiempos que corren. Segundo, hacerlo con inteligencia, y tercero, hacerlo en abierta contradicción con las usinas culturales de los grandes centros de poder"*[64].

LA HEGEMONÍA COMO DOMINACIÓN POLÍTICA E IDEOLÓGICA

---

[64] Nicolás Márquez-AntonioLaje, ob.cit., p.37

En términos generales, la hegemonía es la dominación de unos sobre otros.- La hegemonía cultural o la política se consigue cuando un grupo impone al resto su ideología, su concepción cultural, haciendo que éstos últimos renuncien a su propia identidad.- En un primer período, el de instauración del pensamiento hegemónico, el eje es la persuasión o imposición dialéctica, en el que los medios de comunicación tienen decisiva influencia, logrando que la mayoría participe del mismo a través de la adhesión conceptual o el temor al disenso.- Viene luego el período post hegemónico, en el que la hegemonía dominante está instaurada, ya no hace falta convencer sino controlar y mantener el "statu quo".-

El filósofo marxista italiano Antonio Gramsci, ha dicho que la hegemonía existe cuando una clase dominante es capaz de obligar a una clase subordinada a renunciar a su identidad y a su cultura grupal, ejerciendo el control total de las formas de relación y de producción.- Michel Foucault, que ha descripto al poder como una relación entre dominantes y dominados, sostuvo que la "potentia" es la ideología de los dominantes, cuyo objeto es imponer los criterios de verdad a los dominados; la "potestas" intenta contrarrestar esa fuerza mediante el trabajo de resistencia a su influjo.-

La intención hegemónica es tan antigua como el mundo. Desde los tiempos del hombre primitivo, el propósito de dominio de unos sobre otros caracterizó las relaciones humanas, recorriendo un largo proceso en el que los métodos adquirieron las más diversas formas, desde la violencia directa de la conquista, hasta la imposición más sutil de la gota que horada la piedra.

La cuestión esencial de las relaciones de poder en una sociedad radica en que la ideología dominante tenga su contrapartida del pensamiento diferente, en el idioma de Foucault que la "potentia" tenga su "potestas". Para expresarlo con mayor precisión, que el pensamiento diferente sea exteriorizado y tenga posibilidades de trascender, que el individuo no se autocensure ni que los medios lo censuren.

En tal sentido, la obligación esencial de los gobiernos no es, tal como pareciera, garantizar la propagación del pensamiento mayoritario, ésa es una condición de los totalitarismos. La democracia sólo se consuma si se garantiza a las minorías el ejercicio pleno de manifestar su propio pensamiento, sin miedos ni cortapisas.

Quiero hacer hincapié en la actitud del ser humano en cuánto a ser pensante, el comportamiento medio de las personas en punto a la exposición de sus opiniones, especialmente cuando las mismas no coinciden con las de la mayoría. ¿Tenemos la suficiente presencia de ánimo para exteriorizar disidencias, o ejercemos la autocensura?

El psicólogo y consultor electoral uruguayo Daniel Eskibel, escribió un muy interesante artículo denominado "El miedo a pensar distinto", aunque estimo que su título no se ajusta al planteamiento del tema, debió ser "El miedo a exponer el pensamiento distinto".- Eskibel describe que el temor es atávico, en el fondo de los tiempos, la tribu, como grupo humano, era la única forma de sobrevivir, la convivencia permitía mantenerse con vida, por lo que ser rechazado por el grupo significaba la muerte.- De allí, el miedo pavoroso a contradecir a la mayoría, porque implicaba quedarse solo e inerme.-

Mucho no ha cambiado en estos tiempos, con mayor elaboración, con otras explicaciones, pero con la misma matriz, continúan en el siglo XXI los automatismos humanos, el miedo al rechazo, a la amonestación, al aislamiento, nos conduce en la generalidad a reprimir nuestro derecho elemental a manifestarnos.- No hablar, ocultar el pensamiento propio, disimular, no contradecir la posición mayoritaria, hacer lo que en un tiempo determinado se considera lo "políticamente correcto", constituyen los ladrillos interiores con los que construimos la autocensura.-

Es un dato de la realidad que en el campo de las conductas humanas, no existe "la verdad", o por lo menos no existe la "verdad única", existen verdades según cada quien, la visión prevalente no es el producto de su creación hegemónica, sino del conjunto de verdades que se construyen a partir de las opiniones diferentes.- El mundo no avanza con posiciones unívocas, el progreso es el hijo legítimo del disenso, del pensamiento distinto, la síntesis no es renta exclusiva de la tesis, sino también de su compañera íntima, la antítesis.-

El pensamiento distinto desafía nuestro interés, nuestras fantasías, nuestros sueños, y a partir del mismo echamos a andar la maquinaria de la creación humana. El pensamiento homogéneo, uniforme, aburre, destruye, estimula la holgazanería, nos vuelve autoritarios, nos paraliza, nos conforma, nos mata como personas y como sociedad.

Podrá argumentarse que en una sociedad la variedad de pensamientos, el debate de ideas, retrasa la ejecutividad, divide y neutraliza la acción, fragmenta el cuerpo social. Esta es una posición muy cercana a los autoritarismos, porque precisamente el "gestionarismo militante" se genera a partir de la concepción hegemónica. Sin embargo, cómo ni las peores dictaduras han podido reprimir todo el tiempo todo disenso, la fragmentación es principalmente el resultado del hegemonismo y no de la pluralidad.

Precisamente la capacidad de pensar nos hace diferentes entre los seres humanos. No estamos producidos en serie y tampoco nuestras cavilaciones deben ser uniformes. Los puede haber coincidentes con la mayoría, los que analizan todo con el cristal rosa, o en el otro extremo los que podríamos nominar como los marginales del pensamiento, los que están en desacuerdo con todo, los de la crítica permanente, y obviamente también están los que coinciden y disienten según sea el tema.

Todas son posiciones respetables, en eso consiste la falibilidad humana, en un proceso continuo de prueba y error, que finalmente es aquello que produce el avance, el progreso, el perfeccionamiento.

Tal vez, entonces, el primer lugar en la escala axiológica de una sociedad democrática y políticamente libre no sea ocupado por un poder garantista y respetuoso de la opinión diferente, sino por un ciudadano libre y valiente para expresar su opinión. La libertad comienza a construirse desde las propias conductas, la actitud del poder viene después.

Abandonar el temor a expresarse debe ser una opción moral para con nuestras propias conciencias, no dejar que nos callen una opción ética frente al poder

MARX, BOLIVAR Y CHAVEZ

Hayden White es un filósofo e historiador estadounidense, autor de "Metahistoria. La imaginación histórica en el siglo XIX", obra en la cual desarrolla su teoría sobre las maneras en que se ha pensado la historia, sosteniendo que es imposible distinguir entre un relato histórico y un relato de ficción.- El realismo histórico característico de los historiadores decimonónicos –sostiene- no es más que una forma particular de poética.-

En la Venezuela de los últimos quince años, de la mano del hoy desaparecido líder bolivariano, se ha construido el presente político a través de una interpretación ficcionada de la historia, trayendo a estos días hechos del pasado que –novelados convenientemente- construyeron la épica del gobierno chavista.- Bolívar fue el elegido, y en torno a su figura se elaboró –por medio de citas parcializadas, interpretaciones adaptadas y edulcorada poética- una parafernalia que constituye una pretensión de base ideológica de un modelo que pomposamente se lo conoce como "socialismo siglo XXI".-

Puede decirse que el país caribeño ha militado en el monoteísmo cívico, teniendo en cuenta que todos los gobiernos –civiles y militares y de cualquier tendencia política- han sustentado su justificación histórica en el culto a Bolívar, muy por encima de otros patriotas cómo el precursor de la independencia Francisco Miranda, el mariscal Sucre o el fundador de la definitiva república el general Páez. Chávez no podía ser la excepción, aunque con él, Bolívar revivió en el presente y se encarnó en su figura.-

Desde muy joven Hugo Chávez fue un venerador de héroes. Había admirado intensamente al "Látigo" Chávez, homónimo pitcher que había llegado fugazmente a las ligas mayores y que murió joven en un accidente aéreo. Fidel Castro y el Che Guevara también fueron objeto de su veneración, pero con Bolívar su relación fue especial.-

Al decir del escritor mexicano Enrique Krauze, Bolívar fue su "padre metahistórico". En su juventud supo parafrasear el juramento del "Samán de Guere", que Bolívar había hecho en el Monte Sacro de Roma, lo que le valió una reprimenda de sus superiores del ejército. Cada día de Chávez comenzaba con un pensamiento entresacado al azar de un libro de frases de Bolívar, que compartía con sus subalternos. En las reuniones de trabajo colocaba una silla en la cabecera sin permitir que nadie se sentara en ella, sólo él escuchaba al invisible invitado: el libertador Bolívar.

No fue extraño, por ello, que en función política y de gobierno Chávez construyera una imaginería histórica que llegó a la misma Constitución, dando nueva nominación a su país como "República Bolivariana de Venezuela".- Así fue naciendo un nuevo Bolívar, un Bolívar renovado, un Bolívar que se encarnaba diariamente en el verborrágico líder bolivariano, un Bolívar que opinaba sobre todos los temas de actualidad, el petróleo, la revolución social, el movimiento obrero, y, por sobre todo, la bondad y necesidad del socialismo, es decir, nació el Bolívar socialista, el mentor histórico del "socialismo siglo XXI", que hablaba por la boca de Hugo Chávez.

Sin pretensiones de agotar el tema y de dar un juicio definitivo, la pregunta es: ¿un Bolívar inspirador del "socialismo chavista", respeta la verdad histórica?

Bolívar sostenía que sólo una dictadura podía poner en orden a las violentas e ingobernables naciones de América Latina —esa fue su diferencia fundamental con San Martín-, lo que le valió que, por lo menos hasta la primera mitad del siglo XX, fuera patrimonio exclusivo de la derecha venezolana. El Bolívar democrático y socialista vino después, a través de una interpretación particular de la historia.

Un dato histórico nos revela la relación del libertador americano con las embrionarias ideas socialistas, justificando el título de esta nota.- Hacia 1857, Carlos Marx recibe el encargo de su editor en Nueva York Charles Dana, de escribir un artículo sobre Simón Bolívar para publicarlo en "The New American Cyclopaedia".- La nota de Marx fue fuertemente crítica de Bolívar, con calificativos personales exageradamente agresivos hacia la figura y personalidad del héroe americano, aunque el centro de la crítica del gran teórico del comunismo fue la vertiente autoritaria de Bolívar.- La doctrina marxista suponía una afirmación colectiva, emancipadora, igualitaria, de la sociedad civil, por lo que Marx fue —ante todo- un crítico del poder, la concentración del poder absoluto en una persona constituía en cualquier contexto —en la Francia burguesa o en la bárbara Latinoamérica- una aberración histórica.-

No puede, entonces, utilizarse válidamente a Bolívar cómo el sustento histórico del "socialismo siglo XXI" que pregonaba machaconamente Hugo Chávez.- En sus extensísimas charlas a funcionarios y seguidores —soporíferas a veces, interesantes otras-, utilizaba al libertador para hacerle decir lo que el comandante presidente quería decir.- Chávez oficiaba de ventrílocuo infiel, poniéndole voz a un pensamiento que no es el del personaje.-

A decir verdad, el sistema vigente hoy en Venezuela nunca fue socialista, antes bien es una variante populista y autoritaria instalada en varios lugares de América Latina, que ha construido ficciones a partir del discurso, enhebrando un relato de socialismo y antiimperialismo de opereta, descarnado y resonante en Venezuela, más velado y tímido en nuestro país.-

El uso arbitrario, selectivo y anacrónico de la historia ha servido a muchos autoritarismos para apropiarse de "héroes" nacionales que sirvieran de justificativo épico ante la sociedad de su nación, apto para toda suerte de medidas cuya finalidad última sea la de conseguir poder, incrementarlo, concentrarlo, y prolongarlo en el tiempo.- Con las referencias que hemos dado, está más que claro que Bolívar ha vivido su tiempo con los conceptos que las circunstancias de la época generaban en su entendimiento, por lo que la crítica a su figura debe inscribirse en el contexto de su temporalidad.-

Practicar la "resurrección" histórica, revivir el personaje, hacerlo andar, opinar y justificar las propias acciones, es intentar compartir las glorias históricas y convertirlas en beneficios del presente, aun cuando con ello se sacrifique la verdad histórica y se construya un "Frankestein" moderno apto para todo servicio, especialmente para inocular en las venas de la gente una visión heroica del presente que los lleve a apreciarlo como una repetición de las luchas libertarias del pasado.

El pasado sirve para recordarlo.- La epopeya del presente se construye todos los días, no a través de la ficción histórica que los autoritarios utilizan para justificar sus propias acciones, sino por medio de la vida democrática, del respeto a las instituciones, del diálogo maduro, del reconocimiento de los propios límites, de la tolerancia y, fundamentalmente, del reconocimiento al prójimo.-

Inocular historia adaptada para conseguir un presente a medida, es cómo pretender utilizar la máquina del tiempo fuera de la ficción cinematográfica.

C A P I T U L O   III

LA BATALLA CULTURAL

"La izquierda representa hoy una opción mimetizante con el medio en el que se desarrolla: el liberal capitalismo"

Jorge Eduardo Simonetti

La cuestión central es interrogarse acerca de si existe un núcleo teórico para identificar a la izquierda, y en su caso, si los movimientos latinoamericanos que generaron gobiernos como los de Chávez, Kirchner, Lula y compañía, cumplen con algunos de los elementos que integran ese núcleo teórico, o si por el contrario son apenas gradaciones de implementación del sistema liberal capitalista, con distinta jerarquía.

Caso contrario, si no existen, las políticas implementadas por el socialismo siglo XXI pueden llamarse de cualquier modo, menos de izquierda.

Creo que la respuesta está contenida en gran medida en la comparación de la izquierda marxista con la izquierda gramsciana, efectuada más arriba.

A los efectos simplemente analíticos, tomaremos cuatro o cinco conceptos que son sostenidos a rabiar por la nueva izquierda como elementos esenciales de tal calidad.

Pero, previamente, consideraremos que elementos esenciales de la izquierda marxista no están presentes en la izquierda de nuestro subcontinente, tomando como base lo sucedido en los gobiernos de Lula y Dilma Roussef en Brasil, Chávez y Maduro en Venezuela, los Kirchner en Argentina, Correa en Ecuador y Morales en Bolivia.

A saber:

1. Si entendemos, de modo muy elemental, que la izquierda de fines del siglo XIX hasta la década del 80 del siglo XX, fue un movimiento político que propugnaba el establecimiento del *socialismo* en los países que administraban, *en ninguno* de los que mencionamos más arriba ello se produjo.
El socialismo es una doctrina política y económica que rechaza la propiedad privada, y colectiviza la propiedad de los medios de producción, que

quedan administrados por el estado en una teórica representación de las clases trabajadoras, con el fin de lograr una organización de la sociedad en la cual exista una igualdad política, social y económica de todas las personas.

En ningún caso, hubo siquiera atisbos de socialismo en la organización de los estados venezolano, argentino o brasileño.

2. La base fundamental de la doctrina marxista, es la *eliminación de las clases sociales*, con un paso intermedio que es la dictadura del proletariado para culminar en una sociedad comunista absolutamente igualitaria, circunstancia ésta que tampoco se ha dado en dichos países siquiera de manera embrionaria.

3. No hubo una *transformación radical de la estructura económico social de los países*, ni una transferencia del poder desde las clases altas a las menos favorecidas. Antes bien, una burocracia estatal que siguió los mismos parámetros del capitalismo, con agregados de dosis importantes del estado benefactor, que sólo sirvió para paliar algunas necesidades básicas pero que no cambiaron de manera trascendente las relaciones de producción en la sociedad.

Los obreros siguieron siendo obreros, los medios de producción no cambiaron de mano, siguieron en poder de la burguesía, y no hubo grandes cambios en la situación de desigualdad que en teoría la revolución marxista solucionaría.

EL COMBO CULTURAL

Lo que hoy existe, no en balde se denominó inicialmente a su pensador más importante Antonio Gramsci como un teórico de la cultura, es una izquierda definida como un "combo cultural", que no es revolucionaria, ni tampoco reformista, apenas es una opción mimetizante con el medio en el que se desarrolla, el liberal capitalismo y camuflada con ropaje democrático

Ahora bien, ¿cómo puede describirse a la que denomino *neoizquierda?*, ¿cuáles son sus aspectos principales y porque no es izquierda?

Estos puntos serían lo que, en idioma gramsciano, se llamaría la construcción de la hegemonía, que permitiría a las clases subyugadas la conquista del poder del estado y desde allí la construcción del socialismo.

RADICALIZACIÓN DE LA DEMOCRACIA

"La nueva izquierda considera a la democracia el nuevo escenario dónde se deben desarrollar las disputas de clase"

Jorge Eduardo Simonetti

Lo primero que tenemos que decir, fundados en la teoría gramsciana, es que uno de los objetivos de esta denominada nueva izquierda es la *radicalización de la democracia*, que a una primera vista se presenta como una absoluta contradicción con la *centralización democrática* de la izquierda marxista.

Según los teóricos de la nueva izquierda, *"la democracia no es anodina, ni inocua, ni incolora, ni insípida, ni descafeinada; en las contiendas políticas entre mayorías y minorías se expresan los intereses de clase"*.[65]

Es decir que la nueva izquierda considera a la democracia el nuevo escenario dónde se deben desarrollar las disputas de clase.

A esta altura hay que decir que el objetivo de la nueva izquierda de *radicalizar la democracia*, se presenta como opción superadora de la *democracia liberal*, mediante la cual se profundiza la participación popular no institucionalizada.

¿QUÉ ES LA DEMOCRACIA LIBERAL?

En términos sencillos, podemos definirla como una forma de gobierno, cuyos representantes son electos para la toma de decisiones políticas.

La democracia liberal necesariamente rige con la vigencia del estado de derecho, que normalmente es regulado desde su cúspide por una Constitución, que establece los derechos y libertades individuales y

---

[65] Isabel Rauber, *Refundar la política, Desafíos para una nueva izquierda latinoamericana*, Peña y Lillo, 2017, p.23

colectivas, y el establecimiento de los poderes para el funcionamiento del Estado.

El derecho a la vida, a la libertad, a la igualdad ante la ley, al debido proceso, a la libertad de expresión, a la libertad de prensa, de reunión, de enseñanza, de culto, a la propiedad privada, son el conjunto de derechos básicos que garantizan las constituciones de la llamada democracia liberal.

El otro aspecto fundamental es que el manejo del estado es tripartito, hay división y autonomía entre el poder que administra (ejecutivo), el que legisla (legislativo) y el que juzga (judicial).

Tanto los derechos y libertades, cuánto la organización de los poderes públicos que serían los facultados a hablar en nombre del estado y a adoptar las decisiones, están contenidos en un código escrito, la Constitución, que establece los alcances, los límites y la mecánica de funcionamiento.

El término de democracia liberal no resulta de su identificación con una ideología política como la del liberalismo, sino que su concepto puro nace de esa filosofía, y se caracteriza por la tolerancia, el pluralismo político, el apego a la ley, y la realización de elecciones periódicas.

La cuestión de las elecciones periódicas de representantes adquiere fundamental importancia para el desarrollo de una democracia liberal, porque las reglas electorales ya no constituirían simples procedimientos formales o procesales, sino que serían sustanciales a la vigencia de una verdadera democracia.

Para una mejor comprensión del tema, y de la diferencia entre la democracia liberal y la radicalización de la democracia que propugna la izquierda, me permito hacer referencia a una obra de mi autoría, de este mismo año.[66]

Allí se podrá advertir que el único sistema que soporta la democracia liberal es el denominado *poliarquía*. La democracia radicalizada, como lo propugna la izquierda, tiende a degenerar, en el llano, en una dispersión del poder productora de caos y de peligro de disolución social, y con el ejercicio del poder, en la consolidación de autocracias populistas que, con el pretexto de representar la voz del pueblo, eliminan la libertad y el correcto funcionamiento de la república.

Tipos de democracia y sistemas electorales

Robert Dahl, uno de los teóricos contemporáneos sobre la democracia más importantes, reconoce dos dimensiones a partir de las cuales se pueden clasificar los regímenes políticos: la primera es referida al *grado de liberalización del debate público* y la *expresión de preferencias*; la otra, la *capacidad de las instituciones de representar a los ciudadanos.*

---

[66] Jorge Eduardo Simonetti, *El mito democrático*, ConTexto, 2019

a) Un régimen sin liberalización política ni representación, constituye una *hegemonía cerrada*, dónde las elites gobiernan según su exclusiva voluntad.

b) Si a partir de este régimen, existe un mayor grado de liberalización, aun manteniendo bajos niveles de participación y representación, el mismo se vuelve una *oligarquía competitiva*, en la que se compite por el voto pero se carece de responsividad. La *responsividad* es el grado de permeabilidad de los gobernantes a las demandas ciudadanas, dónde esto no ocurra, los asuntos reflejan unilateralmente las preferencias de la elite gobernante.-

c) Un gobierno muy representativo pero con débil liberalización del debate público, es una *hegemonía representativa*. Los gobernantes pueden ser muy responsivos, pero los ciudadanos tienen poca participación efectiva en el ejercicio del poder.-

d) Si existe una gran apertura a la participación ciudadana y una buena calidad de la representación, ahí estamos en presencia de una **_poliarquía_**, que es el sistema más democrático. Altos niveles de liberalización del debate público y de responsividad.

El debate politológico considera a la poliarquía como la definición mínima de democracia, que supone la existencia de tres aspectos[67]:

1) la competencia regular y libre para puestos políticos y políticas públicas,
2) el reconocimiento y la participación amplia de los ciudadanos, y
3) la rendición de cuentas de los gobernantes.

Democracia mayoritaria y democracia de consenso

Básicamente expuestas, la democracia moderna tiene tres patas sobre las cuales asienta su estructura: forma de elegir la representación (normativa electoral), representantes facultados para tomar decisiones en nombre del conjunto social y reglas bajo las cuales se toman esas decisiones.

Esto, que parece extremadamente simple, supone un campo muy extenso en el que pueden convivir normas, políticas y comportamientos que hacen

---

[67] Miño y Busmail, Democracia y Elecciones, El Ateneo, 2015 p.34 y 35

variar la calificación del sistema imperante en un determinado país.

La primer pregunta que surge es ¿qué requisitos son indispensables o mínimos para considerar una decisión como democrática?

Arend Lijphart (1984) expresa que la pregunta tiene dos posibles respuestas. La primera es que la opción más democrática es aquélla que exprese la *opinión de la mayoría*.- Tal respuesta representa de manera obvia el ideal democrático, porque la opción alternativa sería el gobierno de la minoría.-

La segunda respuesta está en que la decisión democrática es aquella dónde las instituciones se orientan a buscar el apoyo del *mayor número posible de ciudadanos*. En este caso, la opción más votada sería el piso mínimo, pero se busca que el sistema político se oriente a la maximización de apoyos.-

A partir de esta diferenciación, nacen dos tipos de democracias que, en definitiva, resultan los patrones extremos de un espectro que puede consultar características de un lado y del otro en distinta proporción: la *democracia mayoritaria* y la *democracia de consenso*.

Al decir de Lijphart,

"El modelo mayoritario concentra el poder político en manos de una mayoría escasa y, a menudo,

incluso en una mera mayoría relativa en lugar de una mayoría (...) mientras el modelo consensual intenta dividir, dispersar y limitar el poder de distintas formas. Una diferencia estrechamente relacionada es que el modelo mayoritario de democracia es excluyente, competitivo y de confrontación, mientras que el modelo consensual se caracteriza por la inclusión, el pacto y el compromiso. Por ello, la democracia consensual podría denominarse también "democracia de negociación" 1984: 14"[68]

En términos conceptuales, diremos que la **democracia mayoritaria** promueve la concentración del Poder Ejecutivo en gabinetes de un solo partido, la elección cumple la regla democrática con mayoría relativa, los gobernantes tienen poderes amplios. La centralización, el bipartidismo, el sistema unitario, el débil control de la constitucionalidad de las leyes y la escasa participación ciudadana en el ejercicio del poder al margen de las elecciones, son sus características.-

Guillermo O'Donnell describió a la misma como *democracia delegativa* en 1994, enumerando como tales a los nuevos regímenes políticos instaurados en países de América Latina, Europa del este y Asia, son menos liberales y republicanas y tienen como principio diferenciador que quién gane las elecciones tiene el derecho de decidir.

---

[68] Miño y Busmail, ob.cit., p.38

En las democracias delegativas o mayoritarias, la rendición de cuentas horizontal (por entidades autónomas como el Poder Legislativo y el Poder Judicial) es débil o casi inexistente.

El *decisionismo* es una manera de tomar decisiones gubernamentales. Es una corriente de interpretación del Estado inspirada en Carl Schmitt, quien asevera que la ley tiene ciertos márgenes de interpretación que hacen que el gobernante encargado de aplicarla pueda, con su voluntad, influir sobre la decisiones jurídicas a tomar, es decir, que la voluntad del hombre que gobierna prevalece por encima de la estructura institucional de un Estado.-

Los ejecutivos de democracias mayoritarias o delegativas, son casi siempre decisionistas, estiran hasta el máximo posible la intervención de otros órganos en el proceso de adopción de medidas, aun cuando las mismas supongan un camino legal preestablecido. Cuentan, para ello, con la actitud omisiva, cuando no cómplice, de los estamentos que deben poner los límites.-

Basan su vigencia en la idea de soberanía política.

Las **democracias consensuales** son su contrapartida, porque se acentúa la participación de actores legales en el proceso y se crean instancias de participación ciudadana, con actores institucionales o individuales.

Los acuerdos y la negociación política son fundamentales en las democracias de consenso, lo que confiere mayor certeza y estabilidad al sistema institucional.

Existen sistemas de partidos multipartidista, representación proporcional y participación de las minorías con bajo umbral de ingreso a la competencia, las posibilidades del debate son amplias.

Se fortalecen los pilares institucionales tradicionales, la democracia consensual se asienta fuertemente en los ideales republicanos del estado de derecho, igualdad ante la ley, separación de poderes y federalismo real.

EL ESTADO ASAMBLEARIO DE LA DEMOCRACIA RADICALIZADA

"Quedarse encorsetados en los límites del orden jurídico vigente, coloca a los gobiernos y los Estados en una dimensión jurídico-administrativa, supuestamente al margen del escenario concreto de los conflictos políticos y promueve la desmovilización popular"

Isabel Rauber

Este es un punto crucial de cruce entre la democracia que hoy pretende la izquierda, y la democracia que se instauró en la Unión Soviética.

La revolución marxista, con la dictadura del proletariado y la dirección intelectual y real de la vanguardia ilustrada, determinó que el sistema de decisiones funcionaba en el ámbito de una *democracia centralizada*, es decir, ni más ni menos, que los directivos del estado y del partido único, el partido comunista, trataban los asuntos más importantes, tomaban decisiones y éstas debían replicarse en todos los organismos intermedios y en toda la sociedad, sin ninguna posibilidad ni de modificación ni de debate.

Lo que se dice, una democracia antidemocrática, una farsa.

Pues bien, la neoizquierda latinoamericana, que es el resabio de un sistema muerto, enterrado y fracasado, piensa que deben presentarse como superadores de la democracia liberal (concebida, desarrollada y experimentada durante más de dos siglos), con un sistema que denominan democracia radicalizada, que consiste en que los poderes que determina la Constitución no son suficientes para tomar las decisiones, y que éstas deben adoptarse con la participación del pueblo a través de mecanismos de participación directa y de presión.

Asambleas populares, movimientos de protesta, reuniones en fábrica, actividades piqueteriles, entre muchas otras posibilidades, deberían constituir el eje central por el que pase el debate democrático de una sociedad. No son los poderes electos, sino los denominados movimientos populares, los que le darán contenido y legitimidad a las decisiones en el marco del estado.

Es entonces esa izquierda, que ganó la fama en regímenes autoritarios y represores, la que se presenta como profundizadora de la democracia, luego del rotundo fracaso del mundo socialista que quiso instaurar.

La radicalización de la democracia significa también un importante desapego a la legalidad del sistema, aspecto éste esencial en la democracia liberal.

"Pretender que sólo con el apego a la legalidad (pre)existente y la repetición de los ciclos electorales un gobierno popular puede garantizar la continuidad de los procesos transformadores en "democracia" es, cuando menos, una ingenuidad", sostiene una teórica de la neoizquierda. [69]

Al referirse al ordenamiento jurídico de un estado democrático, lo califican como la *legislación del capital*, un condicionamiento jurídico y político que sólo

---

[69] Isabel Rauber, ob.cit., p.23

habrá de atrasar la construcción hegemónica de las clases subyugadas y su acceso al poder.

Por ello, conforme las teorías de la neoizquierda, la radicalización de la democracia no puede quedar exclusivamente reducida a la intervención de los actores institucionales, ni tan siquiera a la participación de instituciones intermedias que funcionen como parte de la ideología capitalista.

Dice Rauber que *"Quedarse encorsetados en sus límites* (se refiere al orden jurídico vigente) *coloca a los gobiernos y los Estados en una dimensión jurídico-administrativa, supuestamente al margen del escenario concreto de los conflictos políticos y promueve la desmovilización popular"*.[70]

Las denominadas organizaciones de base, constituidas por grupos barriales, trabajadores informales, subsidiados sociales, piqueteros y en alguna medida los sindicatos, son los elementos constitutivos de una verdadera democracia profundizada, que trasciende los intereses de la clase hegemónica.

"No son las instituciones, ni los funcionarios, ni las leyes, ni los partidos políticos, los sujetos del cambio, sin los pueblos", sostiene Rauber.

Consideran, en ese contexto, que la democracia es un medio para la participación del sujeto

---

[70] Isabel Rauber, ob.cit., p.24rdoc

revolucionario, que no es siquiera medianamente el poder constituido, no son las instituciones que consagra la Constitución.

El sujeto revolucionario, que debe valerse de la democracia en sus aspectos formales, está en las calles, en los barrios, en las comunidades, en las fábricas, en el campo, son los trabajadores informales, los obreros, las mujeres, los jóvenes, los trabajadores del campo, los pequeños campesinos, las poblaciones indígenas originarias, los pobladores urbanos de barrios marginales, y sus respectivas organizaciones sociales.

Son ellos, para la neoizquierda, el nuevo poder popular instituyente, que desplazará a la clase dominante que hoy ejerce la hegemonía.

Se trata de pasar de una hegemonía a otra, de transformar las relaciones hegemónicas preexistentes de la democracia liberal, en una nueva hegemonía popular revolucionaria, a partir del protagonismo del nuevo sujeto revolucionario.

En ese campo, lo fundamental no es la revolución violenta y la toma del poder por parte del proletariado, sino la articulación de sectores e intereses, para dar la batalla cultural e ideológica.

En tal sentido, las tareas del nuevo sujeto revolucionario son[71]:

---

[71] Isabel Rauber, ob.cit., p.75

a) *"Desplegar la batalla político cultural en todos los terrenos, atendiendo también a las redes sociales.*

b) *Hacer de las prácticas cotidianas el primer frente de la batalla cultural e ideológica, es decir, desarrollar la pedagogía de las prácticas.*

c) *Atender al desarrollo de la subjetividad y espiritualidad de los pueblos potenciando sus identidades, culturas, cosmovisiones.*

d) *Desplegar sostenidamente procesos interactivos de formación política.*

e) *Abrir cauces a un nuevo pensamiento crítico latinoamericano, descolonizado, intercultural y multicosmovisivo, plurívoco, anclado a las prácticas de los pueblos.*

f) *Promover procesos articulados de descolonización, interculturalidad y despatriarcalización en la construcción del poder popular desde abajo.*

g) *Estar atentos a construir, actualizar, promover, fortalecer, en todo momento, las mayorías populares que impulsarán y sostendrán los procesos de cambio. Desarrollar un nuevo tipo de intelectual orgánico, que se integre y descubra, promueva y potencie el pensamiento de los pueblos en toda su diversidad, amplitud y riqueza".*

Se propone como método para instrumentar la democracia radicalizada:

- Las *asambleas constituyentes*, para salir del estrecho marco político partidario y del funcionariado y construir un sistema democrático popular participativo.

- Abrir paso al protagonismo político de los *sectores populares* ya mencionados, como actores fundamentales del manejo del estado.

Algunas cuestiones resultan claves para entender aquello que la neoizquierda quiere significar con la radicalización de la democracia:

a) En primer término, que *la democracia es considerada como un medio* para la conquista de la *hegemonía* y la instalación del *socialismo*. No es un fin en sí misma, una forma de vida, un sistema de gobierno, sino el medio para facilitar el acceso de determinados sectores políticos y sociales al manejo del estado y desde allí provocar la revolución socialista que pregonan, pero que no aclaran en sus alcances.

b) La *desvalorización del ordenamiento jurídico* como elemento constitutivo y legitimador de las reglas democráticas instituidas, están indicando que el mismo es un elemento sustituible por las vías de acción directa, que para la nueva izquierda son el mecanismo más idóneo para el acceso al poder, porque no podría considerarse como ajena al mismo la posibilidad del ejercicio de la violencia.

c) La neoizquierda, al utilizar el sistema democrático en la consecución de sus confusos fines, está no sólo contradiciendo su propio origen, con los componentes autoritarios que sostuvieron a la izquierda socialista en función de gobierno (URSS, China, Cuba), sino ocultando también sus verdaderos propósitos entre los pliegues de la democracia liberal. La *hegemonía gramsciana* no es otra cosa que un *grado inicial de mimetización con el sistema vigente* para, a partir del mismo, comenzar una segunda etapa de destrucción desde adentro, bajo el engañoso paraguas del paradigma cultural.

d) En las experiencias latinoamericanas de gobiernos rotulados como izquierdistas, la democracia no sólo sufrió una depreciación en su estructura y valores, sino que fue el telón visible que ocultó una formidable autocratización del poder, en distintas gradaciones, desde la manera más carnívora de Chávez y Maduro, pasando por los Kirchner, los Morales, los Correas hasta las más vegetarianas como la de los Lula.

e) En esos mismos países, dónde pudo probarse en el terreno la teoría neoizquierdista latinoamericana, denominada ampulosamente como *socialismo del siglo XXI*, no se llevaron a cabo reformas importantes destinadas a la socialización del sistema económico, social y jurídico. Las clases menos favorecidas siguieron pobres, con subsidios paliativos, y las clases pudientes incrementaron su riqueza. Obviamente, el funcionariado neoizquierdista hizo su agosto, privatizando los dineros del estado en favor de sus propios bolsillos. La corrupción fue el eje de gobierno.

LA NEOIZQUIERDA EN LA DEMOCRACIA ARGENTINA

"La neoizquierda forma hoy con el kirchnerismo un combo estratégico en la búsqueda de la hegemonía política"

Jorge Eduardo Simonetti

La neoizquierda hoy en Argentina, está en realidad casi fuera del sistema democrático, sólo participa electoralmente en opciones menores, apoya permanentemente la violencia desestabilizadora, y utiliza la mentira como manera de construcción de las contradicciones con el sistema. Pero, hay que resaltarlo, la neoizquierda forma hoy con el kirchnerismo un combo estratégico en la búsqueda de la hegemonía política.

Apenas asumió el nuevo gobierno, la consigna era su deslegitimación a través del *"Macri, basura, vos sos la dictadura".*- El segundo paso, la resistencia a través de distintos sucesos de violencia, como los actos piqueteriles, los disturbios en las concentraciones de trabajadores, la violencia de algunos grupos mapuche.- Y el tercer paso, tan anhelado, la "desaparición forzada de personas", que lo consiguieron con Santiago Maldonado.- El combo es perfecto: Macri dictador, Maldonado desaparecido, resistencia violenta de los grupos "populares".

Las dictaduras necesitan matar para reinar, la democracia encapuchada, los lúmpenes políticos, requieren de muertos para utilizarlos como bandera de caos, sin ellos no tienen propuestas ni contenido ideológico y político.

Y como los hechos no importan, importa lo que cree la gente, la neoizquierda no bajó la bandera del detenido desaparecido de Santiago Maldonado.

Resulta paradójico que hayan hecho de *la mentira un método de lucha política*, cual la mecánica nazi. El *"miente, miente, que algo quedará"* del Ministro Propaganda nazi Joseph Goebbels, parece ser el método para crear la hegemonía gramsciana.

Maldonado es un detenido desaparecido, no importa que se haya encontrado su cuerpo y que la junta de peritos haya dictaminado que falleció ahogado, sin que se haya ejercido violencia alguna sobre el cuerpo.- Tampoco a la izquierda le importan los hechos, le conviene la post verdad, las emociones que generan un mártir en su "imaginario" y la palanca política que les resulta, para acusar al gobierno de represor, aunque nada sea cierto en el campo de la realidad.-

Es que la neoizquierda no es un partido político, una agrupación democrática, un sector visible de la vida nacional, ni siquiera la izquierda argentina.

Se apoya en los marginales de la política, aquellos que están fuera del sistema y trabajan exclusivamente para generar violencia. Los grupos radicalizados mapuches que queman vehículos, los piqueteros que obstruyen la circulación e imponen la imagen de la capucha y el palo, los pseudo sindicalistas a los que les interesa sólo el caos, las organizaciones extremistas como Quebracho entre otras, son hoy su estado mayor.-

El *lumpenproletariado* es un término marxista de origen alemán con el que se designa a la población situada socialmente al margen o debajo del proletariado, desde el punto de vista de sus condiciones de trabajo y de vida, formado por los elementos degradados, desclasados y no organizados del proletariado urbano.- En versión argentina, serían los *"subsidiados".-*

Arrinconados por un peronismo que les ocupó el espacio político, a la neoizquierda le quedó sólo el angosto campo de la "lumpenpolítica", que es la superestructura parasitaria de dirigentes chupasangre que explota y vive de los que reciben subsidios. Esa es su base política, obviamente con el grado de marginalidad y violencia que ello conlleva.

A esa altura, parece contradictorio que una dirigente multimillonaria lidere la estructura "lumpen" de la política argentina.

El vandalismo de los sucesos en la Avenida de Mayo, las prácticas violentas en Neuquén y Chubut, las bombas molotov, los piedrazos, la quema de vehículos, los grupos radicalizados de mapuches "preconstitucionales", son todos exponentes de una violencia política de antaño que quiere volver a instalarse en la Argentina, con el caldo gordo que le suministran dirigentes políticos como Cristina.

Esto es lo que para ellos significa la radicalización de la democracia, el establecimiento de la hegemonía, el acceso al poder sin la participación de las instituciones.

EL PEGAMENTO REVOLUCIONARIO

La cantidad de los conflictos que se mueven dentro de un país, sociales, políticos, étnicos, indigenistas, feministas, de diversidad sexual, etc., y la heterogeneidad de los movimientos, agrupaciones, partidos que los encabezan, necesitan de -a estar a los términos de Laclau- una *articulación* que no sólo los aglutine sino que además unifique el impacto sobre la estructura capitalista y sirva como elemento contundente para el alcance de la hegemonía.

Para ello, se necesita de un elemento catalizador, un hilo conductor que los termine acollarando en el transcurso, en suma un pegamento social, y ese pegamento es *la nueva izquierda*. Será ella la que inventará, unificará, potenciará y acelerará los conflictos sociales, aunque no revistan naturaleza económica.

CAPACIDAD PARA PRODUCIR UN CONFLICTO

El "trabajo" de la nueva izquierda en la sociedad liberal capitalista, no es ya la tradicional estrategia marxista de la revolución, sino, como ya se dijo, la capacidad de aprovechar, inventar, potenciar y unificar, los conflictos que se producen en el medio social.

No importa la naturaleza de los desacuerdos, lo importante es que tengan una potencialidad conflictiva capaz de influir en la construcción de la hegemonía.

De allí que, el feminismo, el reconocimiento de la diversidad sexual, el indigenismo, el ambientalismo, el derecho-humanismo, son temáticas actuales que tienen una gran capacidad de generar en torno a los mismos los movimientos conflictivos que necesita la nueva izquierda en su tarea de demolición de la hegemonía liberal capitalista.

Si nos tomamos el trabajo de identificar la naturaleza de dichas demandas sociales, su naturaleza, sus alcances, nos daremos cuenta, definitivamente para mí, que todas corresponden a la evolución de los reclamos que pueden producirse en el ámbito de un país o de una globalidad, pero que constituyen el modo normal de evolución de la humanidad hacia el reconocimiento de nuevos y mejores derechos.

¿Qué quiero decir con ello? Que las demandas de esos movimientos no tienen ideología, no pertenecen a la izquierda ni a la derecha, no son tan siquiera de una, para mí, desaparecida concepción socialista, corresponden al género humano, y que son válidas en la medida que corresponden al avance de hombres y mujeres en la conquista de derechos.

Pero, existe un elemento fundamental a aportar en este análisis, que es el medio o sistema ideológico en el que se desarrollan esas demandas, que es en la democracia liberal, porque es ésta la que posibilita que las mismas se desplieguen en toda su dimensión, porque permite el disenso, la discusión, el debate esclarecedor, la protesta fáctica, en suma las libertades que un sistema opresor, como todos los que sostuvieron las izquierdas, jamás lo posibilitaría.

A continuación, desarrollaré brevemente algunos de los temas en boga que se debaten en la sociedad y que son considerados por la neoizquierda como materia de la batalla cultural y con mucha potencialidad generadora de conflictos.

NEOLENGUA

LENGUAJE INCLUSIVO, ¿MODA PASAJERA O DERECHO EN CRECIMIENTO?

"Moza tan fermosa non vi en la frontera, como una vaquera de la Finojosa" (siglo XV); *"Hay poques diputades que están indecises. Queremos demostrarles que a nosotres ..."* (siglo XXI)

Del Marqués de Santillana a los estudiantes del Carlos Pellegrini

De un lenguaje que fue a otro que todavía no es.

Las expresiones de estudiantes secundarios, con motivo del debate por la despenalización del aborto, dispararon una intensa discusión en torno a este nuevo vocabulario, al que se denomina "inclusivo" o "no sexista".

Primero se reemplazó el masculino genérico por las formas femenina y masculina; después se optó por la "x" y el "@". Hoy, la "e" se presenta como la nueva alternativa, pronunciable y neutral.

La sociedad lo ve como un capricho del kirchnerismo y la izquierda, pero en realidad no es una cuestión facciosa, o no debería serlo, es por ahora una inquietud generacional de los jóvenes.

Para el filósofo Santiago Kovadloff es síntoma de una demanda que excede la lengua. La doctora en Lenguas de la Universidad Torcuato Di Tella y de Harvard, Karina Galperín, prefiere decir que la lengua necesita responder a una realidad que ya cambió.

Primero quiero expresar lo que para mí significa "la palabra", escrita o hablada, porque en el contexto de su significado hallaremos las respuestas a esta revolución naciente del lenguaje, que muchos intentan ridiculizar o menospreciar, o directamente desconocer, como la Real Academia Española. La inquietud no sólo se produce en el ámbito del idioma español, también en varios otros.

La "lengua" es un sistema convencional de signos utilizados por los grupos sociales para comunicarse entre sus miembros, ése es su significado etimológico. La "palabra" es la lengua en boca de los locutores.

El interrogante es si el lenguaje es únicamente instrumental, un medio para comunicar, un conjunto de signos o sonidos sólo de carácter representativo, o es algo más.

¿Se construye lenguaje con la realidad, o se construye realidad con el lenguaje? Para mí, las dos cosas. El lenguaje refleja y, además, construye.

Me gusta decir siempre que "la palabra no es un medio, es la realidad misma". Con ello quiero expresar que el lenguaje jamás es absolutamente neutro en su significado sustancial, no es mera representación. El lenguaje en sí mismo produce hechos, realidades, estados de ánimo, es el contorno del pensamiento.

La palabra es en tanto lo que representa como lo que crea. Con la palabra puedo crear felicidad, agresividad, paisajes bonitos, ideologías, gobiernos, comportamientos sociales. Es decir, no sólo es representación sino además sustantividad. Por ello mismo que el lenguaje tiene un elevado poder discriminatorio.

Dije en mi último libro que, "...*un aspecto muy interesante de analizar es que los pensamientos adquieren un formato: el lenguaje. Esto que parece tan obvio puede determinar...diferentes capacidades de comprender el mundo según lo rico o pobre que sea nuestro lenguaje, y con ello afectar nuestras capacidades de pensamiento. Este lenguaje, más que un determinado idioma, significa también nuestra capacidad de interpretación de los contenidos emocionales de las cosas que nos pasan.*" (CRITICA DE LA RAZÓN IDIOTA, p.43).

Mario Vargas Llosa se sintió poco menos que apuñalado por la espalda por el propio Sartre cuando éste, en su etapa socialista, expresara que la literatura era un lujo que sólo podían permitirse los países que habían alcanzado el socialismo. *"¿Cómo podía afirmar eso quien nos había hecho creer que escribir era una forma de acción, que las palabras eran actos, que escribiendo se influía en la historia?"* (MARIO VARGAS LLOSA, "La llamada de la tribu", p.7).

De cualquier modo, *"desde quienes le otorgaron al lenguaje el carácter de realidad autónoma, capaz de producir hechos de la vida misma sin dependencia de la sustantividad del objeto o de los hechos que representa, hasta los que opinan que no es realidad postulada por el concepto mismo...nadie pudo negar su papel existencial desde que el mundo es mundo"* (SIMONETTI, ob.cit., p.158).

El lenguaje es un subproducto de la cultura, y como tal, cambia, evoluciona. La Real Academia oficializa lo que la cultura crea. Si no, seguiríamos hablando tal como el Marqués de Santillana en su "moza tan fermosa..." del siglo XV.

No pienso este debate como la dicotomía entre derecha e izquierda, sino en la de "progresistas" y "conservadores". Los derechos humanos, por poner un ejemplo, no son patrimonio de una parcialidad política, es propiedad del género humano, de las buenas personas.

Un nuevo lenguaje, que elimine las expresiones adquiridas "por defecto", que incorpore una sistemática tendiente a equiparar los géneros en la utilización del habla diaria, no sólo es lógicamente irrebatible sino históricamente inexorable, porque será un paso más en el sentido de la igualdad de derechos entre el hombre y la mujer y se sumará a la construcción de un pensamiento no machista.

Y los derechos son también productos culturales, que van apareciendo con el tiempo e incorporándose al entramado social, y cuando el reclamo aparece como una expresión de la justicia natural, no hay reglamento o ley que impida su consagración.

Y que más natural que un lenguaje justo para todos, que nos represente a todos, que no nos separe o discrimine, que nos entregue la agradable sensación de estar incluido. Contra ello, sólo se podrán interponer argumentos artificiales y retrógrados.

Piense Ud. que hasta ayer nomás la mujer carecía de muchos derechos, entre ellos el de votar, aunque hoy nos parezca inconcebible. Aún por estos tiempos, es altamente discriminada en otros países, como pasa también con otros grupos minoritarios.

Pero ojo, que no se continúe viendo como una cuestión política, que nadie se apodere de dicha reivindicación social. Es, por ahora, un tema generacional, de los jóvenes, pero pronto será tema de la sociedad en su globalidad.

Es cierto que la izquierda está ganando la batalla de las palabras. Éstas salen de la boca y de la pluma de los intelectuales, los periodistas, los artistas, los escritores, que conforman una minoría altamente politizada con el sello de la izquierda, pero que viven la vida diaria con la comodidad de la burguesía (si cabe ya hoy esa expresión).

En la batalla cultural por los nuevos derechos, quienes pensamos que la vida siempre camina hacia adelante, quienes creemos sustentar ideas de progreso, no debemos dejarle el campo orégano a grupos políticos que se apoderan de banderas que no son de su paternidad, sino también tuyas y mías, y de todas las personas de buena voluntad.

Las nuevas ideas llegaron para quedarse y convertirse en los motores de la sociedad del futuro, resistirse a ellas sin reconocer que responden a la esencia de la naturaleza humana, es cristalizarse en el tiempo, impedir el progreso y desocupar los espacios sociales que, lógicamente, son invadidos por minorías con objetivos que no son los de todos.

LA CONTRACCIÓN LINGÜÍSTICA Y LAS INCONGRUENCIAS

Transcurriendo la segunda década del siglo XXI, el país de los argentinos se muestra con una impronta diferente, cargado de matices diversos: desde una recuperación económica proyectada de alguna manera hacia los menos pudientes, hasta un crecimiento desmesurado de la violencia en el seno social, recorriendo en el camino un amplio abanico.-

Tal vez, en algún sentido, nos toca ser protagonistas de un tiempo en que la globalización de las relaciones nos hace copropietarios de las ventajas y de los problemas de un mundo en aceleración y cambio constantes. Valga el legado universal sin beneficio de inventario.-

Sin embargo, de eso trata esta nota, contradicciones e incoherencias le confieren a nuestro país ese modo propio, que siempre nos toma en el medio, en la transición, confundidos entre la proyección hacia el desarrollo y la modernidad o en el retroceso a épocas superadas de instituciones débiles y poco creíbles.

No necesito recurrir a las estadísticas para advertir que hemos avanzado cuantitativamente en la distribución de la riqueza, disminuyendo el horror del hambre y la miseria, pero cualitativamente el progreso alcanzado tiene la debilidad esencial de estar apoyado sobre piernas de barro: la política de inclusión de los sectores más postergados está sustentada en un gigantesco reparto de ayuda social y no en el trabajo que es el fundamento verdadero y genuino de la recuperación social.-

La educación, que en algún tiempo supo colocar a la Argentina al tope de la realidad latinoamericana, muestra una regresión constante.- La juventud maneja hoy un escaso vocabulario que –al decir de Pedro Luis Barcia, de la Academia Argentina de Letras (AAL)- se reduce a sólo 200 palabras, cuando el rico idioma español o castellano tiene más de 100.000 vocablos.- La inexistencia de políticas coherentes de promoción de la lectura y el mensaje de texto, están pulverizando la palabra y las mentes juveniles.-

Para algunos, la violencia se radica en gran medida en la pobreza del vocabulario.- La lingüista Ivonne Bordelois, autora de "El país que nos habla", considera que cualquier adolescente reprimido en sus posibilidades de expresión es una "bomba de tiempo", por lo que es necesario "darle" palabras y "escucharlas" al mismo tiempo: "Cuanto menos palabras posee, más apático e indiferente se vuelve; la violencia física es entonces la expresión más común de la castración verbal".-

Si en los años 60 los jóvenes estaban marcados por la política y los ideales, hoy la web y las redes sociales estampan el sello de identidad.- Mucha información, poca formación.-

Un medio masivo como la T.V., que creo tiene hoy el nivel más bajo del que yo tenga memoria, ha trocado los valores artísticos y culturales por la truculencia y la exaltación de las miserias humanas, como el chisme, la disputa inventada, el lenguaje soez y la promoción de personajes "buenos para nada" (mediáticos).- Y lo más grave es que los espectadores somos quienes les prestamos ojos y oídos, generando con el ello el famoso "rating", único desvelo de productores televisivos.- Dónde está la culpa: en lo que hacen la televisión o en los que la miramos?

No nos parecemos a un país normal, en el que las cosas normalmente tienen una lógica: a buenas acciones, buenos resultados, y viceversa.- El silogismo, en nuestro caso, nunca parece completarse así.-

El progreso material del argentino medio ha quedado como suspendido en el aire, sin base firme de sustentación.- Mejores ingresos, más problemas; más vehículos, menos combustible; más aire acondicionado y electrodomésticos, menos luz y más cortes; autos más modernos, mayor cantidad de accidentes de tránsito.-

La política no es ajena a esta realidad, muy por el contrario, parece acompañarla con entusiasmo.-

Una oposición que pareció renacer con la lucha del campo, terminó sin poder articular un mensaje y un programa que respondiera a los intereses del conjunto de los argentinos.- Un sector importante de la economía argentina, pero un sector al fin, con sus propios intereses, no debía marcar la agenda nacional.- La incorporación a las listas opositoras de representantes sectoriales, marcaron la desorientación de los partidos no oficialistas, logrando convertir al parlamento en una reunión de delegados gremiales (una antítesis del carácter general y abarcativo de la política).- La rueda de vanidades y la inexistencia de liderazgos claros hicieron el resto, en beneficio de una realidad que los tiene hoy como actores secundarios, con lo malo que ello resulta para el sistema.-

La baja calidad institucional tiene mucho que ver con el accionar oficial.- La Nación ha trabajado bien en los planes de desendeudamiento de las Provincias (lo que no sucedió en los 90) pero profundizó la curva descendente en la última década respecto a los recursos coparticipables en beneficio de los de libre disponibilidad por el Poder Ejecutivo Nacional.- Ello fomentó la política del amigo-enemigo.- La ciudad tiene asfalto porque tiene un Intendente amigo, si así no sucediera los ciudadanos de Corrientes merecerían seguir con los pozos (malas o buenas administraciones comunales aparte).-

Desde el poder se insiste con una metodología más propia de las autocracias que de las democracias. Con el estilo coloquial de paternidad chavista, desde los atriles oficiales se habla mucho , se dice poco y se responde nada, un combo peligroso para el derecho ciudadano de conocer la marcha de los asuntos públicos.-

El latiguillo de la unidad latinoamericana, como mensaje común de las "izquierdas nacionales", resulta bueno para el discurso inconducente, pero se da de bruces ante la realidad de los incumplimientos de las obligaciones que genera el Mercosur por parte del gobierno argentino.- Esto ha llevado a decir a Dilma Rousseff, hace pocos días, que "la Argentina no es un modelo a seguir".- Tan grave afirmación de una mandataria de un país vecino, con ser desproporcionada, tiene fundamentos.-

Un país es serio, una sociedad es evolucionada, cuando la adhesión y el respeto a las normas es una conducta constante asumida como modo de vida.-

Cuando el gobierno refleja a la sociedad, estamos en el buen camino. Cuando la sociedad es un reflejo del gobierno, cuidado, porque "el modelo" de país y de sociedad nunca tiene buenos resultados si se genera desde arriba y se impone hacia abajo.-

FEMINISMO

"El feminismo es un conjunto de teorías sociales y de prácticas políticas en abierta oposición a concepciones del mundo que excluyen la experiencia femenina de su horizonte epistemológico y político"

Instituto de Estudios Latinoamericanos

Si existe una temática que atraviesa de manera transversal a la sociedad, esa es la del feminismo.

A esta altura de los tiempos, la lucha feminista se ha vuelto un conflicto casi central del siglo XXI, en casi todos los países, y su impronta ha tomado diversas direcciones e implicancias ideológicas, políticas, culturales, sociales.

La teoría feminista tiene como fin la comprensión de la naturaleza de la desigualdad y se centra en las políticas de género, las relaciones de poder y la sexualidad.

Es de una complejidad creciente por la diversa temática que abarca hoy por hoy, aunque los planteos que los movimientos feministas actuales no sean difíciles de entender, sí es difícil que alcancen mayoritario consenso alrededor de algunas consignas que dividen la sociedad.

De cualquier modo, el movimiento feminista es una de las consignas neoizquierdistas para sumar a la lucha en la consecución de la hegemonía.

El debate por el derecho a disponer de su propio cuerpo por parte de la mujer, que en términos prácticos supone el derecho al aborto, se ha utilizado como punta de lanza, no tanto ya por la reivindicación del derecho en sí mismo, sino como bandera de la lucha cultural e ideológica contra la sociedad burguesa y liberal que se opondría.

Creo, como lo demostraré más adelante, que la lucha de la mujer en la historia, incluyendo la del presente con sus múltiples implicancias, es, o debiera ser, la lucha de la humanidad por el reconocimiento de los derechos básicos de los seres humanos que, en este caso, son las mujeres. Ni más ni menos.

No es la lucha de unos contra otros, de izquierdistas contras burgueses, de estatistas contra liberales, de mujeres contra hombres. La construcción de los colectivos de mujeres pueden servir como instrumento de lucha contra el "machocentrismo", más no como agrupamiento para imponer del lado contrario aquello que algunos llaman el "hembrocentrismo", porque el mundo trata de eso, de la vida en común de los seres humanos, con sus diferencias naturales y sociales, pero también con la igualdad de derechos y posibilidades que su condición de tales les debe garantizar.

Patriarcado

El patriarca es el jefe de familia, es el hombre que manda en el seno familiar y social; el patriarcado es la institucionalización de la primacía masculina en el ámbito de la sociedad.

Este concepto, que fue el que más arraigo tuvo a través de los tiempos, en todas las formas y en distintas manifestaciones conforme la sociedad de la que se trate, su religión, sus tradiciones, sus creencias.

Creo que es esta institución, retrógrada a mi juicio, la que merece el lugar central en la crítica feminista, por todas las implicancias que su vigencia supone, tanto legales, económicas, sociales, culturales.

El dominio de los varones en el orden social patriarcal, se manifiestas en muchísimas formas, de maneras diversas, de modo flagrante o sutil, expreso o larvado, en el ordenamiento jurídico o fuera de él, en el pensamiento y en los hechos, en la teoría y en la práctica, en conductas asumidas o escondidas.

Independiente de las normas y regulaciones estatales, fuera de lo que la formalidad indica, el patriarcalismo es más bien un *"estado de cosas"*, en la cual la mujer se encuentra en una relación casi naturalizadas de subordinación al hombre, en los ámbitos familiar, social, laboral, etc.

Algunas manifestaciones de estas discriminaciones patriarcalistas, tomadas como ejemplos, son[72]:

- *Salarios más bajos para las mujeres*, según la OCDE, en los países miembros existe una diferencia salarial de género del 17 % y se calcula que un 30 % de esa diferencia se debe a causas discriminatorias.

- Altera en favor del género masculino la *sexualidad*, orientándola hacia el placer de los varones.

---

[72] Wikipedia

- Influencia en ámbitos como el *lenguaje*, que trataría al género femenino como una excepción frente a la «norma» masculina (por ejemplo, al decir «los ciudadanos» incluiríamos a ciudadanos varones y mujeres) o en inglés, la palabra *woman* (mujer), que evolucionó del vocablo de inglés antiguo *wifman* que significa «humano femenino», mientras que *man* (hombre/varón) en inglés antiguo significaba «humano» a secas, cayendo en desuso la palabra *werman* (humano masculino) alrededor del año 1000-1200 de nuestra era y pasando a usarse *man* para definir a todo el género humano y a los varones.

- El sistema de *recompensas y castigos* de la sociedad, que daría más importancia a las conductas masculinas que a las femeninas, definiendo los roles o estereotipos sexuales y que, por medio de la ideología patriarcal, se presentan como naturales y universales. Ejemplo de este hecho es la violencia de género, que era visto como algo natural y durante siglos las mujeres maltratadas se culpaban a sí mismas y se avergonzaban por ser golpeadas, hasta que los medios de comunicación y la crítica al fenómeno rompieron esa lógica.

- Reserva a las mujeres *peores empleos y ocupaciones*, como las tareas del hogar, que no suelen ser remuneradas y están revestidas de poco o nulo prestigio social, además de que, en muchos casos resultan incompatibles con una vida profesional plena.

Género

El otro concepto central en la teoría feminista es el de *género*.

El *género* (lo masculino/lo femenino) no es visto por el feminismo como una realidad natural, consustancial al ser humano, sino como una *construcción cultural*.

Lo biológico y lo cultural tienen que ver con la concepción de sexo y género. El feminismo hace hincapié en la sustancial diferencia entre ambos conceptos.

El sexo está determinado por las características biológicas de cada persona, pero lo masculino/lo femenino, es decir el género, no está definido por características meramente biológicas sino a través de una construcción social, que a través del tiempo ha determinado un conjunto de comportamientos actitudes, percepciones, pensamientos, que ha impuesto a la mujer un lugar social originada en la concepción del sexo.

La labor actual consiste, precisamente, en desmontar el concepto de género que es propio del patriarcalismo, construyendo socialmente la posición de la mujer en el entramado social desde la óptica de género elaborada a partir de esta teoría social y política.

La lucha feminista en la historia

Tiene una larga historia la evolución social en el reconocimiento pleno de los derechos de las mujeres. Vale decir, para comenzar, que desde los primeros agrupamientos humanos en los tiempos primitivos, en adelante, el hombre acaparó el mando familiar y social, construyéndose las costumbres, los ritos, las normas, en rededor de la figura masculina.

Las mujeres, podría decirse, partieron en desventaja desde el inicio del partido. La concepción cristiana las califica en las escrituras como un derivado del hombre, que Dios creo a partir de las costillas del mismo. Es abundante la literatura sagrada que refiere a la condición secundaria y subordinada de la mujer.

De manera tal que, si la historia de explotación y sumisión femenina es tan larga y arraigada desde los tiempos, era presumible que la lucha iba a ser feroz, persistente y muy larga, para avanzar en el sentido correcto, primero con pasos cortos y luego con un tranco firme y esperanzador.

Si tomamos los últimos quinientos años, es tan variada y compleja la lucha feminista, que ha sido dividida para su comprensión y evaluación histórica.

Así tenemos:

- El *feminismo premoderno* se remonta a la *Edad Media*, y refiere a las protestas expresadas por mujeres como "memorial de agravios", reclamos que no tuvieron una visión diferente al de la sociedad en que se realizaban, un sociedad estamental en la que no cabía la igualdad entre los sexos.

- Una *primera fase*, que se dio en la etapa romántica de la *Ilustración* del siglo XVIII, en la que se intentó la inclusión del pensamiento feminista en el movimiento ilustrado. Es notable el intento de 1791, de incorporar a la *Declaración de los Derechos del Hombre y del Ciudadano* aprobada dos años antes por la Asamblea de la Revolución Francesa, la *Declaración de los Derechos de la Mujer y de la Ciudadana*, redactada por Olympe de Gouges.

Como dato importante, debe destacarse la literatura liberal en ese tiempo en favor de los derechos de la mujer, entre ellos Nicolás de Condorcet y, fundamentalmente, el mayor teórico del liberalismo económico, John Stuart Mill, que no sólo abogó en sus obras en tal sentido, sino que además llevó a la práctica sus demandas con proyectos presentados en su carácter de diputado.

- La *segunda fase*, o *primera ola*, corresponde al movimiento feminista a lo largo del siglo XIX y principios del XX. En un comienzo, la lucha fue para la obtención de igualdad frente al varón en términos de derecho de propiedad y capacidad de obrar, como también de los derechos dentro del matrimonio. A finales del siglo XIX, los esfuerzos principales estuvieron dirigidos a la obtención de los derechos políticos, en especial el del sufragio.

- La *segunda ola* feminista, comienza a principios de la década de 1960 y se extiende hasta los años 90. Si la primera ola hacía hincapié en los obstáculos legales contra la igualdad, esta segunda ola abarcaba una gama más extensa de temas referentes a la desigualdad de hecho en la sociedad, la sexualidad, la familia, el lugar de trabajo y los derechos de reproducción.

- Finalmente, *la tercera ola*, que se extiende hasta el presente, en la que se trabaja por la toma de conciencia de que no existe un único modelo de mujer, existen múltiples, determinados por cuestiones sociales, étnicas, de nacionalidad, de clase social, de orientación sexual o de religión. Se aleja del esencialismo y de las definiciones de feminidad asumidas como universales. Incorpora múltiples corrientes de este feminismo post modernista, con temas como el antirracismo, el ecofeminismo, la transexualidad, la visión positiva de la sexualidad, entre otros. Desafían algunos conceptos de la segunda ola y centran su trabajo en la "micropolítica".

¿Qué es el feminismo en la actualidad?

Hay que destacar primero la importancia del feminismo, en sus distintas acepciones o prácticas, porque han logrado un avance fenomenal en el campo de sus luchas, entre ellos el acceso a la educación de la mujer, el derecho al sufragio activo y pasivo, la protección de los derechos sexuales y reproductivos - incluyendo en algunos países la interrupción voluntaria del embarazo- y otros tantos que configuran la noción de ciudadanía en la democracia.

Hoy por hoy el feminismo es fundamentalmente una *teoría social y política*, que importa un conjunto heterogéneo de movimientos políticos, culturales, económicos y sociales que tiene como objetivo la búsqueda de la igualdad de derechos entre hombres y mujeres, eliminar la dominación y violencia de los varones sobre las mujeres y de los roles sociales según género.[73]

Obviamente que hay diferentes visiones acerca del feminismo, algunas, para mi paladar, francamente retrógradas, y otras decididamente alienantes.

En una visión absolutamente patriarcalista, el Diccionario Ilustrado de la Lengua define la voz feminismo como *"doctrina social que concede a la mujer igual capacidad y los mismos derechos que a los hombres"*; o el Diccionario Larousse,

---

[73] Wikipedia

como *"tendencia a mejorar la posición de la mujer en la sociedad"*.

Las definiciones de estos diccionarios casi tradicionales, demuestran una visión cerrada, tendenciosa, elaborando el concepto a partir de una concepción antigua de la sociedad, en la que el ideal a alcanzar era el hombre, y que las luchas feministas no tenían una raíz autónoma sino simple y sencillamente hacer de la mujer el espejo del ejemplo masculino.

En el otro extremo, están quiénes constituyen la militancia de un feminismo que se pretende hegemónico, en el que el movimiento consiste en la lucha contra lo que se denomina "el colectivo de varones".

En el Periódico Feminista del sitio mujeresenred.net, leemos la siguiente definición: *"El feminismo es un movimiento social y político que se inicia formalmente a finales del siglo XVIII -aunque sin adoptar todavía esta denominación- y que supone la toma de conciencia de las mujeres como grupo o colectivo humano, de la opresión, dominación, y explotación de que han sido y son objeto por parte del colectivo de varones en el seno del patriarcado bajo sus distintas fases históricas de modelo de producción, lo cual las mueve a la acción para la liberación de su sexo con todas las transformaciones de la sociedad que aquella requiera"*.

Concepto menos antagonista y de una acepción actualizada, lo encontramos en el Instituto de Estudios Latinoamericanos, que expresa: *"El feminismo es un conjunto de teorías sociales y de prácticas políticas en abierta oposición a concepciones del mundo que excluyen la experiencia femenina de su horizonte epistemológico y político. El feminismo revela y critica la desigualdad entre los sexos y entre los géneros a la vez que reclama y promueve los derechos e intereses de las mujeres. El movimiento feminista surge como consecuencia de la conciencia de las mujeres respecto de su estatus subordinado en la sociedad"*.

La historiadora feminista argentina, Dora Barrancos, define al feminismo en su conjunto como una "agencia progresista".

Señala que el feminismo en la argentina se da de manera muy precoz, en los finales del siglo XIX y principios del XX, con el trabajo de mujeres reformistas, a las que incluye socialistas y también las de extracción burguesa. Las características del feminismo rioplatense de esos tiempos, según Barrancos, es de corte relacional, es decir que involucraba no sólo los intereses de las mujeres sino además los de la sociedad en general.

Otro aspecto que toca Barrancos en una entrevista, es el de los sujetos del feminismo, señalando la diferencia entre el Uruguay y la Argentina en dicho aspecto. En Uruguay, el movimiento de mujeres se desarrolló entre sectores radicalizados, en cambio en Argentina estuvo conformado por grupos socialistas y liberales más menguados.

Plantea *"cuatro dimensiones fundamentales para lograr la "equidad". 1. Parar la violencia hacia las mujeres. 2. Lograr la participación idéntica de mujeres y varones en tareas domésticas y profesionales (que no haya especialidades feminizadas o masculinizadas). 3. Paridad en la representación de la ciudadanía en órganos parlamentarios y en todas las instituciones. 4. Soberanía de los cuerpos".*

Se refiere como *primer derecho de las mujeres al del propio cuerpo*, lo que nos introduce en la temática del aborto, cuya legalización, obviamente, propugna.

El aborto

En el transcurso de 2018, aquello que Cristina Kirchner no se animó a tirar a la mesa de la discusión pública por miedo a erosionar su relación con la Iglesia Católica, a pesar que el movimiento político que representaba estaba impregnado de posiciones abortistas, lo hizo sin embargo quién es considerado neoliberal y en posición contraria a las posturas abiertas de la neoizquierda: el presidente Mauricio Macri.

El debate fue intenso en Cámara de Diputados, en la que muchos sectores y personas relacionadas con la temática, desde diferentes ángulos, distintas competencias y fundamentalmente variadas posiciones ante la interrupción voluntaria del embarazo, expusieron sus posiciones. Finalmente la cámara baja dio media sanción al proyecto y pasó al Senado.

En este cuero legislativo, se replicaron muchos de los debates, pero finalmente, en votación ajustada, la ley no fue sancionada.

Quedó sin embargo flotando en el aire, que todo es cuestión de tiempo, que existe una tendencia en la sociedad y en los representantes, a caminar hacia la legalización del aborto.

En esa época, publiqué un artículo periodístico que me parece útil transcribirlo:

EMBARAZO, DESPENALIZACIÓN...Y DESPUÉS?

"Sin embargo, sintió súbitamente y con todo su ser, que su libre albedrío y su voluntad ya no existían, que todo acababa de decidirse irrevocablemente."
FIÓDOR MIJÁILOVICH DOSTOIEVSKI

Si hay un tema que surca de manera transversal a la sociedad, ese es el del aborto.

Las fronteras ideológicas se diluyen, las cuestiones morales quedan arrinconadas en la conciencia individual, los prejuicios religiosos se esconden, las pertenencias partidarias dejan paso a los posicionamientos personales.-

Resulta paradójico que haya sido Mauricio Macri, el Presidente al que el progresismo de café cataloga de derecha, quién haya puesto sobre el tapete institucional del Congreso, el debate sobre una ley de despenalización del aborto.- Para eso tuvo que superar la desconfianza o el disgusto de propios y extraños.-

No lo hizo Cristina, que podría –o debería al sentir de muchos- haberlo hecho por ser mujer con el máximo poder político del país. No se animó, o no quiso jugarse a cara o ceca en tema tan ríspido, tal vez especulando con razones eminentemente políticas, o presionada por su aliado en las sombras, Jorge Bergoglio.-

Son temas con los que se pueden perder votos, o ganarlos, pero que no dejan indiferente a casi nadie, y los políticos, o los que predican vendiendo humo, quieren achicar, lo máximo posible, el daño colateral.

Así quedó blanco sobre negro la primera contradicción, precisamente en el país de las contradicciones. El "progresismo de izquierda", a la que Cristina dice pertenecer, no fue capaz de elevar la despenalización del aborto (una de sus banderas más caras) al grado de política de gobierno. Tuvo que cederle la iniciativa, por miedo escénico o por hipocresía extrema, a lo que llaman la derecha.

La segunda rareza de este proceso es la gestión de la Iglesia Católica. Siendo la defensa de la vida uno de sus principios irrenunciables, la jerarquía eclesiástica argentina jugó un papel chirle, tal vez plenamente influenciada por su Jefe mundial, el Papa Francisco, que permaneció detrás del escenario y apareció con una tibia declaración condenatoria una vez aprobada por Diputados.-

Tengo para mí que Bergoglio privilegió la preservación de su imagen, vinculada a los sectores del populismo argentino, antes que jugar fuerte por uno de los postulados innegociables del cristianismo. Una derrota sin gloria para la Iglesia Católica. Perdió el partido, sin poner la pierna fuerte.-

La otra contradicción que encuentro es la que se efectiviza puertas adentro de las ideologías, o de los ideologismos, o de los dogmatismos conceptuales. Estatistas partidarios de la libertad para decidir por el propio cuerpo, y libertarios proclives a la intervención del estado en cuestiones tan personales.-

Los liberales de ideas, postulan un estado mínimo y una libertad máxima. Pero temo que, al hacer centro eje primordialmente en la libertad económica como motor del funcionamiento de las sociedades, algunos han caído, con el tema del aborto, precisamente en una antinomia conceptual.-

Son muchos los que, postulando ideas libertarias que hacen de la autonomía individual una bandera, sin embargo se mostraron partidarios del mantenimiento de la penalización del aborto. Una verdadera contradicción, porque se entrega a la decisión del estado aquello que debería ser, conforme sus presupuestos filosóficos, una decisión del yo individual.-

Los progresistas de esta nueva izquierda, que pregonan un estado omnipresente que regule casi todas las relaciones humanas, han hecho una bandera de la despenalización, excluyendo de la decisión final al "papá estado" en favor del yo individual.

Es lo que ocurre cuando los dogmatismos nos copan enteramente, tarde o temprano caemos en aquellas contradicciones que surgen de nuestras más profundas convicciones personales, de nuestras herencias culturales, de nuestras emociones de personas sentimentales.

Es un tema difícil, lo sé, y a cada quien con lo suyo. Seguramente la discusión de fondo no quedará saldada con una ley de despenalización, tampoco con la opinión institucionalmente expresada por nuestros representantes.

Yo hubiera preferido una consulta popular, porque en lo personal a nadie le he dado con mi voto la decisión legislativa sobre el aborto.

Durante estos días, pasaron por el Congreso decenas o centenares de personas e instituciones opinando a favor y en contra. La decisión fue ajustada y se inclinó para un lado por la posición de última hora de indecisos o de quienes ocultaron el sentido de su voto.-

Pero digo en verdad que no quedé conforme con el proceso, no por el sentido de la decisión de los diputados, sino porque siento que los legisladores no nos representan en cuestiones que tengan que ver con razones profundas y emociones intensas de cada argentino. De allí mi preferencia por la consulta popular, para que sea cada ciudadano reunido consigo mismo, el que le confiera orientación a decisiones que conmueven las bases mismas de nuestra cultura.

Para colmo, los paupérrimos fundamentos de sus votos de varios diputados, no sólo nos hicieron sentir vergüenza ajena sino además nos demostraron el proceso de decadencia e incompetencia de las élites.

En lo personal, debo decir que en cuestiones como éstas, que tienen que ver con la médula de la condición humana, siempre tengo más dudas que convicciones. Y cuando dudo, tengo una máxima de oro: me pronuncio por el individuo, por su autonomía en la decisión, no por el estado y su intervención.-

Todos los dogmas nos vuelven más esclavos que personas libres, y sabemos dónde termina todo ello cuando se hacen carne en los movimientos políticos.

Prefiero por ello, inclinar mi posición hacia la consecución de sociedades cada vez más humanas y tolerantes. Hacia allí nos lleva la vida, desde hace siglos, y es un impulso de la historia que no podemos ni debemos cambiar.-

La cuestión consiste, entonces, en confiar más en nuestros congéneres, en cada uno, en el libre albedrío que nos confiere el carácter de persona, para que cada quien, en la posición en que se encuentre, con las vivencias y emociones que experimente, con la posibilidad de hacerse cargo de las consecuencias de sus decisiones, con la ayuda de las personas de su confianza, pronuncie la sentencia última y final sobre su propio cuerpo.

No le busquemos más argumentos que aquéllos que anidan en los sentimientos personales. Nadie, en su sano juicio, anda por la vida rifando su destino, todos, en mayor o menor grado, somos capaces de conducirnos y hacernos cargo de nuestra propia persona.

Así como el matrimonio igualitario no originó los cataclismos que la homofobia preanunciaba, la ley de divorcio no incrementó la cola de los que querían separar sus vidas, tampoco la despenalización del aborto traerá consecuencias más que aquéllas que cada uno decida.

Y todo encontrará su nivel, pero habremos avanzado cualitativamente en el campo del humanismo, de la tolerancia, del respeto por las decisiones ajenas.

Embarazo, despenalización...y después? Después la vida sigue, con los seres humanos avanzando más rápido que las leyes.

Críticas al feminismo

Se deslizan muchas críticas a la teoría político social del feminismo, alguna de las cuales son:

- El *autoritarismo político* con que son gestionadas. Temo que el feminismo actual está inscripto dentro de los movimientos políticos que elaboran sus teorías con una visión adversarial (conmigo o en mi contra), con sentido de discurso único, que desvaloriza y coloca en el campo del enemigo al que opina de manera diferente.

  El feminismo puede ser recipiendario de aportes y apoyos de distintas concepciones políticas e ideológicas. Cómo ya lo expresara, sus conceptos no son ajenos a los conceptos de una lucha justa por derechos que pertenecen a todos los seres humanos. No es la izquierda la propietaria de los mismos, las razones feministas son atendidos de especial manera también por los sectores liberales. Sin embargo, el antagonismo con que se manejan, alejan a muchos sectores y personas que en lo sustancia coinciden con los motivos de la lucha.

- Se cuestiona también su *carácter esencialista*, que en definitiva consagra una contradicción en el núcleo de su lucha, cual debería ser el fin de la discriminación femenina. Al fundamentarse en una posición dualista, en el fondo se sigue sustentando la lucha en las diferencias de género, lo cual le quita coherencia al mensaje.

- Las visión dicotómica, produce una teoría, arbitraria como la patriarcalista, en la aparente moralidad superior de la mujer, mostrando lo masculino como inferior en áreas importantes como la violencia, sin que hubieran evidencias científicas para apoyar la postura. En definitiva, se pasa de cosificar a la mujer a cosificar al hombre, visualizándolo como la figura del mal, lo que se entiende como *misandria*. Algunos suelen extremar la calificación del feminismo extremista, denominándolo como terrorismo de género.

- Como consecuencia de ello, al no haber una visión equilibrada del conjunto social, el feminismo promueve una discriminación del hombre, que puede también ser objeto de abuso.

- Otras críticas se describen en el campo de las legislación que consagra cupos femeninos en los campos político y laboral, sosteniendo que los mismos atentan contra los principios de la meritocracia, y que en definitiva, constituyen una discriminación positiva que sería propio de un concepto negativo de la capacidad femenina.

En sentido crítico, Agustín Laje[74] expresa que es imposible no asombrarse frente a la ineluctable distancia que separa a los inicios del feminismo respecto de su actualidad radical.

---

[74] Nicolás Márquez-Agustín Laje, ob.cit., p.153

Así, manifiesta que la *nueva izquierda* encontró en los feministas un grupo más para incorporarlo al combo cultural de demandas anticapitalistas. Vinieron así, las feministas de género, dispuestas a "deconstruir" incluso la propia naturaleza humana, a punto tal que "terminaron afirmando, valga la paradoja, que la mujer no existe.

Concluye Laje que *"el feminismo radical es mainstream en el mundo político y académico, y su fuerza como movimiento ideológico se nos presenta como una curva que asciende vertiginosamente y que ya impone sus demandas en muchos puntos del planeta, sin que prácticamente nadie se atreva a enfrentarlo"*.[75]

IDENTIDAD DE GÉNERO-DIVERSIDAD SEXUAL

Otro de los temas que vienen a sumar al combo que la neoizquierda se afana en constituir, es la cuestión de la diversidad sexual y la cuestión de género.

No es el tema en sí, sino su capacidad de generar demandas, el que preocupa a los constructores de una pretendida hegemonía tan heterogénea como hipócrita.

---

[75] Nicolás Márquez-Agustín Laje, ob.cit.,p.153¿¿

Es cierto que, tanto como el feminismo, el reconocimiento de la diversidad sexual, la incorporación de derechos civiles a la unión de personas del mismo sexo y a su identidad administrativa, resultan hoy luchas que se relacionan con los derechos humanos.

Se trata, ni más ni menos, de reconocer y reconocernos todos en el mismo barco de la humanidad, fuera de toda posibilidad de discriminación, por ninguna que tenga que ver con las diferencias étnicas, políticas, de preferencias sexuales, etc.

Pero las propias luchas que los organismos que agrupan a los colectivos identificados con la sigla LGTB (lesbianas, gay, transexuales y bisexuales), están inscriptas en el marco del reconocimiento amplio como personas, que desean vivir libremente en la comunidad sin ser objeto de discriminación por su identidad sexual.

Entiendo que esta temática atraviesa de manera transversal a la sociedad, y que, como toda cuestión que sufrió la negatividad de un arraigo social a través del tiempo, está en plena evolución en cuánto al reconocimiento de sus derechos de manera legal y a la lucha contra la discriminación fáctica en el seno social.

La lucha de las organizaciones LGTB, no es de derecha ni de izquierda, es la lucha de seres humanos por ser reconocidos en sus derechos.

Sin embargo, propicio es decir que, como toda temática que ocupa a las luchas humanas, los extremismos suelen introducir distorsiones que exceden el marco de la lucha por los derechos humanos, para inscribirse en una suerte de esencialismo conceptual que pretende imponer visiones de corte autoritario.

Sucede en el campo del feminismo radical, también los hay en este territorio, en el que se intenta imponer una visión sesgada que desplacen los conceptos propios de una sociedad con amplitud, tolerancia, pero no con complacencia a los entuertos teóricos que desnaturalicen el valor intrínseco de la vida humana, vengan de dónde vinieren.

Se trata de incorporar la visión de todos los sectores al amplio campo del entendimiento humano, no de imponer los sesgos parcializados de determinados grupos o colectivos, con la intención no de su inclusión en la visión general sino de su imposición hegemónica y adversarial respecto al resto de los posicionamientos.

¿QUÉ SIGNIFICAN?

Con el correr de los tiempos, la identificación conceptual del sexo con el género fue separándose y tomando caminos distintos, tanto en la legislación como en los hechos.

El sexo de las personas, determinado por sus características biológicas (macho-hembra), continuó en la senda de la genética humana, para permitir que el género ingresara al camino de lo social.

Así, al sexo biológico, se agregó el concepto de *orientación sexual*, que puede o no responder al primero, y que introduce variantes. La Fundación Huesped la define como *"la atracción física, emocional, erótica, afectiva y espiritual que sentimos hacia otra persona. Esta atracción puede ser hacia personas del mismo género (lesbiana o gay), el género opuesto (heterosexual), ambos géneros (bisexual) o a las personas independientemente de su orientación sexual, identidad y/o expresión de género (pansexual). A lo largo de la vida, es posible cambiar de orientación sexual."*

El *género* no es ya determinado por el sexo sino por los aspectos socialmente atribuibles a un individuo en la diferenciación de lo masculino y lo femenino. Su comportamiento, en función de lo que la sociedad espera de la conducta femenina y masculina, determinará el género.

La *identidad de género* es la manera en que cada individuo siente su género, que no necesariamente debe coincidir con su sexo de nacimiento.

La *expresión de género*, sería la exteriorización del mismo en cuánto al comportamiento del individuo, cómo se viste, como interactúa, cuáles son sus intereses.

El marco legislativo en la Argentina está dado por dos leyes, que en algún sentido han sido pioneras en este campo.

La *Ley 26.618 de Matrimonio Civil*, sancionada en 2010, que iguala los derechos maritales de las parejas del mismo sexo con las de diferente sexo, reemplazando las palabras del contexto masculino-femenino, por términos neutros como cónyuges o contrayentes.

La Ley 26.743 de Identidad de Género, sancionada en 2012, tiene dos componentes centrales: el primero, que en todos los documentos que acrediten identidad se reconozca *la identidad de género autopercibida*. El segundo, que garantiza el acceso a intervenciones quirúrgicas totales y parciales y/o tratamientos integrales hormonales para adecuar el cuerpo a la identidad de género autopercibida, sin necesidad de requerir autorización judicial o administrativa.

En el sitio web gubernamental del *Ministerio de Justicia y Derechos Humanos*, tiene una guía que en su introducción expresa:

"*Guía informativa y práctica*

La Guía invita a reflexionar acerca de la forma en que entendemos, miramos y vivimos la diversidad sexual. Presenta información y recursos básicos para hablar sobre diversidad sexual, con el propósito de contribuir a que todas las personas puedan:

- *vivir en libertad y sin discriminación;*
- *vivir con plenitud su orientación sexual, identidad de género, expresión de género y diversidad corporal;*
- *crecer libres de prejuicios, estigmatizaciones y violencias;*
- *comprender la riqueza de la diversidad sexual;*
- *conocer, respetar y defender siempre los derechos de todas las personas;*
- *promover el cambio cultural necesario para conformar un mundo más justo e igualitario;*
- *y comprender que cuando hablamos de los derechos de personas lesbianas, gays, bisexuales,*

trans, intersex y queer (LGBTIQ), estamos hablando de derechos humanos."

LA IDEOLOGÍA DE GÉNERO NO ESTÁ EXENTA DE POLÉMICA

La ideología de género, a pesar de que en Argentina ha sido introducida legalmente, continúa siendo objeto de debate, tiene tanto defensores como detractores.

Más allá de la lucha por el reconocimiento y la no discriminación en función de la orientación sexual de las personas, que es una tarea que nunca terminará de completarse porque se desenvuelve en el campo de lo sociológico, la identidad de género configura implicancias legales y educativas.

En el ámbito de la orientación sexual del ser humano, y consecuentemente en el de la identidad de género, ¿que pesa más sobre el individuo en su elección, lo biológico o lo social? La otra pregunta: ¿es válida la posición que, para responder el interrogante anterior, argumenta más en torno a las cuestiones ideológicas que biológicas?

Dos expertos en niñez y adolescencia, la psicóloga María Martin-Vivar y el psicólogo Daniel Rama, han realizado análisis interesantes sobre el tema, que nos ayuda a entender.

El sexo hace referencia a lo biológico, que se lee mediante los cromosomas sexuales XX (niñas) y XY (niños). El sexo no se escoge, está determinado por los genes (el gen SRY del cromosoma Y-gen conmutador del sexo). Es por tanto una variable biológica.

Conforme los psicólogos, ello implica requerimientos, susceptibilidades y diferencias anatómicas, fisiológicas y genéticas entre hombres y mujeres que implican situaciones, problemas y condiciones exclusivas de uno de los sexos. Negar las diferencias es dañino tanto para la ciencia cuánto para la persona.

Recién en 1995, en la IV Conferencia Mundial de la Mujer, nace el término de "género", que hace referencia a la categorización social, a la toma de conciencia de valores, conductas y papeles que se atribuyen a la persona según el sexo que tenga. Cambia entre países, regiones, grupos sociales. Negar estas diferencias o perpetuarlas rígidamente, dicen los profesionales, es dañino para el desarrollo de las sociedades.

Utilizar el término sexo para aspectos biológicos y género para los sociológicos, es correcto.

Sin embargo, cuando hablamos de ideología de género, el debate entre adultos puede afectar gravemente a los niños y adolescentes si el mismo se traslada a ellos.

Según el Barómetro 2017 del Proyecto Scopio, realizado por el Centro Reina Sofía sobre Adolescencia y Juventud, los adolescentes referían que el mayor factor percibido de discriminación es la identidad y orientación sexual. También percibían que la mujer está discriminada en áreas como la laboral, económica y familiar.

Expresan que *"El sano afán en la búsqueda de la igualdad de derechos y dignidad de todas las personas nos puede facilitar encontrar puntos comunes entre distintas posturas. Es necesario tener unas premisas claras que transmitir a nuestros hijos"*, y una cosa es promover la igualdad de todas las personas y otra es negar la diferencia de sexos. Una cosa es defender la diferencia de sexos y otra es negar las asimetrías sociales hombre-mujer en diversos ámbitos o las brechas salariales o de distribución de poder fundamentadas en creencias y atribuciones de género".

La ideología de género es disociativa, establece una cuádruple disección en el ser humano: el sexo biológico (cuerpo con el que se nace), la identidad de género (identidad que siente la persona y que puede coincidir o no con el sexo biológico), el rol de género (rol social de hombre o mujer, el cual viene determinado por la sociedad) y la orientación sexual (hacia quién se siente atraída la persona).

En razón de ello, es que las personas comunes, en especial los niños y adolescentes, pueden sentirse confundidos cuando hablamos de ideología de género, o le reclamamos, lanza en ristre, una definición de su posición.

No existen muchos estudios científicos que verifiquen las razones biológicas que determinan a algunas personas a no identificarse con su sexo biológico. Hay otros estudios, entre ellos los de *Diagnostic and Stadistical Manual of Mental Disorders,* que concluyen que la mayoría de los niños y niñas que se identifican con un género opuesto al biológico, dejan de hacerlo a la edad adulta.

"Para construir una sociedad madura - sostienen- necesitamos que, desde ambas posiciones, aceptemos que hay diferencias por el sexo, que hay diferencias de género aceptables relativas a la cultura o costumbres, que hay otras diferencias de género no aceptables, y que estas diferencias de sexo o de género no deberían implicar diferencia alguna en la dignidad, derechos, poder o responsabilidades de cada ser humano", concluyen Martín-Vivar y Rama.

CONTRADICCIONES DE LA IZQUIERDA

Tampoco la lucha por la diversidad sexual y la identidad de género, cualesquiera fuera la posición que uno adopte, es un patrimonio de la neoizquierda. Como ya se dijo, forma parte de un imaginario de luchas yuxtapuestas, la mayoría de las cuales no le son propias, cuyo objetivo primordial es la construcción de un escenario de batalla cultural e ideológica.

Es más, los izquierdistas de este tiempo, a pesar que muchas de las asociaciones que luchan en este campo se refieren a sí mismas como tales, les cuesta mucho levantar los baldones que, tanto la vieja izquierda como los países gobernados por el socialismo siglo XXI, le impusieron a todo aquello que huela, sepa o se sospeche de homosexual.

COMUNISMO Y HOMOSEXUALIDAD

"En la sociedad soviética, con sus sanas costumbres, el homosexualismo es una perversión sexual considerada vergonzosa y criminal"

Gran Enciclopedia Soviética, 1930

A pesar de que la neoizquierda ha adoptado al colectivo homosexual como un banderín de lucha, los antecedentes comunistas en contra de los homosexuales son muchos y dramáticos.

Fueron los mismos Marx y Engel los que se manifestaron al respecto. En su obra *El origen de la familia, la propiedad privada y el Estado* (1884), Federico Engels describía a la homosexualidad como moralmente deteriorada, abominable, despreciable y degradante.[76]

Carlos Marx respalda el enfoque de su colega, apoyándose en el sentido común: *"la relación de un hombre con una mujer es la relación más natural de un ser humano con otro ser humano"*.[77]

En los comienzos de la Revolución Rusa, con la abolición de las leyes zaristas y el establecimiento de un nuevo Código Penal, el divorcio, el aborto y la homosexualidad quedaron despenalizados. Aún así, el propio Lenín la toleraba apenas, y se refería a las diversidades sexuales cómo propias de una moral burguesa repugnante.

Instalado Stalin en el poder soviético, el Código Penal es modificado, introduciendo el artículo 121 que hace de la homosexualidad masculina un delito punible con hasta cinco años de prisión y trabajos forzados. A los homosexuales le era negada su afiliación al

---

[76]Friederich Engels, mencionado por Nicolás Márquez-Agustin Laje, ob. cit., p.157 y 158
[77] Karl Marx, mencionado por Nicolás Márquez-Agustín Laje, ob.cit., p.158

Partido Comunista en todas partes del mundo, o eran expulsados del mismo al conocerse su preferencia sexual.

La persecución de los mismos en la Unión Soviética no se hizo esperar, y continuó hasta la disolución del bloque comunista.

Ya en 1930, la Gran Enciclopedia Soviética, con la pluma del experto médico Sereisky, hablaba de lo incorrecto del desarrollo homosexual y de las medidas profilácticas y terapéuticas que debían tomarse para combatirlo.

En 1952, bajo la entrada "homosexualismo", se explicaba que "*El origen del homosexualismo está relacionado con las condiciones sociales diarias; para la abrumadora mayoría de personas que se permiten el homosexualismo, estas perversiones desaparecen en cuanto la persona se encuentra en un ambiente social favorable [...] En la sociedad soviética, con sus sanas costumbres, el homosexualismo es una perversión sexual considerada vergonzosa y criminal. La legislación criminal considera el homosexualismo punible con excepción de aquellos casos en los que el homosexualismo es una manifestación de un desorden psíquico marcado*".[78]

---

[78]Gran Enciclopedia Soviética (1952), "Gomoseksualism", p.35

La Gran Purga y la continuidad de la política represiva contra los homosexuales, hizo que entre 1934 y 1980, en la URSS se dictaran condenas contra cincuenta mil homosexuales, que fueron internados en los famosos Gulags, mucho de los cuales sufrieron indecibles sufrimientos, torturas, violaciones y muerte.

No muy diferente fue la situación en la República Popular China. Describe Márquez que *"tras la revolución de Mao Tse Tung, la homosexualidad tampoco fue privada de persecución y castigo: los homosexuales eran condenados no sólo a penas de prisión y castración, sino a pena de muerte en los casos en los que esta praxis había sido reiterada "*.[79]

La Cuba comunista definió su posición ante los homosexuales con la máxima de Fidel Castro: *"la revolución no necesita peluqueros"*.

Fidel encargo a Ernesto Che Guevara, el diseño de aquello que, a partir de 1959, fue el tristemente célebre campo de concentración para castigo de los homosexuales, situado en la Península de Guanacahabibes, que luego se masificó en los numerosos campos de concentración y castigo bajo la pantalla patética de la UMAP (Unidades Militares de Ayuda a la Producción).

---

[79]Nicolás Márquez-Agustín Laje, ob.cit., p.160

Paradoja mediante, los luchadores de los colectivos LGTB suelen llevar en sus remeras la cara del Che Guevara.

Entre 1965 y 1968, en los campos de la UMAP estuvieron veinticinco mil hombres, básicamente jóvenes, por diversos motivos, entre ellos por homosexualismo, actividades religiosas o conductas "contrarrevolucionarias".[80]

LA ACTUALIDAD LATINOAMERICANA

En Venezuela los homosexuales son *"ciudadanos indefensos en un ambiente de crecimiento alarmante de homofobia y transfobia"*

Informe de Naciones Unidas, 2015

De la mano de la nueva izquierda latinoamericana o socialismo del siglo XXI, se pretendió extender un manto de olvido sobre la posición de la izquierda tradicional respecto a la homosexualidad.

Pero sin dudas que los resultados fueron disímiles, tanto en países como en los pueblos de cada uno de ellos.

En muchos de los países de América Latina, entre ellos la Argentina como ya lo hemos expuesto, se dictaron normas legalizando el matrimonio

---

[80]Nicolás Märquez-Agustín Laje, ob.cit., p.161

entre personas del mismo sexto, y equiparándolo a el de personas de distinto sexo; se permitió la adopción y se estableció la posibilidad del cambio de género en los documentos de identificación.

Sin embargo, conforme una investigación realizada por *Transgender Europe*, una organización no gubernamental, América Latina presenta una situación francamente contradictoria, porque a la par de tener leyes más tempranas y favorables para la igualdad y protección LGBT, presenta las más altas tasas de violencia contra esa comunidad.

Pero no todos los países latinoamericanos presentan ese progreso legislativo. Venezuela, un emblema del socialismo siglo XXI, hoy en caída estrepitosa, encabeza la lista de naciones en la falta de derechos para las parejas del mismo sexo o miembro del grupo LGBT, dice Omar Encarnación, politólogo del *New York's Bard College* y autor de *Out in the Periphery: Latin America's Gay Rights Revolution* (La Revolución Latinoamericana de los Derechos Gay).

El gobierno venezolano, del populismo izquierdista, no ha hecho casi ningún progreso significativo en el reconocimiento o protección de miembros de la comunidad LGBT.

Según Encarnación, esta situación *"desestima esta idea que cuanto más hacia la izquierda estés, es más probable seas favorable a la comunidad gay"*.

Un informe de 2015 elaborado por asociaciones venezolanas LGBT para las Naciones Unidas, dijo que los miembros de la comunidad *"viven constantemente situaciones de discriminación"* en Venezuela, y que la falta de protección para los ciudadanos LGBT *"los hace ciudadanos indefensos en un ambiente de crecimiento alarmante de homofobia y transfobia"*.

Las *iglesias católica y evangélica* también juegan un papel importante en la formación de la opinión social y política en la región.

"Si nos fijamos en la religión como variable, lo que encontramos es que cuanto más católico sea el país, más probabilidades habrán de aceptar la homosexualidad y viceversa", dice Encarnación.

"Cuanto más protestantes son, menos probabilidades tienen de aceptar esto y menos probabilidades tienen de tener una legislación activa sobre los derechos de los homosexuales", añade.

El proyecto de nueva Constitución en Cuba, que iría a reemplazar a la Carta Magna de 1976, ha tenido por estos días una rotunda demostración del carácter homofóbico de la Cuba castrista.

Acostumbrados a la unanimidad política durante medio siglo, en materia de la reforma constitucional hubieron más de 783.000 propuestas de modificación al texto aprobado por el parlamento en julio de 2018 y sometido a debate popular.

Del total de 224 artículos propuestos, se modifican 134. Sin embargo, por propuesta popular, la comisión parlamentaria liderada por el propio Raúl Castro no aprueba el concepto de matrimonio cómo "unión entre dos personas" contenido en el artículo 68 del proyecto, que allanaba el matrimonio homosexual, decidiendo mantener el antiguo texto de "unión entre un hombre y una mujer".

Está claro entonces que la convivencia entre la homosexualidad y el socialismo no es buena en el campo de los hechos concretos y en el ámbito de las sociedades y gobiernos dónde todavía está vigente.

En pleno diciembre de 2018, la juventud política del kirchnerismo en Argentina, identificada como *La Cámpora*, está siendo sacudida por numerosas denuncias de abuso sexual y violencia machista, denuncias que vienen desde el propio seno de sus militantes mujeres, que se animaron a poner en conocimiento público a raíz de los nuevos tiempos, en que estos aberrantes sucesos se toman con la debida seriedad.

Los jóvenes "camporistas", primos hermanos de sus pares neoizquierdistas, abanderados discursivos de la impronta feminista, de la diversidad de género, y en contra del patriarcalismo, resultaron ser los farsantes sociales más fenomenales.

También en 2018, Cuba ha decidido rechazar el matrimonio igualitario en el proyecto de nueva Constitución, por lo que la cantinela de la neoizquierda es de una hipocresía tal, que resulta más que evidente que su intento de hegemonía cultural es una de las más grandes estafas morales y políticas de este siglo.

Algunas verdades que no son monopólicas de ese sector político, otras medias verdades presentadas de manera conveniente y muchas enteras mentiras como la que mencionamos, son en definitiva el equipaje estratégico que el populismo le ofrece a la sociedad.

INDIGENISMO, AMBIENTALISMO, DERECHOS HUMANOS, ABOLICIONISMO PENAL

No es el propósito central de este libro indagar sobre la temática que mencionamos en el título. Lo hicimos someramente con el feminismo y la ideología de género, sólo para demostrar que los derechos por los cuales se lucha en estos campos no son patrimonio de la izquierda, son de toda la sociedad, y que la izquierda apenas intenta aparecer como articuladora de dichas demandas sociales, para luego presentarlas como presente en su lucha por la construcción de su propia hegemonía.

Muy por el contrario, en algunos temas, la izquierda debe esconder la cara de vergüenza, porque cuando le tocó gobernar hizo precisamente lo opuesto a lo que hoy pretende liderar.

¿Qué hablar de indigenismo, de feminismo, de diversidad sexual, de derechos humanos, cuando los regímenes comunistas y los populistas de neo izquierda del siglo XXI fueron los que tuvieron una genética refractaria a esas temáticas?

C A P I T U L O   IV

LA IZQUIERDA HOY NO EXISTE

"La izquierda debe ser socialista en serio o no ser. Y en esa alternativa, la izquierda ha optado por no ser"

Jorge Eduardo Simonetti

De acuerdo a lo expuesto en esta obra, fuerza es extraer conclusiones que se relacionan con algunas preguntas: ¿existe una nueva izquierda? ¿es ontológicamente diversa del liberal capitalismo? ¿tiene la nueva izquierda una propuesta ideológica diferente para la sociedad? ¿puede haber hoy una izquierda no socialista? ¿de la izquierda socialista, sólo quedó el nombre? ¿la batalla cultural que propone la neoizquierda, comprende la construcción de un sistema político e ideológico diferente al de la democracia liberal?

Cada sociedad tiene un sistema de dominación política, en el que algunos mandan y otros obedecen, a través de las instituciones creadas y formalizadas jurídicamente.

Un *régimen político*, de él hablamos, tiene tres elementos constitutivos:

- Relación estado-sociedad, a través de un *sistema de instituciones políticas formales e informales*.
- *Sistema normativo* que regula las instituciones.
- *Sistema ideológico*, que significa la elección de valores, y que conecta las ideas con las instituciones formales.

El carácter distintivo de un régimen político respecto a otro está dado en su sistema ideológico, en su sistema normativo y en sus instituciones. Es decir, para que la izquierda sea izquierda, debe tener un régimen político distinto, porque si, con leves variantes de gradación, es ontólogicamente similar al liberal capitalismo, la izquierda no existe.

Desde que el mundo es mundo, la evolución del hombre en sus derechos y en su dignidad ha sido constante.

Producto de luchas, guerras, revoluciones, reformas o simplemente evoluciones en el pensamiento, la vida humana fue cada vez más, valga la reiteración tautológica, "humanizándose".

El marxismo-leninismo, constituyó una filosofía y una ideología construida a partir de la elaboración teórica de autores ya conocidos, cuyas conclusiones fueron llevadas a la práctica y prevalecieron durante más de setenta años en gran parte del planeta.

Desde la Revolución Rusa de 1917, hasta finales de la década del 80, dos sistemas casi opuestos se disputaron el dominio del mundo, en algunos casos con la violencia explícita, pero en la mayoría con una disputa sorda y subterránea que se dio en llamar la Guerra Fría.

La cuestión se presentaba clara para el mundo, o eras partidario del sistema colectivista de vida y de producción, o lo eras del sistema individualista liberal capitalista.

La izquierda, tanto como sus primos de derecha, el nazismo y el fascismo del siglo XX con sistemas tan dictatoriales como los comunistas, representaron respuestas estatalistas a los problemas de la sociedad.

Quiero significar con ello que la izquierda tradicional representaba una respuesta esencialmente diversa del sistema liberal, con otras formas de organización social, del estado, de la propiedad de los medios de producción, de las relaciones económicas, de la cultura, de la intelectualidad.

Es cierto, una propuesta fracasada, que necesitó de gobernantes autócratas, autoritarios, cuando no sanguinarios, para imponerse, que debió prohibir a sus habitantes elementales derechos del disenso, de la alternativa política, del pensamiento libre, que necesitó construir muros físicos y políticos para evitar que las personas escaparan de su sistema, que sus mazmorras fueron tan grandes como cada una de las naciones o del grupo de naciones en las que regía; pero una propuesta alternativa al fin.

Estaba clara la ideología de la izquierda, la misma no se escondía, no se mimetizaba, no se ocultaba, para quien la quiera tomar o rechazar; más, dónde rigió, la fuerza del poder fue el elemento clave y disuasorio.

Caído el sistema, repudiado no sólo como forma de organización social y económica, sino además como régimen represivo y antihumanitario, el mundo pareció quedar sin su brazo izquierdo, ya no había con quién trabar la disputa ideológica y política, todos los partidos políticos, los movimientos sociales, los agrupamientos colectivos, parecieron ya, si no compartir una misma ideología, no contraponer aquélla que acababa de morir. El liberal capitalismo rigió en casi todo el mundo, por lo menos en sus trazos gruesos, consensuada en las vida real aunque repudiado en el discurso.

En ese contexto, ¿le quedaba a la izquierda un margen social y político para continuar hablando de revolución?

Evidentemente no, toda la construcción teórica de la nueva izquierda pasa por establecer nuevas estrategias de cuestionamiento al poder existente, pero sin pensar en la destrucción del sistema y menos aún, por lógica consecuencia, en su reemplazo por otro.

Pero, no es porque no sean nostálgicos de Marx, Engels, Lenin, Stalin, Mao, Fidel Castro, sino porque sus propuestas ya no cuajarían en estos tiempos, su ideología ha muerto de muerte definitiva, y en el campo de los hechos, con gobiernos y regímenes que inmolaron a sus pueblos en la vida de todos los días, sin libertad, sin progreso económico, sin futuro.

¿Pero entonces, que quedó de la izquierda? ¿Cuál es la izquierda nueva? ¿qué significa el socialismo del siglo XXI?

La izquierda como tal, no existe; la propuesta socialista está extinguida; los movimientos sociales y políticos en los países en que no gobiernan, tienen planteos que son apenas reivindicaciones dentro del sistema capitalista, que bien podrían ser, y de hecho lo son, reclamos de sectores diversos de la vida social, o de partidos o movimientos políticos que no se inscriben en la izquierda.

La izquierda ha pasado a ser, de una propuesta ideológica y política, una estrategia de reclamo al sistema liberal capitalista.

En mi opinión, la izquierda ya no puede sacudirse su plena identificación con el marxismo, con el socialismo como propuesta de organización, la izquierda debe ser socialista en serio o no ser nada. Y en esa opción, la izquierda ha optado por no ser nada.

Tanto ello es así, que su estrategia de la batalla cultural, la aglutinación de reclamos con capacidad de conflicto, la imposición de la hegemonía propia carece de continuidad en el campo de la propuesta diferente del sistema que cuestiona. Apenas habla casi culturalmente de un socialismo, que tampoco ha sabido explicitar si es el mismo que propugnaran Marx y Lenin, o si es un socialismo chirle al estilo de una variante correctora de las demasías del capitalismo.

Lo bueno de las construcciones teóricas es que pueden mantener un núcleo de aceptación y fiabilidad en la medida que no son llevadas a la práctica. Pero la nueva izquierda, el socialismo del siglo XXI, ha gobernado varios países de América Latina, e independientemente de algunos logros que nada tienen que ver con una ideología diferente, no han modificado una coma las bases del sistema liberal capitalista hoy vigente ni tampoco obtenido sustanciales diferencias en el bienestar de las clases sumergidas.

En Venezuela, en Bolivia, en Ecuador, y porque no en la Argentina y Brasil, pudieron haberse producido algunas transferencias de ingresos por medio de salarios y subsidios, pero la estructuralidad de la pobreza no ha sido atacada con los teóricos nuevos sistemas de un socialismo aggiornado. Nada de ello.

Tenemos entonces que, en el llano, la neoizquierda no tiene siquiera propuestas reformistas, menos aún revolucionarias, se mueve en el horizonte corto de reivindicaciones paliativas; y en el gobierno, nada ha podido o querido hacer para cambiar de manera radical las relaciones de poder, las relaciones de producción, las relaciones sociales.

El mundo de hoy es unipolar no sólo porque existe un solo polo de poder y dominación, los Estados Unidos (hoy en disputa con China en el nuevo escenario dónde se configuran las decisiones estratégicas, el comercial y el tecnológico), sino además porque no existe ya una ideología diferente que le dispute la hegemonía.

La diferencia no está en la ideología, ni tan siquiera en la propuesta política y económica, sino en el mayor énfasis que los gobiernos ponen en uno u otro derecho, pero dentro del mismo marco ideológico.

La izquierda pasó por el comunismo, por la social democracia europea y terminó en América Latina en un combo cultural.

Dentro de una misma ideología, hay ideas con mayor o menos adscripción. La izquierda no es la contracara de la derecha, el socialismo no lo es del liberalismo, sencillamente porque la izquierda ha desaparecido en su núcleo existencial.

Los intelectuales autodenominados izquierdistas, no hablan de izquierda porque no hablan de socialismo. Sus posiciones son originadas en razones de imagen pública, dado que la izquierda sigue manteniendo el halo de misterio y aventura que en política es mejor para la imagen de rebelde del sistema.

Obviamente, en un marco democrático y de libertad, siempre hay algo que reclamarle al sistema y al gobierno. Es mejor, para la vanidad, la imagen y la frivolidad revolucionaria, ubicarse del lado de los rebeldes, no de los conformistas.

La izquierda de hoy, tanto en la oposición como en función de gobierno, no ha cuestionado al sistema. Al contrario, se sirve del sistema, ya sea "clientelizando" adeptos con medidas distribucionistas de gobierno, o arrancando conquistas y dádivas al propio sistema para acumular poder entre sus seguidores. El poder que acumula sirve hacia adentro para consolidar liderazgos de grupo y hacia afuera para negociar con los que gobiernan.

Los liberales de hoy son menos liberales, han admitido la variante estatalista para intervenir en los conflictos que cíclicamente produce el capitalismo, y lo hacen precisamente por la capacidad que a lo largo de trescientos años han tenido para saber hacer las correcciones y continuar en el mismo modo para vivir y para gobernar.

Al marxismo le ocurrió cosa muy distinta, ya que sucumbió víctima de su intransigencia y de la visión estructurada de su propia creación.

Analizadas las causas de la caída del comunismo, cabría preguntarse si la neoizquierda es una variante mejorada del socialismo marxista.

Pero no, la nueva izquierda no es una corrección del socialismo marxista, no es una variante menor o mayor al mismo, es una cosa totalmente distinta, porque ha abandonado el socialismo en la práctica (puede serlo en el discurso, por ejemplo el socialismo del siglo XXI), y se ha constituido en el engranaje de rebeldía que debe tener todo sistema, pero dentro del sistema de la democracia liberal.

En definitiva, la neoizquierda es altamente utilitaria al sistema liberal capitalista, porque es la válvula de escape de la acumulación de tensiones dentro del mismo, es decir su comportamiento es funcional a la mecánica de refrescamiento y corrección. No es contrario al sistema, es una parte necesaria de su estructura.

Mimetización democrática y propietarización de derechos

Ya habíamos dicho que la autodenominada nueva izquierda, busca en el cambio cultural la construcción de lo que el italiano Gramsci califica como *hegemonía*, para a partir de ella acceder al poder, a pesar de que no está claro qué quiere hacer con él una vez obtenido.

Pero, ¿cómo construir hegemonía, cómo instalarse en el imaginario colectivo, si ya no cuaja el viejo discurso revolucionario, de clases explotadas, de plusvalía, de explotación, de dictadura del proletariado?

El mismo Gramsci, y los teóricos posteriores, le dieron la estrategia y el procedimiento.

Hablamos de la *estrategia de la nueva izquierda*, y no de ideología, porque la nueva izquierda carece de ideología, de doctrina política, al abandonar el socialismo marxista quedó huérfana de teoría.

Entonces, al no tener doctrina fundante, abandona ese campo para internarse en campo de la estrategia pura, para intentar adueñarse de las simpatías ciudadanas. Las variantes estratégicas de la que hablamos son la *mimetización democrática* y la *propietarización de los derechos*.

Los derechos no son de nadie y son de todos, son de la sociedad y de cada individuo, nacen como reclamo, se generalizan, se reconocen y se terminan por consagrar en la legislación.

Si muchos de los derechos están ya establecidos en la Constitución y en las leyes, la tarea es identificar por cuáles derechos lucha hoy la sociedad entera, o parte de ella, para alcanzarlos y consagrarlos.

En la actualidad, los que están en la consideración pública, social y política son algunos de aquellos que hemos mencionado en capítulos anteriores: la lucha feminista, la diversidad sexual y la identidad de género, el indigenismo, el derecho-humanismo.

¿Son los mismos de creación izquierdista? No, por lo menos no en su origen y en su totalidad. Ya vimos como la izquierda tradicional fue la principal represora de algunos reclamos o temáticas como el homosexualismo.

Lo que hace esta nueva izquierda es identificar en la sociedad, en un momento determinado, cuáles reivindicaciones tienen mayor impacto, ya sea en la globalidad o en un determinado colectivo, y cual es su capacidad generadora de conflicto y movilización social.

Una vez sucedido ello, se apropian del reclamo, lo reivindican como propio, penetran las organizaciones que encabezan los mismos, les confieren contención organizativa e impacto en la calle, y así, un paso tras del otro, se constituyen en los propietarios de los nuevos derechos, en los campeones de la lucha.

La realidad es que, absolutamente desorientados ante la pérdida de referencia intelectual y política, realizan una tarea de demolición que se vale de los reclamos de otros, de la hipócrita tarea de robar luchas y reivindicaciones ajenas, para que, sumadas en la estrategia, se vaya construyendo la hegemonía izquierdista en el imaginario colectivo.

Ya no les interesa haber pasado, sin escalas, de exportadores de la revolución a nacionalistas antiglobalización, de dictadura del proletariado a democracia radicalizada, de encerrar homosexuales en campos de concentración a campeones de la diversidad sexual, lo que importa es que la gente se haya olvidado de lo que fueron antes y los vean ahora como los constructores de los nuevos derechos.

Se configura así, la actitud más farsante que pudiera tener un movimiento político, cual es la de sustracción de las ideas y reclamos de otro, para convertirse ante el conjunto como propietarios de ellos, y sumarlos para la causa propia, no para la de los sujetos reclamantes, que en definitiva poco importan.

Pero ¿cómo lo hacen? ¿cómo se adueñan de las marchas gay, los piquetes indigenistas, las luchas feministas, los reclamos de ayuda social? De forma muy simple, llevando como bandera, engañosa bandera, la bandera de la democracia.

Es lo que denomino la estrategia de *mimetización con la democracia*. Hacerse los democráticos, dar discursos en términos democráticos, solidarizarse democráticamente con los reclamantes, oficiar de voceros, caminar con ellos, darles el soporte intelectual y fáctico.

Es decir, hacerse pasar por camello en un desfile de camellos, seguramente será la mejor metodología para no ser identificado como caballo. Luego, en la suma de todos los días, el imaginario colectivo se engorda con sus mensajes.

Esta estrategia forma parte de aquello que Gramsci calificaba como radicalización de la democracia. Conscientes del mensaje "piantavotos" de la dictadura del proletariado, es mejor tomar las vestiduras de la democracia para pasar por democrático, y así poder evolucionar de la mejor manera y pasar inadvertidamente para el conjunto cómo lo que son, elementos corrosivos del sistema republicano.

La mentira como instrumento

En el libro "El engaño populista", cuentan su prologuista, Carlos Rodríguez Braun, que *"Una vez le pregunté a Karl Popper porque se había hecho comunista y por qué había abandonado el comunismo. Sus respuestas ilustran el propósito de este excelente libro, al apuntar a la falsa primacía ética de los populistas y a la realidad de sus desastrosos resultados. Me dijo que se había hecho comunista porque le pareció un imperativo moral. Y que había dejado de serlo cuando comprobó que los comunistas eran muy mentirosos"*.[81]

Creo que la mentira debe constituir el núcleo de las bajezas humanas. Más aún, en boca de quienes aspiran a conducir un país, descalifican por sólo ello cualquier propuesta política. Como sustrato de las estrategias de conflicto de la neoizquierda, viene a constituir su propia semilla de perdición a los ojos de la sociedad.

La Argentina tiene dos ejemplos, uno social y el otro institucional, que son demostrativos de la estrategia de la izquierda de sostener un conflicto aún a costa del sacrificio de la verdad.

En los tiempos que transcurrimos, la neoizquierda se inscribe en aquello que se conoce como *"era post factual"*, o de la post verdad, dónde la importancia de lo real y de las evidencias en la información que consumimos diariamente, es cada vez menor. No importan los hechos, sino las teorías o discursos que coinciden con nuestros sentimientos, lo que en psicología se ha dado en llamar *"sesgos confirmatorios"*.

La base de este *"realismo emocional"* es que nuestras certezas no están construidas sobre los

---

[81] Axel Kaiser-Gloria Alvarez, El engaño populista, Ariel, 2016, p.12

hechos tal cual suceden, sino sobre la percepción que cada uno tenga de ellos. Entonces, nada mejor que trabajar sobre las emociones de los seres humanos para disolver su capacidad de razonamiento.-

En los tiempos que corren, la actividad que tal vez esté más impregnada de *"sesgos post factuales"*, sea la actividad política, y en especial los hechos y el discurso de la neoizquierda.

Los seres humanos preferimos, muchas veces, manejarnos con la post verdad y no con la verdad, con los sentimientos y no con los acontecimientos, con aquello que coincide con nuestra manera de ver las cosas y no con la contundencia de los números.

Es difícil convivir con la realidad, porque no es buena ni mala, lo que no tiene es remedio; y ante lo irremediable, queremos una voz que nos tamice el descarnado escenario, para hacer más fácil nuestra existencia, aunque al final aparezca la verdad con todas sus consecuencias.

La Argentina del siglo XXI, estuvo preñada de post verdad, de relato manufacturado, de simulación, de apariencia, de hipocresía, de exageración, de explotación de los sentimientos en detrimento de los hechos.

Deberíamos preguntarnos si la eticidad de las conductas, para la sociedad, se coteja con patrones morales. Si no es así, la honestidad pasaría a ser una mera cuestión de oportunidad y no de valores como debería. La post moralidad es hacer pivotear los juicios éticos sobre la identidad de los protagonistas y no sobre sus virtudes y defectos.

Para la neoizquierda, los hechos son conforme los necesitan. Si la evidencia es contraria a sus necesidades, repiten la mentira una y mil veces al sólo efecto de mantener el conflicto.

Maldonado es un detenido desaparecido, no importa que se haya encontrado su cuerpo y que la junta de peritos haya dictaminado que falleció ahogado, sin que se haya ejercido violencia alguna sobre el cuerpo.- Tampoco a la izquierda le importan los hechos, le conviene la post verdad, las emociones que generan un mártir en su "imaginario" y la palanca política que les resulta, para acusar al gobierno de represor, aunque nada sea cierto en el campo de la realidad.-

El caso Maldonado se constituiría en el eje principal de la campaña cristinista para las elecciones generales del 22 de octubre de 2017, con el objetivo declarado de identificar al gobierno nacional con la dictadura y a Santiago con la figura del detenido desaparecido. Así pensaban torcer la previsible derrota, con la utilización de un joven muerto como bandera política.-

Las dictaduras necesitan matar para reinar, la democracia encapuchada, los lúmpenes políticos, requieren de muertos para utilizarlos como bandera de caos, sin ellos no tienen propuestas ni contenido ideológico y político. En ellos se montó Cristina y sus adláteres, pensando que los llevarían cómodamente a un cambio de raíz del humor electoral.

Era necesario y conveniente mantener a Maldonado en condición de "desaparecido", para que el imaginario lo convirtiera en la figura del "detenido desaparecido" de triste fama en la larga noche de la dictadura asesina.

A partir de allí, caos, tomas violentas, capuchas, palos, pintadas, destrucción de la propiedad pública y privada, misas que vieron a una Cristina compungida con un cartel en la mano, el escenario ideal para un kirchnerismo al que no le quedaba otro camino que el de la marginalidad política.

La estrategia no es nueva. La neoizquierda y su socio político, el kirchnerismo, fueron pródigos en sobreactuaciones, cuando no en invenciones inverosímiles, sobre hechos supuestos o reales que conducirían al resultado que buscaban: cualquier desaparecido es un "detenido desaparecido" y cualquier gobierno que no sea el de ellos es una "dictadura".

De allí que, el "Macri basura, vos sos la dictadura" o el "Maldonado, detenido desaparecido", formaron parte de la construcción de un nuevo relato, ese que los convertiría en la "resistencia" a una dictadura con desaparecidos. Era su única forma de subsistencia política.-

Subestimando la inteligencia de la sociedad, creyeron que con multiplicar la exposición de un caso con mentiras o medias verdades, lograrían una sensibilización parecida a la de los desgraciados sucesos de los años setenta.

La mejor manera que un elefante pase inadvertido paseando por la Avenida 9 de Julio es llenarla de elefantes, la forma más efectiva de quitarle dramaticidad a los verdaderos hechos dramáticos es afirmar que todos los hechos son dramáticos, el argumento ideal para relativizar una dictadura es afirmar que todo gobierno no propio es una dictadura. Entonces Macri es Videla, la democracia es la dictadura, Maldonado es detenido desaparecido.-

Pero Macri no es Videla, la democracia no es el paralelo de un gobierno militar violento, el estado argentino de hoy no encubrió sino colocó todos sus recursos institucionales y materiales en la investigación y el esclarecimiento, los pañuelos blancos de ayer no se corresponden con las capuchas y los palos de hoy, la justicia ya no tiene jueces como Zaffaroni sino magistrados como Gustavo LLeral.

Y es precisamente el juez LLeral el que en un meduloso fallo de 270 páginas, en noviembre de 2018, con todas las pruebas en su haber, con opinión de todos los peritos en igual sentido, incluyendo los peritos de parte de la familia, cierra la causa de Maldonado ante la inexistencia de delito, no sin dejar severas reflexiones ante los comportamientos y embustes de algunos sectores.

Ubicó en un oscuro rincón a los políticos de la neoizquierda y kirchneristas y también a los organismos de derechos humanos. A ellos, Lleral les dedicó los siguientes párrafos:

- *"Desde los palcos se mencionó tantas veces a Santiago, a quien no se conocía, solo para ganar, en el mejor de los casos, un aplauso. Y **ni hablar del desarrollo de una campaña electoral, en la que fue utilizado de manera descarnada** para que un ciudadano, errático en sus ideas, emita un voto en consecuencia".*

- ***"Ni siquiera los organismos que defienden, sostienen y enarbolan los Derechos Humanos pudieron unirse en pos de un solo objetivo. Cada una de esas asociaciones bregó por lograr su*** propio interés a costa de la humanidad ofendida, en vez de unirse para dar respuesta a la familia sufriente".

- "Así, la verdad *revelada enmudeció los repiques del desconcierto y la incredulidad, propiciados por actores mezquinos e interesados en no hallarla nunca, en demorar su encuentro o negarla definitivamente*".

- "Sin embargo, la verdad *se mostró sencilla, sin fascinaciones. Santiago estaba en el lugar donde lo vieron por última vez...* **En ese lugar, murió ahogado, sin que nadie pudiera advertirlo, sin que nadie pudiera socorrerlo**".

- "Y aunque se declare públicamente que los hechos no son como sucedieron sino como algunos prefieren que hayan sido, lo cierto es que la verdad *que rodeó la desaparición y muerte de la víctima de esta causa (y víctima de todas las manipulaciones espurias que de ella derivaron), es una sola*".

Quedaba así de resalto, que la estrategia mentirosa de la neoizquierda y del kirchnerismo, para introducir con la fuerza del embuste un elemento catalizador de lucha, para tener su detenido desaparecido, para volcarla a la culpabilidad de un gobierno dictatorial y represor, cayó como un castillo de naipes por la fuerza contundente de los hechos.

No había margen para especulaciones, mintieron, mintieron y mintieron, y una vez comprobados los hechos, siguen mintiendo, porque está en su estrategia, aunque también en su esencia (como lo dijera Karl Popper).

Pensar que un año antes, cuando ya la mentira comenzaba a develarse, con la aparición sin vida del joven artesano sin signos de violencia en su cuerpo, terminó por derrumbarse la estrategia kirchnerista a cuatro días de las elecciones. *"Vamos a hacer quilombo, vamos a romper todo, así nos tendrán miedo"*, convocaba por las redes una desesperada militante apenas enterada del encuentro del cadáver.-

Ya era tarde, faltaba poco para el acto comicial dónde se irían a elegir legisladores nacionales, se advertía en el aire que la gente "no había mordido el anzuelo", resultaba más que evidente que la estrategia de la mentira repetida le había salido fallida.

Dos años después, los tremendos desmanes fuera del Congreso días pasados cuando se trataba el Presupuesto 2019, el patético comportamiento de los diputados del kirchnerismo y de la izquierda en el recinto, corporizados en la foto trucha y la mentira descubierta del camaleónico Moreau, repiten la mecánica de 2017: mentira y desmanes, para que las instituciones no funcionen.

Foto en mano, y en el propio recinto legislativo, el diputado Leopoldo Moreau, un servidor de la política de la mentira como estrategia, dijo textualmente: *"Pusieron en la calle grupos de provocadores. Esta foto es la de seis individuos encapuchados, con rostro tapado y vestidos de negro para simular que son anarquistas. Pero a uno se le cayó el pañuelo y aparece acá este señor, que estaba provocando desmanes. ¿Quién es? El sargento Héctor Olivera, promoción 189 de la Policía Federal, traspasado a la Policía de la Ciudad".*

Pero como la mentira tiene patas cortas, el devenido kirchnerista quedó al descubierto, al comprobarse que se trataba de una imagen de otro tiempo, de un año antes, sacada por el fotógrafo de Infobae Nicolás Stulberg, que muestra a encapuchados que arrojan una bomba molotov contra la legislatura porteña.

Dos situaciones, dos hechos políticos, uno en el marco de un reclamo indigenista, el otro en el institucional del tratamiento del presupuesto, mostraron blanco sobre negro, que la neoizquierda está dispuesta incluso a utilizar la mentira para la construcción de la hegemonía.

VIOLENCIA, EL CAMINO DE LA "LUMPENPOLÍTICA"

"La violencia aparece donde el poder está en peligro, pero si se la deja a su aire acaba con la desaparición del poder...La violencia, que puede destruir el poder, es completamente incapaz de crearlo"

(Hannah Arendt, teórica política alemana, 1970)

El que sigue, es un artículo periodístico escrito por el autor en setiembre de 2017, en el Diario El Litoral de Corrientes, que tiene que ver con el camino que la neoizquierda, porque está en su gen y porque está en su estrategia, no trepida en tomar cuando las circunstancias le son propicias.

"En el sistema democrático no tiene cabida la violencia política. En tal caso, quienes la utilizan sólo muestran su personalidad autoritaria y confiesan su incapacidad de conseguir sus propósitos o pregonar sus ideas por medios pacíficos.

El mundo está envuelto hoy en una espiral de violencia verbal y material muy preocupante.

Violencia desde los gobiernos, Estados Unidos y Corea del Norte, violencia desde el terrorismo islamita, amenazas de bombas nucleares, atentados con multiplicidad de víctimas. Una chispa, reconozcamos, puede producir la hecatombe tan temida.-

El estado de gran tensión internacional por las pruebas armamentísticas, antes que un enfrentamiento entre países, parece más una pulseada entre dos líderes de personalidad imprevisible, que tienen al alcance de sus dedos las armas más mortíferas: Donald Trump y Kim Jong Un.-

En el último instante de la decisión final, lo que prevalece, por encima de las pertenencias ideológicas, es la personalidad del gobernante. Es bueno preguntarse entonces: si fueras estadounidense, ¿quién preferirías que manejara el botón rojo: Obama o Trump? o, si Argentina fuera potencia nuclear, ¿quién querrías que tuviera la decisión final: Macri o Cristina?

Más que nunca es hoy imprescindible que crezca la opinión de los líderes pacíficos, que prevalezca el gobernante racional sobre el imprevisible, el pensante sobre el impulsivo. Si los adalides políticos de los países muestran actitudes que no condicen con una disposición decidida a la búsqueda del diálogo y la disminución de la tensión, estarán incumpliendo su compromiso con la paz mundial y jugando con fuego.

Argentina tiene su propia cruz. Una historia moderna de violencia guerrillera y de terrorismo de estado. Hace apenas cuarenta años que el país estuvo inmerso entre los atentados terroristas y las torturas y desaparición forzada de personas de la dictadura.

Los tres primeros lustros del siglo nos trajeron reminiscencias de la violencia de esos años a través del "revival" setentista, que ayudó a generar una división casi irreconciliable en la población.

El kirchnerismo quedó atrapado en su metodología de gobierno, la construcción de un "relato" que convocaba a gobernar con una épica de confrontación, enemigos imaginarios que el propio oficialismo creaba.

Hoy, en el llano, el cristinismo apela también a la creación de un "relato", con los mismos parámetros que le resultaron indispensables para gobernar: la lógica del adversario. Es indispensable para los populismos autoritarios, inventarse contrarios con los cuales pelearse, porque su dinámica tiene que ver más con la tensión permanente que con la tranquilidad.

Sin nada que ofrecer en materia de propuestas políticas, intentan hacerse fuertes en el conurbano a través de la creación de condiciones políticas que tienen que ver más con la desestabilización y la violencia que con la competencia democrática.

Si el silogismo de la lucha contra la dictadura militar fue: "falta de democracia, desaparición forzada de personas, resistencia violenta del "pueblo", para justificar hoy su presencia en la política del siglo XXI deben rescatar del pasado la misma dinámica setentista y traerla al futuro.

Así, apenas asumió el nuevo gobierno, la consigna era su deslegitimación a través del "Macri, basura, vos sos la dictadura".- El segundo paso, la resistencia a través de distintos sucesos de violencia, como los actos piqueteriles, los disturbios en las concentraciones de trabajadores, la violencia de algunos grupos mapuche.- Y el tercer paso, tan anhelado, la "desaparición forzada de personas", que lo consiguieron con Santiago Maldonado.- El combo es perfecto: Macri dictador, Maldonado desaparecido, resistencia violenta de los grupos "populares".-

Hoy no sabemos que sucedió con Maldonado (ésto se remonta a 2017 cuando se escribió el artículo), un ciudadano cuya más que dudosa desaparición el gobierno no logra desentrañar. Aun cuando finalmente pudiera asignarse alguna responsabilidad a integrantes de Gendarmería, a nadie en su sano juicio se le ocurriría involucrar al Presidente Macri en la desaparición de un artesano ignoto.-

Le sirve, sin embargo, a Cristina para demostrar su hipocresía militante, sosteniendo en misa un afiche de Maldonado, ante la mirada desde el más allá, de las víctimas de Once y de la Amia, de Julio López, de Alberto Nisman.

Ese nuevo relato creado por el cristinismo para subsistir en el llano, ese oportunismo al cual le sirve políticamente que Maldonado no aparezca, coloca a Cristina por fuera del sistema democrático, apoyando de manera velada la violencia desestabilizadora.

Es que su grupo de apoyo ya no es un partido político, una agrupación democrática, un sector visible de la vida nacional, ni siquiera la izquierda argentina. No preside el Justicialismo, no lidera a los trabajadores organizados, no es cabeza de los gobernadores del peronismo, nada de eso.

Se apoya en los marginales de la política, aquellos que están fuera del sistema y trabajan exclusivamente para generar violencia. Los grupos radicalizados mapuches que queman vehículos, los piqueteros que obstruyen la circulación e imponen la imagen de la capucha y el palo, los pseudo sindicalistas a los que les interesa sólo el caos, las organizaciones extremistas como Quebracho entre otras, son hoy su estado mayor.-

El *lumpenproletariado* es un término marxista de origen alemán con el que se designa a la población situada socialmente al margen o debajo del proletariado, desde el punto de vista de sus condiciones de trabajo y de vida, formado por los elementos degradados, desclasados y no organizados del proletariado urbano.- En versión argentina, serían los "subsidiados".

Cristina se encuentra hoy liderando la "lumpenpolítica", que es la superestructura parasitaria de dirigentes chupasangre que explota y vive de los que reciben subsidios. Esa es la base política de Cristina en el llano, obviamente con el grado de marginalidad y violencia que ello conlleva.-

A esa altura, parece contradictorio que una dirigente multimillonaria lidere la estructura "lumpen" de la política argentina.

El vandalismo de los sucesos en la Avenida de Mayo, las prácticas violentas en Neuquén y Chubut, las bombas molotov, los piedrazos, la quema de vehículos, los grupos radicalizados de mapuches "preconstitucionales", son todos exponentes de una violencia política de antaño que quiere volver a instalarse en la Argentina, con el caldo gordo que le suministran dirigentes políticos como Cristina.

Hay que decir sobre el punto, que la tibieza del ubicuo Massa, o el silencio de una luchadora como Margarita Stolbizer, resultan patéticos, porque no está en juego simplemente el destino de la política en la Argentina, sino la subsistencia de un sistema pacífico y democrático que los violentos quieren derrotar.

En estos días se anuncian marchas en apoyo del gobierno, pero el verdadero momento de la palabra social llega en octubre, en el acto electoral, dónde el pueblo argentino debe claramente pronunciarse en contra de la violencia y repudiar a los dirigentes que se muestran condescendientes con el vandalismo político.

No necesitamos más violencia, no queremos a los violentos, rechazamos los agitadores profesionales que son apañados por la "lumpenpolítica". Demostrémoslo también en las urnas, no hay otra manera."

CORRUPCIÓN Y NEOIZQUIERDA

Los gobiernos populistas que en el siglo XXI se instalaron en América Latina, autodefinidos como de izquierda, bajo el generoso rótulo bolivariano del *socialismo siglo XXI,* tuvieron el sello de la corrupción estructural en sus respectivas gestiones.

El caso de Brasil, con todo el sistema político involucrado, el de Argentina, con una concentración del robo organizado de los fondos públicos concentrado en el matrimonio Kirchner y en su grupo de confianza (que incluye ministros, secretarios, cocineros, jardineros, choferes), el de Venezuela dónde el asalto a los bienes del estado se complementaba con un inédito ejercicio del autoritarismo político, son simplemente demostrativos de aquello que es la izquierda de nuestro tiempo: sin socialismo, pero con abundantes cantidades de dinero público privatizado en los bolsillos de los líderes izquierdistas.

Pero ello tiene antecedentes muy claros en la vieja izquierda, por ejemplo en la izquierda cubana, en su gobierno comunista, y especialmente en su líder, ya muerto, Fidel Castro.

Resulta propicio transcribir algunos artículos periodísticos publicados por el autor de este libro, que de alguna manera describe el comportamiento de las figuras emblemáticas de la Argentina, a saber:

"LA "CLEPTOIZQUIERDA" LATINOAMERICANA

"A cuál es más culpar, la que peca por la paga o la que paga por pecar"

Sor Juana Inés de la Cruz

El nuevo escándalo de la corrupción kirchnerista, el de los cuadernos, ha traído a escena un tema recurrente.

Independientemente de que son tan delincuentes los funcionarios que reciben la coima como los empresarios que la pagan, ¿quién construye el edificio de la corrupción en la obra pública? ¿A quiénes cargar la mayor culpa?

Creo más bien que, en este caso, no se aplica el concepto de Sor Juana Inés de la Cruz. La prostituta tiene el eximente de su necesidad vital, no es lo mismo que el funcionario que se llena los bolsillos con dinero ajeno y el empresario que corrompe por lucro.

Pero, entendámonos bien, el dinero del soborno no es del empresario corruptor, es del erario público, es plata de todos, sale de los fondos públicos sustraído a través de los sobreprecios.

El periodista argentino Andrés Oppenheimer, en artículo publicado en el Diario New Herald, que denomina "Una receta contra la corrupción", de fecha 6 de junio de 2015, a propósito de este tema, recuerda el viejo chiste sobre la corrupción en América Latina.

"Ambientado en una reunión de funcionarios de varios países, se les hace a todos la misma

pregunta: *"Honestamente: ¿cuál es su opinión sobre el problema del hambre en el resto del mundo?". El funcionario suizo, asombrado, respondió: "¿hambre? ¿qué significa hambre?". El funcionario cubano, igualmente perplejo, contestó: "¿opinión? ¿qué significa opinión?". El funcionario estadounidense dijo: "¿el resto del mundo? ¿qué significa el resto del mundo?". Y el funcionario argentino dijo: "¿honestamente? ¿qué significa honestamente?"*

El chiste se ha actualizado en la Argentina con los escándalos de los bolsos y los cuadernos, un "revival" que nos debe hacer llorar más que reir.

Dijo alguna vez Simón Bolívar que *"la destrucción de la moral pública causa bien pronto la disolución del Estado".* ¿A qué distancia de tiempo estamos?

Fruto de la casualidad o la causalidad, en los dos países más importantes de América del Sur, Brasil (Partido de los Trabajadores) y Argentina (Frente para la Victoria), y en Venezuela (Partido Socialista Unido), el robo descarado de fondos públicos se desató con gobiernos autotitulados "de izquierda", la nueva izquierda latinoamericana, o socialismo siglo XXI.- De allí el neologismo de la "cleptoizquierda".

En algunos casos la metodología es similar, pero en realidad la matriz procedimental y sustancial del escamoteo planificado se desarrolló de manera algo distinta en los tres países.

Haciendo una comparación topológica de la manera que fluía el dinero sucio en los tres países, tenemos:

a) En la Argentina, la corrupción se presentó con una topología de árbol, *"todos a uno"*, multiplicidad de emisores, un único receptor. La pareja presidencial daba la orden, la diversidad de destinatarios la tomaba (empresarios, jefes de piqueteros, Hebe de Bonafini y Sueños Compartidos, Milagro Sala y la Tupac, manejadores de subsidios, gobernadores e intendentes beneficiarios de obras), recaudaban y retornaban en forma de bolsos u otras maneras al único receptor. Ello funcionaba sin contratiempos con un Congreso escribanía y un Poder Judicial temeroso (y una parte, cómplice). El enriquecimiento ilícito estaba ubicado casi centralmente en el único receptor, el resto se quedaba con porciones en el revoleo.

b) En Brasil, la conformación topológica fue multilineal, de *"todos a todos"*, es decir que el receptor es toda la clase política, oficialismo y oposición, que se alimentaban del sistema corrupto, y los emisores fueron centralmente la empresa estatal Petrobras, también Odebrdetch y casi todas las que hacían trabajos públicos. El

Congreso fue cómplice, pero el Poder Judicial actuó como correspondía, tener en cuenta los casos del *mensalao* y el *lava jato*.

c) En Venezuela, el diseño corrupto era más mezclado, algunas veces *"uno a algunos"* (PDVSA a la boliburguesía, a los funcionarios, a los militares, a Cuba, a la Argentina con Antonini Wilson), otras *"algunos a algunos"* (funcionarios, militares, familiares, enganchados con defraudaciones millonarias en servicios y obras, y el gran negocio del cambio de dólares que llegó a cifras escandalosas). Un poder militar totalmente cómplice, una Asamblea Nacional fraudulenta y adicta y un Poder Judicial al servicio de Chavez y Maduro.

El resultado concreto es que los tres países, gobernados por los "nuevos izquierdistas latinoamericanos", fueron el escenario principal de una corrupción desatada jamás vista.

¿Es la corrupción una cuestión ideológica? ¿Son los izquierdistas más corruptos que los liberales? ¿ser liberal significa ser honesto y ser izquierdista, ladrón?

Ejemplos sobran de que la honestidad, o mejor dicho la corrupción gubernamental, no es una cuestión de ideología. Fueron calificados como corruptos los gobiernos derechistas de Menem en Argentina y Fujimori en Perú, no así el de Piñera en Chile. La gran corrupción en los gobiernos izquierdistas de Lula y Dilma en Brasil, de Néstor y Cristina en Argentina, de Chávez y Maduro en Venezuela, no tuvieron su paralelo en los gobiernos de la izquierda uruguaya y chilena.

La honestidad, o mejor dicho la conducta corrupta, no es una cuestión de ideología, sino de comportamiento personal. El hacerse del dinero ajeno, especialmente del dinero público, en última instancia tiene que ver con la naturaleza humana.

Pero, siempre hay un pero, la corrupción es casi connatural con las administraciones izquierdistas por una simple razón de oportunidad. Así como el hábito hace al monje, la ocasión al ladrón.

La izquierda siempre ha propugnado el agrandamiento del estado, su intervención en muchas áreas de la vida privada, una maraña de regulaciones, estatización de muchos sectores de la economía, manejo de subsidios sociales y de tarifas de servicios públicos.

Un estado grande, más que grande gordo, con presencia de funcionarios públicos interviniendo y manejando grandes sectores de la economía, con jugosas cajas presupuestarias a disposición, con un control relajado o inexistente, es casi un silogismo de libro cuya conclusión es cantada: una corrupción fenomenal.

Es por ello que no hay comparación entre la corrupción del menemismo "neoliberal" (como es peyorativamente calificado) y el kirchnerismo del "socialismo siglo XXI". Éste, seguramente, por mucho tiempo figurará en el Guiness y difícilmente los de esta generación veamos ya a gobiernos que le disputen el cetro.

"Kirchners" pueden haber en todos lados, en cualquier país, en muchos gobiernos, en ideología diversa, pero "kirchners" en gobiernos de izquierda es una combinación letal para la integridad del patrimonio público.

Es cierto, la metodología de Néstor y Cristina ya venía desde la provincia, cuando todavía no reivindicaban los derechos humanos ni eran de izquierda.

Pero un avaro que se precie, un acumulador serial, un adorador de cajas fuerte, un planificador diabólico, sabía que la mayor magnitud de los nichos nacionales precisarían de un estado de izquierda que incremente exponencialmente las fuentes, los montos y el manejo indiscriminado.

La "cleptoizquierda" está dejando Latinoamérica, dejando un tendal de corrupción y desgracia en los pueblos."

"ESOS RICOS PRESOS POLÍTICOS

"No hay nada bueno o malo, sólo el pensamiento lo convierte en una cosa u otra"

No parecía el mismo Boudou compungido como en el momento de su detención. Pasaron poco menos que setenta días y se lo vio salir del penal a un Boudou menos Boudou y más Amado.- La excarcelación lo cambió todo.-

Salía recargado, se sentía con fuerzas para ser justiciero de sus compinches.- *"No quiero ocuparme de mí, sino de los compañeros y las compañeras que están detenidos con prisión preventiva, son perseguidos"*, dijo, atribuyéndose la responsabilidad de velar por De Vido, Lázaro Báez, Lopecito (el de los bolsos), Ricardo Jaime, Cristóbal López, Marcelo Balcedo, "el Caballo" Suárez, el "Pata" Medina, Milagro Sala, Luis D"Elía y tal vez también, porque no, de Cristina.-

Para ello, Amado intensificará su actividad política *"de la que nunca me fui"*, aclara, como enterando al pueblo argentino que podría ser candidato en el futuro para algún cargo público.

Sintiendo un fuerte viento de cola, el ex vicepresidente redobló la apuesta y comparó a la administración kirchnerista con la Primera Junta, al decir que *"no hay desde 1810 doce años ininterrumpidos de un sistema nacional y popular, y bueno, lamentablemente a nosotros nos toca pagar esto"*. Seguramente, si de pagar se trata, tendrán con qué hacerlo.-

Pero, no seríamos del todo justos con los compañeros si no señaláramos que aventajan claramente a los próceres de mayo por varios ceros, no tuvieron lo mismo Saavedra que Cristina, Belgrano que De Vido, Mariano Moreno que Boudou, Juan José Paso que Lopecito.-

Se sintió tan recuperado, Amado, que se permitió dejar flotando una velada amenaza: *"Esta democracia no resiste lo que está pasando"*, dejando traslucir que el sistema democrático depende de la suerte que corrieran judicialmente los acusados de llevarse todo.

Haciendo gala de un "relativismo moral" a toda prueba, parecería que la excarcelación le hizo olvidar que ha sido condenado por el caso Ciccone, y procesado por enriquecimiento ilícito y por los viáticos truchos, causas que están en un estado procesal que tal vez lo lleven próximamente a ser sentenciado.-

Boudou es la cabeza del iceberg que expone la parte visible de una organización casi empresarial de corrupción pública, que hoy está siendo juzgada. No se trata de algunas "coimas", o algunas trapisondas, sino de la más profunda, generalizada y organizada empresa política de sustracción del dinero público.-

No hablo ya de causas con algún contenido de política pública, como la del dólar futuro o de Amia, que siendo muy graves no dejan de tener su costado opinable.

Me refiero a las montañas de dinero impúdicamente contadas delante de las cámaras, los autos de colección, las mansiones, los hoteles lujosos, el aumento exponencial de los patrimonios de los funcionarios kirchneristas y de la misma ex Presidenta durante la gestión, la direccionalidad de la obra pública con sobreprecio, el lavado de dinero a través de los alquileres de hoteles a los mismos beneficiarios de contratos con el estado.

Y de allí la pregunta del millón. Si en lugar de menear la argumentación inconsistente de "presos políticos", ¿por qué no prueban con explicar, con algún grado de verosimilitud, de qué manera se enriquecieron en la función pública? ¿cómo invirtieron tan provechosamente sus sueldos de funcionarios públicos para tener tamaño progreso patrimonial? Tal vez logren que los jueces y la sociedad los entienda.

Para los ciudadanos rige el principio constitucional de *"non bis in ídem"*, por lo que nadie puede ser juzgado dos veces por la misma causa.

Los políticos acusados por delitos en la función pública, tienen dos enjuiciamientos terrenales por un mismo hecho, a través del principio político del *"bis in ídem"*.

Por un lado el juicio de los jueces, por el otro lado el de la sociedad. Dos juicios y dos sentencias.- El juicio final queda aparte, es *"post morten"* ante Dios, aunque pareciera que el kirchnerismo ya está adelantando gestiones ante Francisco.

En presencia de los jueces, invariablemente todos los acusados se limitaron a presentar un escrito sin contestar ninguna pregunta. Eso es legal, tienen derecho a quedarse callados, incluso a mentir.-

Pero el juicio ético ante la sociedad que los eligió y los puso a administrar la cosa pública, es un proceso moral indispensable que tienen que atravesar los que manejaron el poder. En ese imaginario juicio hecho ante los estrados sociales, quedarse callados o mentir es prueba plena de responsabilidad.-

Si la ex presidenta no se enriqueció ilícitamente, si no direccionó la obra pública, si no lavó dinero ajeno con el alquiler de sus hoteles, si no encabezó una organización dirigida a la sustracción de fondos públicos, si no dijo una palabra a los jueces para aclarar su situación, tiene la obligación política y ética de explicarle a la sociedad, a los votantes, con lujo de detalles, de qué manera incrementó exponencialmente su patrimonio durante su estada de ocho años en la presidencia de la nación y cuatro de su marido.-

Por supuesto que en ese segundo juicio la explicación debe ser verosímil, creíble, con pruebas al canto, no tendrá mucha fuerza de convicción el argumento de "exitosa abogada", con el que intentara convencer a los estudiantes de Harvard.- Habrá una sentencia política y moral, y los jueces seremos todos, y su silencio será presunción de culpabilidad.-

No puedo dejar de reconocer que los jueces federales han dejado muchas dudas en su accionar, especialmente por la doble velocidad que han impreso a los juicios de corrupción sin que dieran razón alguna para justificarla. Pero, vale aclararlo, las víctimas de ello fueron los ciudadanos y no los acusados, porque lo que hoy hacen los magistrados es recuperar el tiempo perdido de ayer.-

Es más, el propio Amado tendrá que contarnos por qué, para qué, y con qué fondos la empresa fantasma Old Found (sólo con tres facturas emitidas, dos de las cuales fueron anuladas), dirigida por su amigo y testaferro José María Núñez Carmona, compró Ciccone Calcográfica, una imprenta sofisticada para fabricar dinero.

También, entre otras cosas, deberá decirnos qué trabajos hizo Old Found a la Provincia de Formosa en la reestructuración de su deuda pública para que Gildo Insfrán le diera un cheque tan jugoso, en el país en que precisamente Boudou era el Ministro de Economía. Y siguen las explicaciones.-

Si te acusan del robo de una gallina, cierto es que tienes que alegar que no robaste una gallina, y que el puchero que comías era de vaca y no de gallina, aportando como prueba los huesos que quedaron en el plato. Si a un acusado de robar gallinas no le admiten el argumento de la persecución política, menos aún lo harán con los imputados de sustraer montañas de dinero público.-

En fin, todo cambia con el tiempo. Presos políticos no son los de antes, sino los de ahora, todos ricos.-

"LA MUERTE DE FIDEL CASTRO: ¿EL ÚLTIMO ROMANTICO O EL MEJOR SIMULADOR?

"Ser rico es malo, es inhumano, así lo digo"

"Guantanamera, guajira guantanamera, guantanameeera, guajira guantanameeera", se escuchaba de fondo al recordado Compay Segundo, mientras gran parte de los cubanos hacía cola en el memorial José Martí de la plaza de la Revolución de La Habana, capital de la isla, para despedir a su legendario líder, Fidel Castro.

En simultáneo, apenas enfrente, en la capital del destierro cubano, Miami, permanecen los ecos de la fiesta en la calle Ocho de la Pequeña Habana, frente al café Versailles, punto de encuentro del exilio anticastrista, con un sentimiento exactamente opuesto.

Murió Fidel Castro, y con él se terminó por desplomar definitivamente el muro que otrora dividiera el mundo y que hoy apenas aparece como una expresión simbólica en la ínsula caribeña. Murió, con él, la ilusión de tantos jóvenes de otrora, la de los revolucionarios del poster del Che en el dormitorio.-

Es que pocos líderes mundiales duraron tanto en el poder y, a la vez, fueron el eje de una controversia de casi sesenta años, que perforó transversalmente diferentes tiempos del orbe, desde las tensiones de la guerra fría hasta la globalización del siglo XXI.-

Desde una pequeña isla del mar Caribe, los barbados de Sierra Maestra vinieron para dar una vuelta de campana a la política mundial, dividiendo de manera drástica las opiniones y fracturando la convivencia de los propios connacionales.

Mucho se escribe por estos días sobre Fidel Castro, en esta columna apenas quiero hacer algunas reflexiones sobre la vida privada del mandamás de la revolución que derrocó a Fulgencio Batista.

Durante casi sesenta años gobernó con mano de hierro a Cuba, estableció el sistema comunista, eliminó la propiedad privada, introdujo el régimen de partido único, llenó las cárceles de opositores políticos, empujó a muchas familias a navegar sobre puertas para atravesar las aguas del exilio, destruyó todo vestigio de democracia.

Cuba es una pintoresca isla, forma parte de su atractivo una capital (La Habana) que parece haberse quedado en el tiempo, mirar una foto actual de sus calles nos mete en la máquina del tiempo y nos exhibe un "dejá vu" de los años 60.-

Tal parece que, con el castrismo, el pueblo cubano ha ganado en educación y salud, ha perdido en libertades civiles y políticas, vive de manera humilde a través del reparto regimentado de bienes. Muchos están contentos, es lo único que conocen.-

¿Vivió Fidel Castro de manera humilde, tal como casi todos los cubanos? ¿Recibió sus raciones como el resto, se limitaron sus ingresos a los 120 dólares mensuales como el de sus coterráneos? ¿Careció de bienes, desdeñó la propiedad privada?

En orden teórico, el comunismo es un sistema igualitarista con una base ética superior a la del capitalismo. En la práctica, ha demostrado ser un método ruinoso que condenó a la gente a convivir con la desesperanza y la falta de incentivos. Eso lo llevó a la ruina y a su casi desaparición del orbe.-

Los líderes socialistas, en el ámbito ideal de la prédica con el ejemplo, no pudieron demostrar una vida tanto o más austera que la de su propio pueblo, para que la "revolución" no sea además una farsa moral. Conformaron, sin embargo, una casta burocrática privilegiada de cómodo pasar burgués.-

En la Argentina de estos tiempos, a modo de justificación se ha escuchado reiteradamente que la corrupción no afecta las conquistas del modelo. Eso es parcialmente cierto, salvo cuando son los propios líderes los portadores del germen maligno, como en casi todos los casos.

Los gobernantes de la nueva oleada latinoamericana, mezcla de populismo dadivoso y socialismo discursivo, apañados todos ellos por la figura omnipresente de Fidel Castro, evidentemente no tuvieron una vida personal acorde con los principios que decían sostener.

La expresión "ser rico es malo e inhumano" del fallecido líder bolivariano Hugo Chavez, parece haber quedado sepultada bajo la inmensa fortuna que se le atribuye. La revista Forbes dice que su hija María Gabriela es la más rica de Venezuela, con un patrimonio de más de cuatro mil millones de dólares.-

La familia Kirchner no se ha quedado atrás, es geométrica su evolución patrimonial, se sabe su monto en blanco, se intuye lo oculto, se asegura que integra el exclusivo club de los milmillonarios que hicieron su fortuna con el manejo del dinero público.

Son obvias las dificultades para conocer fehacientemente el patrimonio de cada uno de ellos, precisamente porque han tenido el mando absoluto, la disposición amplia de los fondos, y el secretismo impuesto bajo pena capital.

La vida privada de Fidel, su fortuna personal, son los secretos mejor guardados de la

Revolución. Pero todo se conoce, de a poco, pero se sabe, aún en Cuba.

Según la revista Forbes, de cuya veracidad muchos podrían dudar por su naturaleza capitalista, el hombre que introdujo el comunismo en su país, que abolió para todos los cubanos la propiedad privada, se encontraba entre las personalidades de estado más ricas del mundo, con un patrimonio aproximado de 900 millones de dólares.

Es cierto que Castro desafió: "si pueden demostrar que tengo cuentas bancarias en el extranjero, con un solo dólar, renuncio". Una bravuconada que no alcanzó a despejar las sospechas.

El periodista Keith Flamer afirmó que la vida de lujo atraía a Castro, que vivía más hipócrita y extravagantemente de lo que el mundo sabía. Estimaba el origen de su dinero en el manejo de una red de compañías estatales, tiendas al por menor y Medicuba (productos farmacéuticos de origen cubano).-

Arturo Guzmán Pascual, ex ministro de industria y de otras dos carteras económicas, aseguró que Fidel Castro Ruz disponía a su antojo de la abultada cuenta denominada la "caja del comandante en jefe".

Quién tuviera el poder absoluto de la isla durante más de 50 años, ha disfrutado de una gran fortuna, compuesta por complejos agrícolas, áreas residenciales y clínicas privadas, según el agente de más alto rango de la inteligencia cubana, el mayor Roberto Hernández del Llano, quién presentó seis horas de filmaciones de la forma de vida de la elite cubana.

Juan Reinaldo Sánchez, que fuera durante 17 años guardaespaldas de Castro, escribió un libro "La vida oculta de Fidel Castro" (2014), en el que cuenta que Fidel nunca renunció a sus comodidades capitalistas.- Tenía una isla privada llamada "Cayo Piedra", al sur de Bahía Cochinos, descripta como el "jardín del edén", dónde compartía con sus amigos más cercanos, entre ellos el nobel Gabriel García Marquez.

Con el escritor colombiano compartía largas jornadas de pesca en su fabuloso yate "Acuarama II" y también de caza en su exclusivo coto al estilo Luis XV.

Para la viuda y los hijos del fallecido, el tema esencial hoy es como poner a salvo la fortuna amasada por el mandamás de la revolución cubana y cada una de sus valiosas propiedades, según el periodista cubano Yusnaby Pérez.

A esta altura, casi nadie cree que Castro haya vivido modestamente como el resto de sus compatriotas y menos aún que haya muerto pobre.

Es que los gobernantes de izquierda han tenido una tensión permanente entre lo que predican para los demás y su vida personal, una discordancia casi vital que deslegitima toda pretensión ejemplificadora. Repudian el capitalismo, sumergen a sus gobernados en un justo reparto de pobreza, mientras ellos se valen del dinero público para reunir inmensas fortunas.

Por ello, casi es obligatorio el interrogante acerca del verdadero Fidel Castro. ¿Murió el último romántico de la revolución comunista, el líder carismático que desde la selva derrotó al capitalismo y convirtió a su país en un edén de igualitarismo? o ¿significó su muerte el acto final de un gran simulador, un farsante que montó un drama para un público incauto, mientras el reía entre bambalinas?"

"## LA IZQUIERDA MILLONARIA

¿Tienen algo en común Bill Gates y Cristina? Si, aunque no lo parezca. Ambos son millonarios y se declaran de izquierda. Es decir, pertenecen los dos al selecto club de los millonarios izquierdistas. Obviamente, las diferencias son muchas.

El cofundador de Microsoft es un empresario privado, hizo sus millones a través de su compañía, que produjo una verdadera revolución tecnológica en el campo del software. Cristina hizo los suyos en el ejercicio profesional, como "exitosa abogada" en la lejana Santa Cruz, tal cual lo declarara alguna vez. Cierto es que su riqueza creció exponencialmente –a estar por sus declaraciones juradas– durante el ejercicio de la primera magistratura en una continuidad con su extinto esposo.-

"A mi izquierda está la pared", declaró recientemente la multipropietaria, en respuesta a los movimientos sindicales de izquierda que protestan en la Panamericana.- Es decir, de acuerdo a su autocalificación, la más izquierdista de los izquierdistas.

El fenómeno de la izquierda millonaria es mucho más extendido de lo que se piensa.- Son muchos los que tienen abundantes patrimonios y circulan por la vida hablando de igualdad, distribución de la riqueza, justicia social.- Sabina y Serrat, alojados en lujosos hoteles, nos han llenado los oídos con sus reiteradas apelaciones a los desposeídos del mundo y en contra de los explotación de los poderosos. Es cierto, nos inundan el alma con hermosas melodías y versos justicieros, mientras llenan sus bolsillos con las entradas que pagamos.

En la Argentina, ejemplos sobran de esa descendencia bastarda, producto de un maridaje "contraideológico" entre la izquierda política y la riqueza personal, y no es porque el "Che" haya jugado al golf o Picasso amasara fortuna incalculable.

Maradona, desde la paradisíaca Dubai, acumula millones de dólares como embajador deportivo del Emirato, y, mientras circula por Latinoamérica, se declara partidario de Fidel Castro (de una gran fortuna, según la revista Forbes), Chávez y de un "Che" tatuado en su antebrazo; obviamente, no vive como los cubanos, de ellos sólo le queda unos seiscientos mil dólares por hacer unos cuantos programas en Telesur, televisora pagada por Argentina, Venezuela y Cuba. Otro tanto Víctor Hugo Morales, que suele dar lecciones de un izquierdismo conveniente, mientras almacena en su casa millonarias obras de arte.

Es que la izquierda siempre tuvo "buena prensa" y dio buenos dividendos. Por ello, no resulta raro que muchos artistas, políticos, deportistas y sectores que se codean con la fama y el poder, dejaran trascender, como de casualidad, que son "progres de izquierda". Es que ser de izquierda, es "cool", algo así como pertenecer. Obviamente, ser de derecha es "antipático". En verdad, no he escuchado a ningún político o artista que se defina "de derecha".

Superado el comunismo marxista-leninista como categoría política luego de la caída del Muro de Berlín, la izquierda pasó a tener una definición más chirle y menos clara. Podemos decir que hoy, "el concepto de izquierda se refiere a un segmento del espectro político que considera prioritario el progresismo y la consecución de la igualdad social por medio de los derechos colectivos (sociales), frente a los intereses netamente individuales (privados) y a una visión tradicional o conservadora de la sociedad, representados por la derecha política" (Wilkipedia).

Aún cuando la definición pueda ser hartamente discutida, nos servirá como base del análisis. Si ser de izquierda significa adherir a la idea que debe existir igualdad, riqueza redistribuida de manera equitativa entre los distintos estamentos, justicia social, resultará evidente, de tal manera, que la acumulación exagerada de riqueza personal por algunos pocos, ofenderá la pobreza y el hambre de muchos.

Consecuentemente, no basta con tatuarse la imagen del "Che", declarar la solidaridad con los pobres, derramar lágrimas ante los que sufren hambre, cantar loas a la justicia social; es necesario, además, tener un mínimo de congruencia que acerque los dichos a los hechos, porque los discursos revolucionarios y sensibleros hacia los menos favorecidos, no taparán la acumulación de los millones en las alforjas personales.

En algún lado leí, no recuerdo dónde, algo así: "He conocido a muchos izquierdistas que viven como millonarios capitalistas, en cambio no conozco a ningún capitalista que viva como izquierdista". Agrego de mi cosecha personal, que he visto a muchos millonarios declararse izquierdistas, pero a ningún pobre que viva como capitalista.-

¿Está prohibido ser millonario? No. ¿Está prohibido ser izquierdista? Tampoco. ¿Está prohibido ser millonario izquierdista? Menos.

En verdad, en una sociedad libre, la lícita acumulación de capital es fundamento de progreso. Y cómo tampoco están penalizadas las ideas, bendito sea que no lo estén, no es punible que un millonario se autocalifique de "izquierdista".

Sin embargo, existe una regla no escrita, una norma de carácter moral, una justificación ética de la vida en comunidad, cual es la de exponer una mínima congruencia entre lo que se exhibe y lo que se dice. No es de cumplimiento obligatorio, no existe castigo para el que no la cumple.-

Su observancia constituye, en cambio, un imperativo ético casi insoslayable para quien ejerce funciones públicas. Resulta casi un fraude en perjuicio de la relación gobernante-gobernados, oír autocalificaciones como la más izquierdista de los izquierdistas, es decir la más igual entre los iguales, la más justiciera entre los justicieros, mientras detrás puede verse la acumulación de dinero y propiedades que no coinciden con el posicionamiento ideológico que se dice tener.

La moral bifronte, el doble rasero, para medir con distinta vara las conductas ajenas y las propias, constituye en su núcleo una declinación ética, una estafa moral, una burla patética, de aquéllos que ejercen la función pública con discursos que destilan retórica justiciera y esconden prácticas opuestas.

A partir de la caída del muro de Berlín, estoy convencido de la muerte del método posicional de diferenciación de las ideologías (izquierda, centro, derecha).

Más bien pienso que los progresismos no tiene paternidad autora, la justicia social no es de derecha ni de izquierda, los estatismos suponen el ejercicio totalitario del poder en cualquier esquema de ideas.

Para los que ejercen el poder público como mandato recibido, la cuestión es, definitivamente, mantener indisoluble la exigencia ética de demostrar congruencia entre los dichos y los hechos, entre lo que se exige y lo que se es, entre la moral propia y la moral discursiva.

¿Qué importa que Bill Gates sea millonario y se declare izquierdista? Lo que importa es que un primer mandatario no pronuncie discursos de igualdad y justicia social mientras sigue acumulando millones."

CUANDO EL MEDIO ES MÁS IMPORTANTE QUE EL FIN

Los conflictos en campos puntuales de la política o de la cultura, son los que la neoizquierda define como *batalla cultural*.

Los problemas que se eligen para introducir al campo de confrontación no son todos lo mismo. Se miden, primero, por su capacidad de crear contradicciones entre los dueños de la hegemonía liberal y los intereses "populares".

La segunda parte pasa por impedir que sean los estamentos institucionales los que acerquen la solución a esos problemas, porque el mérito sería atribuido a la hegemonía vigente y no a la que se pretende construir. Si para ello debe utilizarse la mentira, como hemos visto, bienvenida ella sea.

Construir imaginarios colectivos en el campo de la rebeldía contra el sistema, en la radicalización de la democracia a través de la lucha callejera, los piquetes, las asambleas barriales, el manejo de las necesidades ajenas, en el arrancamiento de conquistas a la hegemonía liberal explotadora, en la lucha por temáticas de colectivos determinados, en la apropiación de conflictos ajenos o en la propietarización de conquistas o derechos, son los caminos de la sumatoria constante en búsqueda del triunfo en la batalla cultural.

El camino que sigue, el de la neoizquierda ganando la batalla cultural, imponiendo su propia hegemonía y, en su caso (Argentina, Venezuela, Brasil, Ecuador, Bolivia), ganando elecciones e instalando gobiernos, cada uno en su medida, desde su variante herbívora hasta su extremo carnívoro, sabemos dónde culmina: sin socialismo, con prebendas sociales, y con una fenomenal corrupción.

Pero, en el ámbito de las luchas por imponer determinados temas (la diversidad sexual, el feminismo, el indigenismo, la neolengua, el derecho humanismo), cabe interrogarse ¿qué es lo que le permite a la neoizquierda, poder llevar adelante esa batalla cultural que plantean? ¿Son justos los reclamos que deducen? ¿Forman parte de la naturaleza izquierdista?

Tomemos como ejemplo la revolución bolivariana de Venezuela, el socialismo del siglo XXI de Chávez y Maduro. Así es la neoizquierda, llegar al poder con el discurso democrático, y una vez en él, imponer una feroz autocracia.

Entonces, ¿qué es lo que garantiza la democracia liberal? Lo que garantiza no es el logro de los objetivos, sino el camino para caminar hacia ellos.

Los derechos no pertenecen, como quiere hacer creer el populismo neoizquierdista, a un sector político, pertenecen a la sociedad en general, y en particular al ser humano en su individualidad.

Por ello, no es importante quién se atribuya la lucha, sino el medio en que se realiza, sin medio propicio, sin tierra fértil, no hay lucha que valga o progrese.

Hoy, las luchas que la neoizquierda quiere propietarizar, son luchas que evolucionan en un sistema de libertad, en una democracia liberal. Los progresos y retrocesos son el producto de los disensos democráticos, en medio del debate libre que propone el sistema.

Si, con el producto de la libre discusión y participación de los actores civiles e institucionales, la conclusión es favorable al derecho que se reclama, o si no lo es, ello se ve reflejado en la decisión final.

En los casos de la democracia mayoritarista o autoritaria, si el tema está en la agenda del gobernante, éste lo impone sin más por decreto y de una, ganando el aplauso de sus aplaudidores. Pero si no lo está, no hay lucha que valga, no hay debate que se realice, no hay gestión que prospere, se archiva sin más.

Para que germine, no es importante quién tire la semilla sino dónde la tire. Si el campo es yermo, la semilla morirá, si es fértil, puede sobrevivir y convertirse en un robusto árbol, sea quien fuere el sembrador.

Por ello, a la izquierda no le interesan los derechos concretos, ni siquiera su efectivización, sólo le interesa su potencial capacidad para producir conflicto, e ir integrando la sumatoria global que socave el sistema democrático liberal e ir avanzando en la construcción de su propia hegemonía.

La lucha de los pueblos, entonces, debe estar centrada no tanto en tal o cual temática, en el reconocimiento de este o aquel derecho, sino en la preservación del sistema, en la mantención del camino que permita el disenso, la participación, la libertad de plantearlo, el ejercicio de coincidir o disentir, siempre en el marco del respeto por las opiniones ajenas.

En suma, la neoizquierda no es democrática, es autoritaria en el llano y en función de gobierno.

Nunca respeta la institucionalidad constitucional, al promover el conflicto no por su capacidad de resolver problemas sino por su potencialidad de generar desequilibrios que conduzcan a sus propios intereses políticos.

No es revolucionaria, no es democrática, no es liberal, no es socialista, tampoco comunista. Es, si se me permite así decirlo, la peor expresión del populismo demagógico.

¿FRACASÓ LA IZQUIERDA LATINOAMERICANA?

Tal vez el título no sea el adecuado de conformidad al análisis que estamos haciendo. Pero vale, por la identificación púbica con que muchos gobiernos latinoamericanos se auto rotularon.

¿Qué significa ello? Que, en realidad, si fracasaron los gobiernos de los Kirchner, los Lula, los Chávez, no es que fracasó la izquierda, porque no fueron gobiernos de izquierda, por las razones que más arriba dimos.

Martín Caparrós, en un artículo publicado en el New York Times el 16 de setiembre de 2016, dice que *"Hubo, sin embargo, un acuerdo más o menos tácito. Llamar izquierda a esos movimientos diversos les servía a todos: para empezar, a los políticos que se hicieron con el poder en sus países. Algunos, en efecto, lo eran —Evo Morales, Lula— y tenían una larga historia de luchas sociales; otros, recién llegados de la milicia, la academia o* los partidos del sistema, simplemente entendieron que, tras los desastres económicos y sociales de la década neoliberal, nada funcionaría mejor que presentarse como adalides de una cierta izquierda. Pero las proclamas y la realidad pueden ser muy distintas: del dicho al hecho, dicen en mi barrio, hay mucho trecho."

Dice que la discusión es interminable para acordar el alcance del término *izquierda*, pero encuentra la aceptación de un piso mínimo: *"aceptar que una política de izquierda implica, por lo menos, que el Estado, como instrumento político de la sociedad, trabaje para garantizar que todos sus integrantes tengan la comida, salud, educación, vivienda y seguridad que necesitan. Y que intente repartir la riqueza para reducir la desigualdad social y económica a sus mínimos posibles."*

A decir verdad, en esta obra dimos suficientes razones para fundamentar que en América Latina del siglo XXI, no hubo un solo gobierno de" izquierda".

Caracterizarlo de la manera que lo hace Caparrós, aunque sea como un *mínimum,* es inexacto, porque:

a. El estado, en el liberal capitalismo, también es un instrumento político de la sociedad, y es en este sistema que su intervención ha sido mayor o menor de acuerdo a las circunstancias, desde el neoliberalismo de Reagan y Thatcher, hasta el New Deal o la crisis de 2008.

b. No es una característica exclusiva de la izquierda que desde el estado se trabaje para garantizar a las personas los mínimos de subsistencia, de hecho, hoy casi todos los estados insertos en el capitalismo tienen su costado, más o menos fuerte, de asistencia social. No es otra cosa que asistencialismo, aquello que hicieron los gobiernos de la izquierda latinoamericana, y eso no es izquierda.

c. La distribución de la riqueza, que hoy se realiza en función a mejores salarios, subsidios varios a personas en condición económica baja, es lo mismo que hacen los denostados gobiernos "neoliberales".

d. La izquierda, para ser izquierda, debe distribuir la riqueza a través de la eliminación de la propiedad privada, de la colectivización de los medios de producción, de un estado que controle todo, que sea dueño de todo, incluso de las vidas de las personas. Obviamente, para distribuir riqueza primero tiene que crearla, y es en lo que el comunismo fracasó rotundamente.

e. De cualquier modo, ninguno de los gobiernos latinoamericanos del socialismo del siglo XXI fueron izquierdistas, porque no fueron socialistas nunca. La única diferencia con los otros gobiernos, es que fueron autoritarios en lo político, dadivosos en lo económico, y demagógicos en lo social, agregándole la mayor dosis de corrupción jamás vista en el manejo de los fondos públicos.

Entonces, si hablamos del fracaso de la izquierda latinoamericana, preferiría hablar del fracaso del populismo latinoamericano con relato de izquierda, con ínfulas de izquierda, con discurso de izquierda, pero no de izquierda real.

C A P I T U L O   V

EL POPULISMO COMO SUSTANTIVO

"El populismo no termina de ser plenamente dictatorial ni totalitario, por eso alimenta sin cesar la engañosa ilusión de un futuro mejor, enmascara los desastres que provoca, posterga el examen

objetivo de sus actos, doblega la crítica, adultera la verdad, adormece, corrompe y degrada el espíritu público"

Enrique Krauze

Popular y populismo son dos expresiones muy utilizadas a lo largo de la historia política moderna, haciendo referencia obviamente a su significado etimológico (latín *populus*, pueblo). "Gobierno popular" es, generalmente, una autocalificación de aquéllos regímenes que son tildados desde la vereda opuesta de "populistas".

Es que lo popular, cómo categoría política de gobernar en función de los intereses del pueblo, es un concepto tan controvertido que su opuesto es la visión peyorativa de quienes califican estos procesos como populistas, la cara de la moneda positiva es lo popular y la contracara negativa es lo populista.

El populismo no es un movimiento político autónomo, no constituye un sistema de ideas, no se identifica con la ubicación geográfica de su ideología, no es de izquierda, de derecha o de centro, es más bien una metodología política para gestionar la cosa pública, en la que el núcleo de su impronta no es la tipología de sus ideas sino la características de sus liderazgos.- Así, la historia mostró a populismos de derecha como el fascismo italiano, de izquierda como el sandinismo nicaragüense u otros de un desarrollo complejo como el PRI mexicano o el peronismo, que en su seno era capaz de arropar tanto a izquierdas como derechas.

En la historia nacional, los populismos vinieron a representar el extremo opuesto de los gobiernos militares de facto, por lo menos, eso es lo que adornó su discurso permanente, quedando en el medio los partidos más identificados con la democracia calificada como "liberal". Haciendo referencia al dicho que "los extremos se tocan", los populismos y las dictaduras tienen amplias zonas de contacto, comenzando con la visión autocrática en el manejo del poder.

El siglo XXI fue un campo abonado para que en Latinoamérica florecieran los regímenes con esa calificación. Desde un extremo carnívoro cómo la autoproclamada izquierda bolivariana de Chávez en Venezuela, hasta versiones más vegetarianas como los gobiernos del Frente Amplio de Uruguay, pasando por los Kirchner en Argentina, Correa en Ecuador, Ortega en Nicaragua, Evo Morales en Bolivia, los populismos del subcontinente fueron marcando el camino del renovado siglo, aunque cierto es reconocer la categoría distinta de gestiones cómo las de Chile, Uruguay y más marcadamente las de Colombia y Perú.-

Al contrario del resto y en coincidencia con el régimen venezolano, nuestro país fue profundizando las características negativas del populismo.

Antes que una definición, el populismo tiene características distintivas, no ya en su concepción doctrinaria sino en su metodología para ejercer el poder.

En primer lugar, el líder carismático es el elemento unificador del régimen populista, las instituciones pasan a un segundo plano y se valorizan en la medida que sirvan a los fines del gobierno, caso contrario se cambian o simplemente se dejan a un costado.

En ellos, el uso y abuso de la palabra es arquetípico de su naturaleza, con un Fidel Castro como maestro, y un fiel seguidor como fue Hugo Chávez, a los que había que escuchar por horas sus reiterativas peroratas plagadas de autorreferencialidadaes. Aún con lagunas mediante y tuiters como complemento, Cristina adoptó las costumbres de sus maestros.

El populismo no sólo es dueño de la palabra sino también del mensaje. *"Vox populi, vox dei"*, dios se encarna en el pueblo, y el que interpreta la voz popular es el líder, quien define las verdades indiscutibles desde el pedestal de su histrionismo. En consecuencia, la verdad indiscutible es la que describe el "relato" oficial, y quienes no comulguen o disientan, son enemigos del pueblo.-

Para identificar al populismo sin definirlo, Jan Werner Muller[82] dice que dos frases expresan más

---

82 Jan Werner Muller, citado por Eric Fsssin, Victor Goldsten y Joana Masó,

que largos discursos. En Turquía, el presidente Erdogan responde a manifestaciones hostiles a través de una interpelación: *"nosotros somos el pueblo, ¿quiénes sois vosotros?"*, o la fórmula de campaña de Trump: *"La única cosa importante es la unificación del pueblo, porque los otros no cuentan"*.

La riqueza pública es manejada con el casi exclusivo concepto del "reparto", y no diferencia el gasto de la inversión, porque para el populista todo gasto es una inversión. Así, el erario público acumula compromisos que tarde o temprano se vuelven casi imposibles de cumplir, dejando al descubierto el concepto mágico con que se maneja la economía.

Obviamente, la utilización casi indiscriminada de los dineros públicos, con pagos directos e indirectos, crea el medio propicio y adecuado para el crecimiento del descontrol y su consecuencia que es la corrupción. El voluntarismo con que manejan la economía, los hace desechar las leyes básicas del comportamiento del mercado, concluyendo muchas veces con sonoros fracasos.

Son, tal como se puede apreciar, marcadamente estatistas, construyendo poder a partir del uso indiscriminado de los resortes del estado y de la burocracia pública.

Populismo de izquierdas y neoliberalismo, Pensamiento Herder, edición española

El ordenamiento institucional y jurídico constituye un elemento secundario para el populismo, del que hay que servirse cuando es útil, modificarlo cuando conviene, o ignorarlo si no beneficia a los fines del cumplimiento de la "voluntad popular".- Llega un momento en el proceso, que las instituciones de la democracia liberal (el poder legislativo, la Justicia, la prensa independiente) comienzan a constituir un obstáculo para el ejercicio autocrático del poder, por lo que se avanza literalmente sobre los mismos, convirtiendo al Congreso en un apéndice, gestionando la "democratización de la justicia", o concentrando medios en manos propias o amigas que reflejen la "verdad" oficial.

Socialmente, el populismo alienta el enfrentamiento de clases, fustigando de manera casi permanente al sector medio y alto de la comunidad, circunstancia que logra mediante la captación de los sectores más débiles de la cadena social a través de un formidable aparato clientelar, que abona casi permanentemente. La movilización popular suele ser su arma más preciada, aunque en muchos casos también – como en la Argentina de estos días- su flanco más débil.-

Inmunes a la crítica y alérgicos a la autocrítica, su metodología política es la de la confrontación constante, creando chivos expiatorios a quienes echarles la culpa de las desventuras. Hoy son los empresarios insensibles, los bancos especuladores, las petroleras extranjeras, los gremialistas que piden salarios, ayer fueron la oligarquía vacuna, la voracidad del campo, la justicia antidemocrática, y siempre son los periodistas pagos de los medios concentrados.

Pero lo más grave del populismo latinoamericano es su careta "moderada", según el ensayista mexicano Enrique Krause: *"no termina de ser plenamente dictatorial ni totalitario, por eso alimenta sin cesar la engañosa ilusión de un futuro mejor, enmascara los desastres que provoca, posterga el examen objetivo de sus actos, doblega la crítica, adultera la verdad, adormece, corrompe y degrada el espíritu público".*

En su libro *El engaño populista,* sus autores buscan *"llamar la atención sobre el hecho de que las ideas, las ideologías y la hegemonía cultural que construyen intelectuales y líderes de opinión, son nutrientes fundamentales del populismo. Por lo mismo las ideas y la cultura son un instrumento esencial para derrotarlo. En otras palabras, la forma de vencer al populismo, creemos, pasa esencialmente por tener el coraje de ser persistentes en la batalla de las ideas, pues como insistió el nobel de economía F.A. Hayek, son las ideas las que en última instancia definen la evolución social, económica y política de las naciones".*[83]

ANATOMIA DE LA MENTALIDAD POPULISTA

---

[83] Axel Kaiser-Gloria Alvarez, El engaño populista, Planeta Colombiana, 2006, p.17

"El líder populista arenga al pueblo contra el "no pueblo", anuncia el amanecer de la historia, promete el cielo en la tierra. Cuando llega al poder, micrófono en mano decreta la verdad oficial, desquicia la economía, azuza el odio de clases, mantiene a las masas en continua movilización, desdeña los parlamentos, manipula las elecciones, acota las libertades"

Enrique Krauze

Kaiser y Alvarez han dicho en su obra que el populismo ha sido un mal endémico de América Latina.

Analizando la mentalidad del populista, describen cinco desviaciones:

1. La primera es el *desprecio por la libertad individual y una correspondiente idolatría por el Estado*, lo que emparenta a nuestros populistas socialistas con populistas totalitarios como Hitler y Mussolini.

   Hay al menos cinco características genéricas que comparten los populistas de la izquierda latinoamericana, con el fascismo, el nazismo y el comunismo, según Stanley Payne: a) autoritarismo nacionalista permanente de partido único; b) principio de jefatura carismática; c) Ideología etnicista; d) sistema estatal autoritario y economía corporativista, sindicalista o socialista parcial; y e) activismo voluntarista.

   Algunos populismos americanos no llegaron a instaurar el partido único, no por falta de voluntad sino por que la oposición no lo ha hecho posible, según Payne.

2. La segunda es el *complejo de víctima*, según el cual todos nuestros males han sido siempre culpa de otros, menos de nuestra propia incapacidad por desarrollar instituciones que nos permitan salir adelante.

3. La tercera es la *paranoia antiliberal*, según la cual el "neoliberalismo" -o cualquier cosa relacionada con el libre mercado- es el origen último de nuestra miseria.

4. La cuarta es la *pretensión democrática* con la que el populismo se disfraza, para intentar darle legitimidad a su proyecto de concentración del poder, aun cuando sus decisiones estén en contra del orden jurídico. Dice Evo Morales que *"yo le meto por más que sea ilegal. Después le digo a los abogados: si es ilegal, legalicen ustedes, ¿para qué han estudiado?"*

5. La quinta es la *obsesión igualitarista*, que en realidad es un pretexto para incrementar el poder del Estado y, así, enriquecer al grupo político en el poder a expensas de las poblaciones, beneficiando también a los amigos del populista y abriendo las puertas de par en par a una desatada corrupción.

EL POPULISMO EN EL MUNDO

"el populismo no es más que una variedad del socialismo de todos los partidos"

Friederich von Hayek

Como decíamos, el populismo es un término que no ha tenido una definición contundente, un significado definitivo, ha sido performado de conformidad al ángulo político de cada cual.

Sin embargo, queda claro que no es una ideología, no es derecha ni izquierda, no es liberalismo ni comunismo, aunque sus componentes puedan penetrar, en acción de gobierno, esos constituyentes ideológicos. *"Es una forma de poder, no una ideología, es el uso demagógico que un líder carismático hace de la legitimidad democrática, para prometer la vuelta de un orden tradicional o el acceso a una utopía posible, y, logrado ello, consolidar un poder personal al margen de las leyes, las instituciones y las libertades"*, al decir de Krause.

Desde la visión liberal de la escuela austríaca, Friederich von Hayek decía que *"el populismo no es más que una variedad del socialismo de todos los partidos"*. Esto queda probado, decía, por la cercanía de fascistas, comunistas, socialistas y populistas, unidos por su prevención hacia la libertad, la propiedad privada y los contratos voluntarios.

El sustrato populista, como estrategia en el campo de la disputa de la hegemonía política, es la división entre "los buenos" (que somos nosotros) y "los malos" (que son los otros), una visión antagonista y dicotómica del mundo.

Los jacobinos fueron sus precursores remotos, lucharon contra los aristócratas; los comunistas y fascistas contra la burguesía; los nazis contra los judíos y los bolcheviques. No es casualidad, según la visión del especialista en el tema John McCormick, que los mayores populistas hayan sido los grandes teóricos del nazismo y el bolchevismo, Carl Schmitt y Lenin.

En la Europa del siglo XXI, el populismo tiene una impronta "racista", las pasiones populares se cocinan en el caldero de la confrontación contra los irreconciliables y ominosos "otros", que por siglos fueron los judíos (y lo siguen siendo), y ahora son los musulmanes.

Con la migración masiva el populismo europeo se ha multiplicado exponencialmente, especialmente entre aquellos sectores de países europeos, especialmente blancos, inseguros por las amenazas de la globalización cultural (inmigración), económica (empleo) y política (integración).

La ideología no aparece como un elemento determinante para definir el populismo xenófobo de Europa. Existen populismos neoliberales, como el que representaba en Holanda List Pim Fortuyn, y Berlusconi Con Forza Italia en el país de la bota. Pero también aparecieron populismos de izquierda, en los que el mensaje socialista no era bandera del proletariado sino la "voz del pueblo".

El populismo europeo, hoy, tiene un espectro ideológico de extremo a extremo, entre una derecha radical, como Jobbik en Hungría, de centro como en República Checa, y otro de izquierda como el de Eslovaquia. España tiene su populismo con rostro académico y disruptivo con Podemos, y otro de rostro nacionalista con el independentismo catalán.

Según los politólogos estadounidenses, en ese país la derecha monopolizó durante mucho tiempo el discurso populista, sobre todo a través del *Tea Party* republicano, que criticó a Obama por ser "no americano", "elitista" y "socialista".

Como un meteorito populista, en 2016 cayó sobre Estados Unidos Donald Trump, a quién *The Economist* no ha dudado en referirse como el *"peronista del Potomac"*.

En América Latina es dónde el populismo se presentó con pelos, marcas y señales, con todo el sentido real del término.

Populista fue Eva Perón, cuando decía *"yo elegí ser "Evita"...para que por mi intermedio el pueblo y sobre todos los trabajadores encontrasen siempre el camino de su líder"*. Populista fue Hugo Chávez, que siempre alardeaba con que *"aquí no hay nada más que amor: amor de Chávez al pueblo, amor del pueblo a Chávez, yo ya no soy Chávez, yo soy un pueblo, carajo".*

PERÍODOS POPULISTAS EN AMÉRICA LATINA

América Latina ha sido terreno propicio para que germinan las semillas populistas. Entre el siglo pasado y el presente, en todo el continente se instalaron, con distintas características, gobiernos de tal carácter.

En su libro sobre los populismos del mundo, Guy Hermet denomina a América Latina como la región del *"populismo consolidado"*, dado que los populistas se quedan mucho más tiempo en el poder.

Podemos agrupar, de acuerdo al momento histórico y las características de gestión, en tres períodos:

1. El *populismo histórico*, es el período que comprende las décadas del 30, 40 y 50 del siglo XX. En ese lapso, tenemos al presidente argentino Juan Domingo Perón, desde 1946 hasta 1955 (también 1973/1974), al presidente brasileño Getulio Vargas, desde 1930 a 1945 y desde 1950 a 1954, como al presidente mexicano Lázaro Cárdenas, de 1934 a 1940.

2. El *populismo neoliberal o neopopulismo*, el de la década de los 90, entre los que están Carlos Menem en Argentina (1989-1999) y Alberto Fujimori en Perú (1990-2000).

3. El *populismo de izquierda o tercera ola del populismo*, cuyo comienzo se sitúa con la llegada de Hugo Chávez al poder en 1999, que comprende a Hugo Chávez y Nicolás Maduro en Venezuela (1999 hasta el presente), Néstor y Cristina Kirchner en Argentina (2003-2015), Rafael Correa en Ecuador (2007/2017), Evo Morales en Bolivia (2006 y sigue, con pretensiones de otro período a pesar de la prohibición constitucional), Lula y Dilma Rouseff en Brasil (2003-2016), Daniel Ortega en Nicaragua (1979-1990 y 2007 a la fecha).

Es discutible la posición que ocupan los diversos populismos en el eje ideológico izquierda/derecha. La disputa no está entre izquierdistas y derechistas en América Latina, según The Economist *"la batalla por el alma de América Latina está entre los demócratas y los populistas"*.

DE ROUSSEAU A LACLAU: LA RAZÓN POPULISTA

"El populismo es confrontativo, autorreferencial y de una moralidad de doble rasero"

Jorge Eduardo Simonetti

La creencia ordinaria que el régimen kirchnerista no tuvo ideología de sustentación, es de relativa certeza.

Muchos piensan que el gobierno estuvo apoyado casi exclusivamente en su ejecutivismo patológico, y que construyó un relato parodiado de la Argentina y del mundo, sólo para justificar las consecuencias de sus propios actos.-

En rigor de verdad, el primer paso del kirchnerismo fue llegar a la administración nacional con un equipo formado en la gobernación de Santa Cruz, luego los resortes nacionales le permitieron perfeccionar un modelo de acumulación, de acumulación de riqueza mal habida y de poder, para finalmente, con la elaboración de un relato pretendidamente ideológico, completar el combo de un movimiento político con doctrina, militantes y gestión.

La gestión política estuvo a la vista, el elemento humano es una mezcla de militancia paga y en menor porcentaje de gente convencida, más, a su doctrina resulta difícil divisarla, porque se encuentra difusa en una suerte de mescolanza entre nacionalismo adolescente, épica incomprensible y relato fantasioso.

Sin embargo, no es necesario que una ideología (¿no será mucho hablar de ideología en este caso?), una doctrina, un credo político, esté desarrollado en un libro para ser tal, puede surgir de la reiteración fáctica de comportamientos políticos e institucionales que a través del tiempo compongan un hilo conductor que los unifique.

Una visión peyorativa del kirchnerismo lo describirá como un grupo de aventureros que tomaron por asalto el estado, para formar una red formidable de negocios, favores y gestión autoritaria.

Una visión más objetiva y menos comprometida con las pasiones del momento, nos mostró a una porción importante de la población que creyó en el régimen, creyó en el logro de importantes objetivos tales como la redistribución de la riqueza, la política de derechos humanos, la igualación de derechos para las minorías sexuales, etc.-

Desde la otra vereda, se puede argumentar en contrario sobre el carácter prebendario e inconsistente del rescate subsidiado de los más débiles, la visión parcializada de los derechos humanos hacia la década del 70 exclusivamente, la politización extrema de las organizaciones representativas de las minorías, y el intento de apropiación de la lucha por derechos que no son de su patrimonio político sino de toda la sociedad.

Lo cierto es que el kirchnerismo repitió gastadas estrategias demagógicas de otros tiempos, no ha inventado nada nuevo en el mundo de las ideas políticas, ha seguido la vieja receta, tan vieja como utilizada, del populismo en gestión de gobierno.

Aún cuando "populismo" es visto como la versión negativa de lo "popular", la expresión ha tenido desarrollo no sólo en los gobiernos sino también en la doctrina.

Juan Jacobo Rousseau, el mentor ideológico de la Revolución Francesa, es el iniciador de la concepción populista. Está sustentada en el concepto de "voluntad general", en la que "el pueblo" es el soberano, el que debe legislar, independientemente de la forma de gobierno (que puede ser una monarquía o una aristocracia).-

La relación entre democracia y populismo no es un tema pacífico. En un extremo se encuentra la postura de filiación liberal-republicana, que dice que el populismo es incompatible con la democracia. Del otro la populista pura, para la que una verdadera democracia es populista.- La postura intermedia, la ecléctica, indica que el populismo exhibe credenciales democráticas, pero encierra en potencia un riesgo para la democracia.-

Con todo, diremos que la compatibilidad del populismo con cualquier sistema ideológico es posible, dado que en realidad su núcleo propositivo es de carácter moral, basado en la distinción entre un pueblo "puro" y una élite "corrupta".

El elemento constitutivo del populismo, la voluntad general, se expresa con la pretensión de un pensamiento unanimista, en el que todos los que piensan distintos son incluidos en la categoría de "enemigos del pueblo".

Los responsables de visualizar e identificar la "voluntad general" no son las instituciones sino "el líder", en él se deposita la confianza del pueblo, las afirmaciones del líder se convierten en verdades reveladas e indiscutibles.

Lógicamente que en una democracia populista, al convertir a la "voluntad general" interpretada por "el líder" en verdad inexorable, no hay lugar para el disenso, la pluralidad resulta refractaria al pensamiento oficial. Decía Rousseau que, aquél que no se pliegue a los dictados de la voluntad general, "se lo obligará a ser libre".

No es casual la propaganda presidencial de "Argentina, un país de buena gente", porque para el populismo, el pueblo nunca denota todo el pueblo, sino el buen pueblo, la buena gente.

El perfil confrontativo del gobierno, no sólo es una cuestión fáctica que surge del mal carácter de Cristina, de su mirada torva, de su vanidad, de su pretendida superioridad intelectual, o de una estrategia para eludir las consecuencias de los propios actos de gobierno.

El tener "malos" a mano a quienes culpar, los "medios concentrados", los "comerciantes avaros", los "bancos especuladores", los "industriales parasitarios", los "sindicalistas corruptos", es esencial para la subsistencia del esquema populista.- La lucha por conquistar el espacio social y establecer la hegemonía de la "voluntad general" debe ser permanente, dónde "voluntad general" es la voluntad de Cristina, el "buen pueblo" son sus amigos, y el resto son los "enemigos del pueblo".-

Es por eso que el populismo es confrontativo, autorreferencial y de una moralidad de doble rasero.

La democracia pluralista supone la existencia de instituciones fuertes, que son en definitiva las intermediarias en la canalización de los conflictos. La otra cara de la moneda es la democracia monista o populista, en la que el líder decide, y punto.-

Los que gobiernan hoy en la Argentina, entonces, no son sólo un grupo de poder mamando opíparamente de la teta estatal, echan mano también al populismo como sustento estratégico, con todo lo que ello implica.

Definitivamente entonces, la razón populista es la caricatura kirchnerista de la democracia parasitaria.

ENRNESTO LACLAU, EL TEÓRICO DEL POPULISMO

"El populismo por sí mismo tiende a negar cualquier identificación con, o clasificación dentro de, la dicotomía izquierda/derecha…., pero unido a cierta forma de autoritarismo a menudo bajo un liderazgo carismático"

Ernesto Laclau

La prédica de Ernesto Laclau, recientemente fallecido, ha pasado a darle sentido doctrinario al catecismo kirchnerista.

Podríamos decir que Laclau, es el primero, cuando no el único, que fue capaz de producir una teoría del populismo como categoría política.

Retomando la concepción russoniana y la postura de Carl Schmitt (también teórico político cercano a una posición populista), Laclau dice que el espacio social es antagonista, en él existen dos campos enfrentados, y la política es precisamente la lucha por la hegemonía de ese espacio social.

Por ello el populismo es el triunfo de la "voluntad general" en la lucha por la hegemonía del espacio social. El líder populista, como triunfante en la lucha por la hegemonía, estipulará el contenido de la "voluntad general" y determinará la raya divisoria entre lo que es el "pueblo" y lo que es el "enemigo del pueblo".-

"El populismo es, simplemente, un modo de construir lo político", dice Laclau.[84]

"El populismo por sí mismo tiende a negar cualquier identificación con, o clasificación dentro de, la dicotomía izquierda/derecha. Es un movimiento multiclasista", para agregar que *"el populismo*

---

[84] Ernesto Laclau, La razón populista, Fondo de Cultura Económica, 2005, p.10

generalmente incluye componentes opuestos, como ser el reclamo por la igualdad de derechos políticos y la participación universal de la gente común, pero unido a cierta forma de autoritarismo a menudo bajo un liderazgo carismático"[85]. No lo decimos nosotros, lo dice el teórico del populismo.

Refiere Laclau, mencionando a Worsley, que el populismo no es percibido como un tipo de organización ideológica como el liberalismo, el comunismo o el socialismo sino como una dimensión de cultura política que puede estar presente en movimientos de signo ideológico muy diferente.

Ernesto Laclau es un filósofo posmarxista no ortodoxo, parte de cuya doctrina se basa en los planteos de Antonio Gramsci sobre la construcción de la hegemonía. También toma elementos de Louis Althusse.

Apoyado en Gramsci, considera que el populismo debe construirse a partir del concepto de radicalización de la democracia, para finalmente expresar la relación del populismo con la ideología: *"todo proyecto de democracia radicalizada supone una dimensión socialista, pero el socialismo es uno de los componentes de este proyecto y no a la inversa".*

Para Laclau, la democracia radical debe mostrar que todos los espacios pueden ser espacios de lucha (sistema educativo, poblaciones marginales, espacio

---

[85] Ernesto Laclau, ob. cit., p.13

laboral, ámbito político etc....), ya no existe una categoría social depositaria de los privilegios epistemológicos y políticos como lo es la clase obrera en la teoría marxista.

No hay democracia radical ni plural cuando existe un sistema democrático formal, en donde los actores sociales no tienden a una expansión continua si no que aparecen institucionalizados; por tanto, la radicalización de la democracia consiste en desarrollar de modo horizontal *la protesta social*, construyendo cadenas de equivalencia que permitan unir los diversos antagonismos y construir una propuesta alternativa, negativa y creadora a la vez, una propuesta Hegemónica.

EL POPULISMO IBEROAMERICANO

¿Por qué pende siempre sobre nosotros la sombra terrible del poder absoluto concentrado en una persona?"

Enrique Krause

Se pregunta el ensayista mexicano Enrique Krause *"¿Por qué Nuestra América —como la llamó Martí— ha sido tierra de caudillos, dictadores, redentores? ¿Cuál es nuestro concepto de Estado y por qué, en muchos casos, tan preponderante sobre los individuos? ¿Cuál es la genética de nuestras revoluciones? ¿Por qué nos ha sido tan difícil arraigar las instituciones, leyes, valores y costumbres de la democracia liberal? ¿Por qué pende siempre sobre nosotros la sombra terrible del poder absoluto concentrado en una persona?"[86]*

Según Richard M. Morse[87], la aplicación mecánica a Iberoamérica, de las categorías políticas y filosóficas inglesas y estadounidenses, era inadecuadas. Morse, en vez de medir la mayor o menor incidencia de las doctrinas democráticas y liberales en el pensamiento y la experiencia de nuestros países, planteó una polaridad distinta de la cultura española.

No es la tensión entre el orden y la libertad característica de la historia inglesa (el Estado absoluto de Hobbes ante la libertad individual en Locke), sino la tensión propiamente ibérica, entre Santo Tomas y Maquiavelo: un Estado construido entre los cimientos morales de una sociedad cristiana y comunitaria, frente a otro basado en principios ajenos a toda inspiración religiosa.

Siguiendo con el análisis de Morse, el papel de la ideología, la aparente debilidad del liberalismo y de la democracia en la historia latinoamericana, así como el destino del marxismo que terminó en fracaso, no fue relevante. Ninguna representaba una solución válida para estos países católicos asentados en el orden tomista, sacudidos por continuos terremotos caudillistas.

---

[86] Enrique Krause, *El pueblo soy yo,* Debate, 2018
[87] Richard M. Morse, *"La herencia de Nueva España"*, en Plural 45, junio de 1975, mencionado por Enrique Krause en ob.cit.

El liberalismo inglés que prendió en la parte norte de América, siempre pareció exógeno, extraño, a nuestra cultura latinoamericana, se importó en fórmulas pero no pudo arraigar por falta de una sociedad o un clima liberal que lo sustentara. A pesar de los programas educativos, las obras materiales y la inserción en la economía global, las burguesías locales no crearon instituciones que cimentaran y fomentaran esos valores, ni el ejército ni las burocracias desarrollaron un ideario liberal.

El liberalismo operó como una mera ideología de las élites nacionales aliadas al mercado mundial, y por los bloqueos de esas mismas élites a la participación democrática.[88]

Tampoco la ideología marxista prendió con fuerza en estos lares. No ayudó la indiferencia, y aún el explícito desdén, de Marx y Engels hacia las naciones latinoamericanas, que consideraban irremisiblemente atrasadas y violentas (al grado de celebrar la invasión estadounidense a México).

Siempre analizando el pensamiento de Morse, dice Krause que *"Iberoamérica no podía cambiar su naturaleza histórica. Las ideologías liberales, democráticas y marxistas no tocaban el núcleo de las creencias y las costumbres. El mundo industrializado (capitalista o comunista) interfería en ella, introduciendo*

---

[88] Enrique Krause, ob. cit.

nuevas tecnologías, industrias, mercancías, necesidades, esperanzas, temores, ritmos de vida, pero los países de la región no "trascenderían" sus "premisas culturales" sino que las "acomodarían" a las nuevas dinámicas."

En su último libro que comentamos, Krause repite un decálogo elaborado en 2004, que resume algunas características del populismo del continente:

1. *Exaltación del líder carismático.* El líder providencial es un elemento constitutivo del populismo, el que resolverá los problemas del "pueblo".

2. El populista usa, abusa y *se apodera de la palabra*, es el intérprete supremo, el que traduce la voluntad del pueblo. Desde las peroratas interminables de Fidel Castro, pasando por las clases magistrales de Hugo Chávez y las cadenas televisivas de Cristina Kirchner, el líder populista hace de la palabra el instrumento fundamental de su demagogia, da cátedra, enseña, aconseja, pontifica, manda.

3. *Fabricantes de la verdad*, hacen efectivo el proverbio latino "vox pópuli, vox dei", interpretando la voz del pueblo a través de la perorata oficial.

4. *Utilización discrecional de los fondos públicos.* Sin paciencia para las sutilezas de la economía y las formalidades legales, el erario público es su patrimonio político que maneja "a piacere", y también su patrimonio privado.

5. *La distribución de la riqueza* es realizada *directamente* por el populista, muchas veces en efectivo, sin intermediarios.
6. Alientan el *odio de clases*: **hostigan a "los ricos" (a quienes acusan a menudo de ser "antinacionales"), pero atraen a los "empresarios patrióticos" que apoyan al régimen. El populista no busca abolir el mercado: supedita a sus agentes y los manipula a su favor.**
7. *Moviliza* permanentemente a los grupos sociales, apela, organiza y enardece a las masas.
8. Siempre tiene un *enemigo a quién culpar* por los fracasos, el imperialismo, los poderes concentrados, la prensa, el FMI. El régimen populista se identifica por lo que odia, no por lo que ama, aspira o logra.
9. *Desprecio del orden legal*, que cede ante la "voluntad popular" encarnada por el líder populista.
10. Domestica o *cancela las instituciones de la democracia* liberal.

A su vez, Carlos Alberto Montaner nos da su opinión acerca de las características del populismo iberoamericano, al que denomina como la izquierda estatista, a saber:

1. El *estatismo*. Le corresponde al Estado ser el principal agente económico, controlador de la

economía y productor principal de bienes y servicios. Según sea el país, creo que esta característica mencionada por Montaner ha sido llevada a cabo con distinta suerte, y con distintos alcances. En algunos países, tal el caso de Argentina con economía diversificada, ello fue logrado muy parcialmente; en otros, como en Venezuela, con una economía basada casi en su totalidad en el petróleo, la estatización de la empresa petrolera le ha permitido controlar casi toda la economía venezolana, y decididamente quebrarla.

2. El *asistencialismo*. Es función del estado la redistribución del ingreso, a través de la dádiva o el subsidio directo a las clases populares, convirtiéndolos en adherentes casi incondicionales, algunas veces como fuerza de choque, y sometiéndolos a la esclavitud perpetua de depender de la voluntad del poderoso.

3. El *antiemresarialismo*. La empresa privada es la causante de la pobreza y la desigualdad social.

4. El *dirigismo antimercado*. Son los funcionarios los encargados de determinar qué y cuánto debe producirse, a que precios debe venderse y cuanto se debe pagar en el salario. No confían en la dinámica del mercado.

5. El *antiamericanismo*. En la práctica constante de echar culpas hacia afuera de nuestras propias desventuras, Estados Unidos es el blanco preferido del populismo.

6. El *nacionalismo cerrado*. Son furiosos antiglobalistas, sosteniendo el desarrollo hacia adentro y fomentando el proteccionismo.
7. El *antioccidentalismo*. Echan las culpas a las potencias occidentales de nuestra situación, promoviendo modos no extranjerizantes como el socialismo siglo XXI y engendros similares.
8. El *indigenismo*. Retomar los valores de las civilizaciones indígenas liquidadas por la influencia europea. Chávez propuso volver al trueque, Evo Morales al incanato.
9. El *antirrepublicanismo*. Rechazan la idea del equilibrio de poderes. El modelo populista siempre fue la de un ejecutivo fuerte, que controle el proceso legislativo y el judicial.
10. El *caudillismo*. La democracia es un artefacto para legitimar la autoridad del caudillo, cuyos mandatos casi no tienen fin, y lo ejercen en nombre del pueblo, sin límites institucionales.

En el marco del populismo dirigista, Montaner menciona diez razones por las cuales tienen el apoyo de parte de la población:

1. La *tradición histórica*. Nuestras repúblicas se formaron luego de tres siglos de centralismo, dirigismo y ausencia de autogobierno. Las grandes decisiones eran tomadas por la corona, la iglesia o las autoridades enviadas de Europa. Así se generó una sociedad de súbditos, no de ciudadanos. El

caudillo populista continúa esa tradición, resumiendo en su persona la palabra del pueblo.

2. El *caudillismo*. Nuestra independencia surgió bajo el manto protector de los caudillos, Bolívar, Sucre, Artigas, Hidalgo, y ha continuado durante siglos con gobernantes caudillos como Perón, Getulio Vargas, Arnulfo Arias, Fidel Castro, Velasco Alvarado, Hugo Chávez. Los partidos y las instituciones democráticas, cuentan poco y nada.

3. El *clientelismo*. Las personas no son ciudadanos, son clientes. El mejor gobierno es el que da algo de dinero, reparte comida, con suerte vivienda, y de última un puestito sin trabajar. La familia necesita comer, el caudillo lo sabe, y la mejor manera es clientelizar a sus adeptos, y tenerlos sujetos.

4. El *descrédito del capitalismo mercantilista y prebendario*. Muchas de las fortunas latinoamericanas han sido construídas al amparo de las relaciones con el poder. Las coimas, el favoritismo, los sobornos, tienen mucho que ver con el éxito de los empresarios.

5. La *opinión de la autoridad y la ignorancia*. Se construye una matriz de opinión que privilegia las características del populismo estatista y su "sensibilidad" con los pobres, en contra de la insensibilidad del liberalismo capitalista.

6. La *pobreza estructural*. Si casi la mitad de la población latinoamericana es pobre y si hay un gran segmento que no tiene posibilidad de salir de ella y

no encuentran formas decentes de ganarse la vida, cuál es la razón para tener lealtad a un sistema que los excluye.

7. La *ficción del estado de derecho*. Las leyes no se cumplen, la corrupción se enseñorea sin la penalización correspondiente, los ricos evaden impuestos y pagan coimas, los pobres roban la electricidad, el agua, el cable, y no existe ningún atisbo de autoridad que ponga en orden las cosas.

8. El *victimismo*. Siempre las autoridades encuentran un culpable de nuestras desventuras, sin hacerse cargo de la parte que les corresponde.

9. La *clausura al exterior*. Muchos ciudadanos prefieren el cierre de las fronteras y el rechazo al extranjero.

10. La *cuasi inflexible estratificación clasista y racista*. Aunque no lo parezca, America Latina es una región profundamente racista y clasista.

Basado en la ideología liberal, Montaner también nos da las razones por las que, a su juicio, fracasan los gobiernos populistas:

1. La riqueza sólo se crea en las empresas, no en el estado.

2. Las sociedades ricas son las que consiguen desarrollar un denso tejido empresarial.

3. En éstas últimas sociedades, la desigualdad es menor.

4. La apertura al exterior es indispensable.

5. La empresa estatal es un fracaso.
6. El dirigismo estatista es contrario al desarrollo.
7. La libre competencia es el camino al desarrollo y la fórmula menos ineficiente de asignar recursos.
8. No hay prosperidad sin instituciones de derecho y sosiego político.
9. Las decisiones económicas no pueden subordinarse a las electorales o a los caprichos ideológicos.
10. La paz y las buenas relaciones con el mundo desarrollado, son fundamentales para el propio desarrollo.

No resisto la tentación de volver a Morse, que hace muchos años ya, elaboró un *"Decálogo del poder personal"* iberoamericano, que es resumido por Krause:

1. *El mundo es natural*, no se construye. "En estos países, el sentimiento de que el hombre construye su mundo y es responsable de él es menos profundo y está menos extendido que en otros lugares [...]."
2. *Desdén por la ley escrita*. "Este sentimiento innato para la ley natural va acompañado de una actitud menos formal hacia las leyes que formula el hombre [...]."
3. *Indiferencia a los procesos electorales*. "Las elecciones libres difícilmente se revestirán de la mística que se les confiere en países protestantes."

4. *Desdén hacia los partidos y las prácticas de la democracia*. Tampoco son apreciados los partidos políticos que se alternan en el poder, los procedimientos legislativos o la participación política voluntaria y racionalizada.

5. *Tolerancia con la ilegalidad*. La primacía de la ley natural sobre la ley escrita tolera prácticas y costumbres incluso delictivas que en otras sociedades están penadas, pero que en éstas se ven como "naturales".

6. *Entrega absoluta del poder al dirigente*. El pueblo soberano entrega (no sólo delega) el poder al dirigente. Es decir, en América Latina prevalece el antiguo pacto original del pueblo con el monarca.

7. *Derecho a la insurrección*. La gente conserva "un agudo sentido de lo equitativo y de la justicia natural" y "no es Insensible ante los abusos del poder enajenado". Por eso, los cuartelazos y las revoluciones —tan comunes en América Latina— suelen nacer del agravio de una autoridad que se ha vuelto ilegítima. No es preciso que la insurrección cuente con un programa elaborado: basta que reclame una soberanía de la que se ha abusado tiránicamente.

8. *Carisma no ideológico*: psicológico y moral. Un gobierno legítimo no necesita una ideología definida, ni efectuar una redistribución inmediata y

efectiva de bienes y riquezas, ni contar con el voto mayoritario. Un gobierno legítimo debe tener "un sentido profundo de urgencia moral" que a menudo encarna en "dirigentes carismáticos con un atractivo psico-cultural especial". Los tiranos no pueden ser legítimos.

9. *Apelación formal al orden constitucional.* Una vez en el poder, para superar el personalismo (rutinizar el carisma) el dirigente debe dar importancia al legalismo puro como vía a la institucionalización de su gobierno.

10. *El gobierno, cabeza y centro de la nación.* Como el monarca español, "el gobierno nacional [...] funciona como fuente de energía, coordinación y dirigencia para los gremios, sindicatos, entidades corporativas, instituciones, estratos sociales y regiones geográficas". No era una prescripción para la tiranía. Era un diseño de hondas raíces históricas dotado de una racionalidad ética y social, inspirado en un concepto cristiano del Estado como dador y organizador del bien común. El tomismo presupone la aceptación integral de la dignidad humana y los derechos humanos así como la soberanía original del pueblo. Sin estos elementos el monarca carece de legitimidad.

LOS CODIGOS DEL AUTORITARISMO

"El modo autoritario de conducir el poder ocurre en las dictaduras necesariamente como elemento esencial e integrador de su existencia, pero también puede existir en un gobierno surgido de la voluntad popular, como modo deformante del mandato social originario"

Jorge Eduardo Simonetti

Teniendo en cuenta que el populismo supone la vigencia de un líder carismático al cual se le ha entregado todo el poder, me gustaría transcribir un artículo periodístico de mi autoría relacionado con el autoritarismo:

El filósofo francés Michel Foucault, considerado el autor más mencionado en el campo de las Humanidades, describe el poder como algo que yace en la relación entre los dominantes y los dominados. En esta relación, existen dos fuerzas opuestas, la "potentia" y la "potestas".- Siempre que la "potentia" actúa sobre un grupo sometido o a someter, surge la "potestas" para contrarrestarlo, y el resultado definirá las relaciones de poder en una sociedad determinada.

A partir de esta teoría, se pueden distinguir dos momentos en la relación dominantes-dominados. El primero es el período hegemónico, en el que se intenta introducir la ideología dominante a través de la persuasión argumental, con el fin de lograr una homogeneidad en el pensamiento.- En el segundo, el poshegemónico, la ideología dominante está instalada y ya no hace falta convencer sino mantenerla, controlar y castigar el desvío.

En el siglo XX, los regímenes totalitarios han seguido esta lógica, desde una primera etapa de convencimiento a través de la dominación ideológica, y una segunda de control como resguardo de su continuidad. El control del pensamiento ya no es sólo una cuestión de comisariato político, sino del dominio de los agentes culturales, entre los que se destacan –por su impacto y poder de penetración- los medios de comunicación de masas.

El marxismo, como argumentación dialéctica de las bondades del colectivismo, se instaló en una parte importante del mundo, para pasar a su etapa poshegemónica con la dictadura estalinista.- El nazismo, con un primer período de instauración del ideario de la recuperación del orgullo alemán y de la superioridad de la raza aria, tuvo su continuidad a través del totalitarismo más sangriento que recuerde la historia, en el que la propaganda goebbeliana fue una de las patas fundamentales para mantener colonizadas las mentes.

El autoritarismo, concebido en términos comunes como un modo anómalo de ejercicio de la autoridad, genera un orden social opresivo y restrictivo a las libertades ciudadanas.- El modo autoritario de conducir el poder ocurre en las dictaduras necesariamente como elemento esencial e integrador de su existencia, pero también puede existir en un gobierno surgido de la voluntad popular, como modo deformante del mandato social originario.- En el primer caso es noción constituyente, en el segundo desviación constituida.

Hay dos elementos que funcionan como documentos de identidad de los autoritarismos, independiente de su origen dictatorial o democrático, de su ideología de derecha o de izquierda: su visión maniquea de la sociedad y la instalación del pensamiento único.

Mani o Manes, sabio persa que se consideraba como el último profeta enviado por Dios a la humanidad, basa su doctrina en la existencia de dos principios eternos, absolutos y contrarios: el bien y el mal. Su visión dualista lo llevó a considerar a su doctrina como la verdad absoluta (el bien) y el mal estaba en el pensamiento distinto.

Esta visión extrema en el campo religioso, se extendió a la filosofía y a la política, en ésta última con resultados desastrosos. El maniqueísmo filosófico influenció ciertas doctrinas políticas, especialmente el nazismo que, de la mano de Carl Schmitt, hizo del concepto su eje doctrinario.

La traducción política del maniqueísmo consiste en considerar que los que adhieren a mi pensamiento están del lado del bien y los que no, llevan el mal en su sangre. Desde el poder del estado, imponen la autoridad para instalar el "bien" y castigar el "mal", dividiendo la sociedad entre buenos y malos.-

Es éste un rasgo típico del autoritarismo, que necesita de esa visión adversarial del mundo para justificar sus excesos y métodos de dominación asfixiantes cuando no represivos. Regímenes sangrientos o no, los autoritarios buscan siempre un enemigo, real o imaginario, para instalarlo en la conciencia social y justificar sus acciones autoritarias en la lucha descarnada contra el enemigo. Los malos pueden ser la burguesía explotadora, el imperialismo, los judíos, los de etnia diferente, la sinarquía internacional, o, de manera menos elaborada y más casera, simplemente personas o grupos de personas, a quienes les atribuyen malignas intenciones.

Pero esa visión maniquea, necesita de un sustento ideológico que funcione como el conjunto de verdades indiscutibles, definitivas, que el autoritario debe instalar como versión épica de la defensa del dogma contra los que pretenden contrastarlo. La defensa del modelo a como haya lugar, en cuya tarea la dominación de los medios de comunicación juega un rol verdaderamente clave.

Es lo que llamamos la instalación del pensamiento único, cuya primera descripción es realizada por el filósofo alemán Arthur Schopenhauer en 1819.- Más acá, en 1964, el filósofo marxista Herbert Marcuse, miembro de la corriente crítica que sustentó los movimientos estudiantiles de los 60, hablaba del "pensamiento unidimensional", cuya resultante es el cierre del universo del discurso impuesto "por la clase política dominante y los medios suministradores de información de masas".-

La pretensión de formular un pensamiento unidimensional, sólo puede tener su origen en quienes detentan posiciones de poder, especialmente en los que manejan los resortes del Estado, no sólo porque tienen los medios económicos y políticos para imponerlos a gran parte de la sociedad, sino además por el carácter utilitario que tal imposición tendrá para el triunfo de sus propios objetivos. Y es éste, el otro código importante del autoritarismo.

En un régimen autoritario, el pensamiento único no puede ser otro que –obviamente- el pensamiento oficial y su carácter de verdad incontrastable no puede ser puesta en duda, porque constituye la diferencia entre la supervivencia del poder autoritario o su extinción.- Cuando se tiene la sensación de que el modelo tambalea, el autoritario no se comporta tratando de corregir errores sino profundizando el modelo, insistiendo en las verdades dogmáticas, moviendo cielo y tierra para seguir inoculando el pensamiento único en las mentes ciudadanas.- Pensar distinto pasa de un odioso disenso a convertirse en un pecado capital, que hay que castigar para que no se extienda.- Demonizar el pensamiento distinto, castigar al que se atreva a expresarlo.

No hay nada nuevo bajo el sol, los tiempos pasan pero los comportamientos del poder permanecen, para bien o para mal. Los autoritarios de antes y de ahora tienen códigos comunes que los identifican y un hilo conductor que se les nota en la parte posterior del cuello.

LA MATRIZ AUTORITARIA

"Las sociedades autoritarias son como el patinaje sobre hielo: intrincadas, de una precisión mecánica y, sobre todo, precarias. Dentro de la frágil corteza de la civilización se agita el caos...Y existen lugares donde el hielo es delgado a traición"

("V de Vendetta", Alan Moore, 1989)

La primera pregunta que deberíamos hacernos en este tema es si un hombre, un ser humano determinado, es imprescindible para una organización social, tanto como que debería dirigirla año tras año, período tras período.

Con crudeza podemos decir, con Napoleón, que "el cementerio está lleno de imprescindibles", pero echando una ojeada al andamiaje de nuestra sociedad, pareciera que, en muchos casos, quiénes integramos su estructura nos comportáramos como si así no fuera, endiosando a simples mortales y prohijando su permanencia casi perpetua en el manejo de las mismas.

El poder es afrodisíaco, adictivo, placentero, forma parte de los nuevos pecados capitales, somos por naturaleza afectos al poder, queremos obtenerlo, agrandarlo, conservarlo, perpetuarlo. La conexión del ser humano con el poder es tan vieja como con la profesión más antigua del mundo.

De tal modo es integrativo de la naturaleza humana, que si bien generalmente llegamos al poder a través de las normas que generan las sociedades civilizadas, queremos conservarlo aún a costa de esas mismas normas, ya sea cambiándolas, abusándolas u olvidándolas. En el llano somos "normocéntricos", en el poder "egocéntricos".

En las sociedades avanzadas, el respeto a las normas constituyen cuestiones arraigadas en el conjunto, no forman parte de actitudes individuales, heroicas, como sucede en los países como el nuestro.- Simplemente, se sabe que existen normas y que hay que atenerse a ellas como modo inexorable de convivencia armónica.

Los gobernantes, en esos lugares, al acercarse el final de sus mandatos, no están buscando pretextos "bondadosos" a los ojos de la gente, para modificar normas que les permitan perpetuarse en el poder. Se van, y ya, y el sistema sigue funcionando.-

En sociedades como la nuestra, los que respetan las normas pre establecidas pasar a ser "bichos raros", personas especiales que han sabido no capitular a las tentaciones del mando y la gloria, y pusieron por encima una conducta de autolimitación tan plausible como excepcional. El resto es *"gente enferma de poder a la que deberíamos prohibirle olvidar que estamos acá porque nos puso Dios"* (Ricardo Montaner).-

La esencia democrática del mando social, tiene dos componentes primarios que integran su propia naturaleza, cuales son la periodicidad y la alternancia. El dato de permanencia está en las instituciones, el de fugacidad en las personas.

El deber ser es algo así como "los hombres pasan, las instituciones quedan", el problema lo tenemos si es al revés, cuando los hombres pretenden quedarse aún a costa de sacrificar las instituciones.

Cuando hablamos de la "matriz autoritaria" de la sociedad, no nos referimos únicamente al estado y a la política, también incluimos a las sociedades intermedias que participan de manera indispensable en el entretejido social.- La iglesia, los sindicatos, la organizaciones empresariales, la universidad, los clubes deportivos, las comisiones vecinales.-

Resulta esencial al funcionamiento de un país, la existencia de instituciones públicas, semipúblicas y privadas, que constituyan la polea imprescindible para mover el engranaje social. Las instituciones son los órganos que intermedian entre los valores socialmente apetecibles y la comunidad que brega por alcanzarlos.-

De allí la importancia que las mismas estén asentadas sobre un andamiaje normativo, cultural y técnico, que las haga idóneas en su tarea de intermediación.

Sin embargo, lamentablemente en nuestro país, la mayoría de las instituciones están condicionadas por el componente antidemocrático que es propio de una subcultura muy arraigada en la sociedad.

"Pareciera que se ha instalado todo un sistema para recortarnos el espíritu, para convertirnos en tierra fértil de autoritarismos. Y hay una especie de acostumbramiento, que es lo peor que le puede pasar al ser humano", dijo Juan Gelman.

Muchas veces hacemos centro en la política, sobre todo en las funciones ejecutivas, repudiando las reelecciones indefinidas de presidentes o gobernadores, y ello está muy bien. No tenemos, sin embargo, el mismo nivel de repudio con el sistema de reelección perpetua de diputados y senadores.-

Del mismo modo, casi todas las instituciones con las que convivimos a diario, no tienen un cuerpo normativo que limite las reelecciones de las personas en su dirección o administración, a pesar que muchas de ellas constituyan organizaciones con mucho poder y clara incidencia en el funcionamiento social.

Los Moyano, Cavalieri, Barrionuevo, por sólo mencionar a tres, vienen manejando sus gremios y los hilos del sindicalismo argentino hace décadas, las reelecciones indefinidas los tiene como "mandamás" de estructuras que afectan la vida ciudadana con sus medidas de acción directa, y condicionan gobiernos con la fuerza de sus demandas.

Decir que si hay estructuras anquilosadas y antidemocráticas, ésas son las que representan a los trabajadores, sus dirigentes envejecen en los cargos y hacen de su permanencia un modo de vida que los convierte en una especie de casta oligárquica que compite muchas veces, en bienes y poder, con su contraparte patronal.

Las universidades, que intermedian entre la oferta estatal y la demanda social de educación, tienen gobiernos autónomos elegidos por sus propios estamentos, los que en muchísimas oportunidades se convierten en refugios de poder para determinados sectores y personas (rectores, decanos), que se reeligen una y otras vez al frente de estructuras estatales destinadas nada más y nada menos que a la enseñanza.

Sucede lo propio en los clubes deportivos, usados en ocasiones como trampolín para aventuras políticas, comisiones vecinales, asociaciones empresariales, y otras tantas entidades que tienen verdadera incidencia en la vida diaria.

Y, en un país como el nuestro, ni que decir de la iglesia católica, no ya en cuánto a la difusión de la fe y la enseñanza del dogma, sino al funcionamiento de la jerarquía eclesiástica como organización casi inmutable.

Con cierta ingenuidad estudiada, uno podría preguntarse si ¿no es mejor, más seguro, menos conflictivo, más cómodo, que nos dirijan siempre las mismas personas? ¿Para qué cambiar? ¿No sería bueno tener siempre el mismo sindicalista, el mismo presidente del club, el mismo rector, el mismo decano, el mismo obispo?

Seguramente no es eso los que, como seres racionales, querríamos para nosotros mismos. Coparticipar en la elaboración del destino común, es propio de la vida en comunidad, y el dato esencial es el cambio en los protagonistas.-

El continuismo no sólo es pernicioso para la democracia, sino también es el motor generador de los peores disvalores, como el sentimiento de omnipotencia, la sensación de impunidad, la ocasión para corromperse, en definitiva la creación de una noción propietaria del poder que es la semilla de disolución del mandato social.

Acostumbrarse a vivir en democracia significa participar, responsabilizarse, controlar, exigir, comprometerse en la administración de la cosa común, no sólo en lo referido a los resortes estatales, también a todas las instituciones que conforman el entramado vital de una sociedad.-

Que no seamos, entonces, una sociedad con una frágil corteza de   civilización pero con la precariedad del caos como contenido, pero menos aún, que nos acostumbremos a ello.-

NUEVOS REVOLUCIONARIOS, NI JÓVENES NI PROLETARIOS

El que sigue es un artículo publicado en 2015:

Los movimientos de protesta generalmente fueron identificados con la rebeldía de la juventud y con las necesidades de las franjas menos favorecidas de la sociedad.

Jóvenes universitarios en los setenta y piqueteros de barrios carenciados en la primera década del siglo XXI, fueron la punta de lanza de las acciones directas en contra de los gobiernos o en favor de reclamos reivindicatorios, tanto en dictaduras como en gobiernos legales.

Las cosas han cambiado en este tercer lustro. La dirigencia piquetera se ha llamado a cuarteles de invierno, arropada por subsidios y manejo de planes.

Las juventudes políticas han aggiornado un nuevo paradigma. Hoy se piensa más en el progreso personal que en los sueños idealistas. Por caso, la juventud oficialista está más preocupada en copar los estamentos del estado que en sostener la política del gobierno, en planificar como mantener sus puestos en el futuro no lejano que en consolidar un movimiento político.

Cómo un fenómeno mundial pero particularmente marcado en Latinoamérica, es la clase media la que está acudiendo a las calles para articular gigantescas marchas de protesta.

Más de un millón de personas en San Pablo y dos millones en todo Brasil, está poniendo en aprietos el joven mandato de Dilma Roussef, jaqueado por una corrupción generalizada, que explotó con el affaire de Petrobras.- Profesionales liberales, empleados, pequeños comerciantes, amas de casa, jubilados, integran las multitudinarias concentraciones, en reclamo de transparencia,   estabilidad económica, educación, seguridad, transporte.

Casi un calco de la realidad argentina. Con una clase media que implosionó en 2001, hay que decir que en su primera etapa el gobierno kirchnerista, por mérito propio y por el viento de cola de los commodities agrícolas, la rescató del precipicio.

Sin embargo, ya avanzados en el tercer lustro del siglo, el incipiente deterioro de las condiciones económicas y las reivindicaciones que trascienden esos aspectos, como la seguridad, la transparencia pública, la justicia, generaron el caldo de cultivo para que varios centenares de miles de personas ganaran las calles haciendo resonar sus voces.

Dónde había gomas quemadas y gente embozada, jóvenes de largas melenas y consignas ideologizadas, hoy hay personas de cuarenta, cincuenta, sesenta y más años, con la cara descubierta, con reclamos concretos y palpables, sin jefes, sin regimentación, sin violencia, pero, eso sí, con el ánimo bien dispuesto a hacerse escuchar en sus consignas.

La Argentina, tiene una clase media consolidada y pensante. Hablamos menos de su significación económica, y más de los valores compartidos, de los aspectos culturales y sociológicos de un sector que constituye la sabia que alimenta las venas del progreso de la nación.-

Es que, independientemente de las definiciones economicistas para delimitar los sectores sociales, la clase media integra un concepto cultural de carácter aspiracional, la clave está en la movilidad. "No somos gente fina, tampoco lo peor", al decir de los Ratones Paranoicos.-

Baste expresar que no son ni los pobres ni los dueños de las grandes fortunas, son los que a diario trabajan para consolidar el propio futuro y, consecuentemente, el del país. No quieren regalos ni subsidios, tan sólo condiciones eficientes para autogenerarse una vida digna.-

Si hay un sector que no depende de los favores de un gobierno, ése es el de la clase media. Es inmune a los subsidios, porque no vive de ellos, no le interesan las facilidades oficiales porque no tiene intereses particulares que proteger.- Ni mata el hambre con la bolsa de comida, ni necesita el guiño gubernamental para hacer pingües negocios.-

Es precisamente en razón de ello que la corrupción es su principal enemiga, las libertades republicanas su sabia creadora, la justicia su presupuesto, el trabajo su esencia dignificadora.

Es cierto que han pasado los tiempos de Carlos Marx, que planteaba esa antinomia principal entre los intereses del proletariado y de la burguesía.- Estamos en otro mundo, en el de la movilidad social, de la integración, del progreso por esfuerzo propio.-

Es por ello que la clase media aparece en el escenario con fuerza propia, no para defender intereses sectoriales u egoístas, sino para representar al conjunto social que plantea que los gobiernos deben crear las condiciones objetivas para que cada quien viva de su trabajo, sin regalos ni protectores, con derechos y libertades, no con dádivas y sometimiento.

En la Argentina, el discurso político generalmente ha tenido un sentido unidireccional, dirigido a plantear las soluciones de la extrema pobreza, ha carecido de un mensaje de fortalecimiento de la movilidad social, con la creación de las condiciones para que sean las personas las que con sus talentos generen su propio progreso.

Habría que preguntarse por qué los populismos latinoamericanos, especialmente el kirchnerismo, han tenido una relación traumática con la clase media.

En lo que transcurre del siglo, los sectores medios han crecido en su significación porcentual. Más cantidad de ciudadanos se han incorporado a los mismos, lo que resulta un logro de los gobiernos.-

Sin embargo, en lo que aparece como una contradicción, nunca han sido tan vapuleados y vilipendiados, especialmente en el tiempo cristinista, olvidando que no son ni los dueños de las multinacionales, ni de los bancos, ni de la tierra, ni de las estancias, ni de las vacas, ni de la soja.

Sí, en cambio, son los que viven de su propio trabajo y pretenden seguir haciéndolo, defienden sus derechos no sus intereses, sus libertades no sus dádivas, son los que piensan, opinan, los que quieren algo más que el bienestar económico, quieren justicia, trasparencia, respeto y dignidad.

No es extraño, entonces, que protagonicen la nueva revolución (aunque el término parezca desproporcionado), que quieran hacerse escuchar, que abandonen la comodidad de sus hogares para ganar las calles, que hagan sonar cacerolas en lugar de batir el parche.

En la marcha de los fiscales, ejemplo paradigmático de la protesta de estos tiempos, eran muchos más los que pintaban canas que los que estaban en la primavera de sus vidas, no reclamaban más planes ni subsidios, tampoco eran banqueros ni empresarios, eran gente común, con pretensiones normales, gente que antes quedaba en sus casas, pero que ahora quiere decir presente.

Es un nuevo tiempo, que debe ser advertido por la política. Un tiempo de mayores requerimientos que los básicos.-

Es la nueva revolución, sin armas, sin violencia, sin transporte, sin jefes, sin regimentación. Simplemente, la revolución de la gente común.-

¿CÓMO DESACTIVAR EL MECANISMO POPULISTA Y NO MORIR EN EL INTENTO?

"Cuando se sincera la economía hay un precio que pagar, por eso es peligroso el populismo: es el sacrificio del futuro por un presente efímero".

Que Mauricio Macri es una persona optimista, nadie duda, pero que además muchas veces le han faltado evidencias para sustentar su optimismo, eso tampoco está en cuestión.

Desde la pobreza cero y la inflación fácilmente domesticable de sus comienzos como presidente, a este presente del incremento geométrico del costo de vida, desvalorización importante de la moneda, contracción marcada de la actividad económica, hay un campo, un campo de imprevisión, de anuncios sin base fáctica, de una mirada casi infantil sobre los males de la Argentina y sus soluciones.

Macri es el modelo de libro de aquello que Winston Churchill dijera: *"el político debe ser capaz de predecir lo que va a pasar mañana, el mes próximo y el año que viene, y de explicar después por qué no ha ocurrido"*.

A una tremenda falla en el diagnóstico inicial de la economía argentina, le sumó una sucesión de medidas de gobierno que, por ser inadecuadas o insuficientes, sólo consiguieron traernos a este presente.

La Argentina viene de un pasado populista que el presidente ha prolongado por la ralentización de su metamorfosis y la falta de un modelo alternativo.

En su descargo, hay que decir que, a diferencia del kirchnerismo autocrático, debió negociar toda medida importante de gobierno, con un poder distribuido horizontalmente con el congreso, y verticalmente con los gobernadores de provincia.

Armar un estado populista es relativamente fácil, lo complicado es desactivarlo sin generar un caos social y poner en riesgo la estabilidad democrática, a través de la prédica disolvente de sus creadores.

Si por vía de la imaginación abrimos el cajón de las fantasías, podremos desempolvar el viejo "manual del buen populista", que nos explica cómo estructurar el populismo de estado. Destaco "populismo de estado", porque todos hacen populismo con dinero público, no con el propio.

Primer mandamiento: el gobernante no gobierna, es el "salvador" de la patria. Segunda acción: manotear todas las cajas posibles que nos permitan acumular dinero suficiente (las retenciones móviles al campo por el viento de cola del valor récord de los "commodities" agrícolas, la estatización de las jubilaciones privadas, una presión impositiva casi récord en el mundo, suma y sigue).

El tercer paso es proceder a la meneada "distribución de la riqueza", que no es otra cosa que la repartija del dinero acumulado a través de las ayudas sociales con sistema clientelar, y la baja de las tarifas públicas (gas, luz, transporte) dónde más votos haya (Capital Federal y conurbano bonaerense, incluyendo a ricos y sectores medios)

Seguidamente, conseguirse a tres o cuatro enemigos (normalmente de mala prensa), a los cuales echarle la culpa cuando las cosas no van bien: los medios hegemónicos, la corporación judicial, los fondos buitre, los neoliberales.

Y listo, sistema construido.

El estado populista es un mecanismo de relojería relativamente fácil de armar, pero peligroso y complicado para desarmar. Si se lo deja correr, tiene una vida útil, su reloj vital corre mientras haya financiamiento (los barras de oro del banco central en el primer peronismo, el precio récord del petróleo en Venezuela, los altos valores de los "commodities" agrícolas durante los Kirchner).

Terminado el dinero fácil, se sigue con la maquinita y el financiamiento externo e interno, lo que significa inflación y endeudamiento caro.

El problema principal es que existe un doble riesgo con el sistema populista: o explota por acumulación de tensiones e imposibilidad de financiamiento (caso Venezuela), o lo hace cuando se intenta desarmarlo sin pericia y con poco poder.

Macri, por lo menos en el discurso, decidió desactivarlo, "de manera gradual" según sus propios dichos, aunque, cabe decirlo, tan gradual que se tornó casi imperceptible, manteniendo un déficit fiscal casi intolerable para la estabilidad económica de un país.

Pareciera que Cambiemos, haciendo honor a aquella frase que "la democracia se soluciona con más democracia", construyó su propia máxima: "el populismo se soluciona con más populismo", a estar al incremento de los subsidios sociales y la tímida recuperación de las tarifas. Pero, el esquema no le resultó.

Es que no todo es lineal ni sencillo, un sistema (el populista) debe ser reemplazado por otro, y es éste el que Macri no supo o no pudo proponerle a la sociedad. Disminuir subsidios, actualizar tarifas, sincerar la economía, debían ser acompañados de un crecimiento paulatino de la economía que generara trabajo y posibilidades de mejores condiciones de vida a los sectores que resultarían privados de las ayudas. Si eso no sucede, lógicamente la salida del populismo podría significar el estallido de un polvorín.

El "gradualismo" no tardó en mostrar su cara inconducente, y la realidad golpeó a la puerta: un déficit intolerable que generaba la necesidad de un "ajuste drástico" (aunque parezca poco simpático).

Y un día volvimos al "cuco" de las pesadillas argentinas: el Fondo Monetario Internacional. El organismo nos presta dinero a tasas muchos más bajas que las de un mercado poco amigable para un país que defalteó su deuda, pero nos exige la reducción drástica del déficit fiscal.

Fue la encrucijada de Macri, o hacíamos o hacíamos el "ajuste": por nuestra cuenta con financiamiento caro o a tasas mucho más bajas pero con las condiciones del FMI.

El debate entre monetaristas y keynesianos no parece tener ya cabida en este presente argentino, porque lo que sigue es el camino del diablo como el de la destruida Venezuela.

300.000 millones debemos ahorrar en el presupuesto de 2019.- Un tercio de eso le corresponde hacerlo a las Provincias.

A Corrientes le toca poco más de 3.000 millones. La pregunta es ¿dónde ajustar?, en una provincia con sueldos bajos, tarifas ya altas y obras públicas escasas.

La peor cara del populismo no es ya el dinero público que entrega sino las costumbres sociales que genera. Si uno se acostumbra a recibir mensualmente un monto de dinero del estado, declinan las aspiraciones de valerse por uno mismo. Y las costumbres sociales son muy difíciles de desarraigar.

No creo que hoy la opción sea un "estado populista" o uno "neoliberal", cómo gusta decir a la política. Se trata de construir una nación en la que las colas se produzcan en las fábricas u oficinas para tomar un empleo, y no en los cajeros automáticos para cobrar un subsidio.

Pero para ello, hay que tener un plan de fondo que nos diga hacia dónde vamos caminando, y por qué vale la pena hacer el esfuerzo. Sólo un plan de ajuste fiscal nos puede llevar a la muerte en el intento.

LA IZQUIERDA, ES DECIR, EL POPULISMO

En su libro *Populismo de izquierdas y neoliberalismo*[89], Fassin, Goldstein y Masó, nos hablan de que las sociedades se auto instituyen en cuánto a su régimen político. No existen reglas previas fundadas en verdades trascendentes (dios, la naturaleza, la tradición), las sociedades se fundan en orden a sus propios valores, creados o instituidos como tales por ellas mismas.

No podemos hablar, entonces, de sistemas políticos cuya existencia esté fundada en poderes, fuerzas o autoridades extrasociales, que son impuestas a la sociedad por imperio de la fe, las creencias

---

[89] Eric Fassin-Víctor Goldstein, Joana Masó, ob. Cit.

o la violencia. Cuando Cornelius Castoradis habla de "autoinstitución", se refiere a que ninguna regla es presocial.

Ello es importante establecer para entender que los hombres, las sociedades, buscan su camino como el agua su salida, y que en esa tarea, van construyendo sus propios valores, creencias y fundamentos, que son el presupuesto de las normas que auto instituyen para su gobierno y para regular la vida social.

No existen, entonces, verdades indiscutibles en el campo de lo político y de lo social, lo son en tanto resulten acordadas por el conjunto como el camino propicio y aceptable socialmente.

Es por ello que los sistemas políticos como categorías permanentes no existen, en tanto sean socialmente aceptados subsistirán, si son resistidos o no reflejan el estado de conciencia de la sociedad en la que están destinados a regir, tarde o temprano, por la evolución del ordenamiento jurídico o por un hecho disruptivo, terminan por desaparecer.

El comunismo, en tanto régimen político, sufrió una implosión como consecuencia natural de su fracaso social y humano, la teoría marxista se reveló como contraria a los sentimientos y necesidades más profundas de los seres humanos que habitaban en las naciones en las que regía. Tanto que, luego de su subsistencia por la vía del autoritarismo gubernamental, una grieta en su estructura de opresión generó inmediatamente el derrumbe de todo el sistema por vía de un pueblo descontento.

Y, salvando los pocos lugares en que quedó subsistente la izquierda comunista en función de gobierno (con fuerte control y restricción de las libertades), en el resto del mundo libre quedó sin gobierno, sin estrategia y, lo que es peor aún, sin ideología.

Todos los sectores políticos que, de un modo u otro, pertenecían a un pensamiento de izquierda, quedaron sin su base de sustentación al desaparecer, segados por el fracaso social del modelo teórico, la revolución proletaria, la colectivización de la propiedad, el sueño de un mundo sin clases nunca alcanzado.

Y, de tal modo, con la implosión de la unión soviética y de los países satélites, el mundo amputó su lado izquierdo, haciéndose unipolar.

Quedó en pie, únicamente, el odiado neoliberalismo que, a través del muchas veces vilipendiado sistema económico capitalista, se instauró en casi todos los rincones del orbe, incluido al de la China comunista.

Sin embargo, cabría preguntarse si es saludable para la democracia, que en última instancia es el sistema político que debemos preservar, que no existan confrontación de ideas, de proyectos políticos, de propuestas de soluciones.

Sin dudas que la caída del mundo bipolar ha empobrecido el debate en cuánto a la ideología, porque fundamentalmente la desaparición del comunismo no trajo aparejado el nacimiento de un sistema de ideas coherente que compitiera con el neoliberalismo.

En tal sentido, el desconcierto de la antigua izquierda ante un liberal capitalismo arrasador, quedó patentizado en la escasez de ideas para oponerle, tanto que, hasta ahora, las propuestas ideológicas son apenas variantes más o menos herbívoras de estrategias políticas de oposición, no de ideología diferente.

El sentido de esta obra se direcciona precisamente a probar que la izquierda, concebida ésta como una idea de raigambre socialista, ha perdido el rumbo, ha quedado vacía de contenido ideológico, y es apenas hoy estrategia de disputa política sin aptitud para cambiar el sistema, antes bien aparece como la justificación democrática de su funcionamiento.

Antonio Gramsci, uno de los más brillantes teóricos post marxistas, sino el que más, es el autor que más influyó en la construcción de una pretendida nueva izquierda, especialmente en Latinoamérica.

Pero, a fuerza de prueba y error, las experiencias latinoamericanas de gobiernos que se auto ubicaron en la izquierda, en el socialismo siglo XXI como fue dado a entender a partir del chavismo, demostraron cabalmente que se había abandonado totalmente el núcleo de lo que, conforme lo analizo en otro capítulo, considero como izquierda: el socialismo.

Muy apartado de los discursos, la cacareada izquierda de estos gobiernos, no tuvieron, ni tan siquiera parcialmente, medidas que apuntaran a reemplazar el sistema capitalista liberal de la propiedad privada, por otro en que la colectivización de los medios de producción sea la base del funcionamiento social. Sólo una mayor o menor estatización de empresas, acompañadas de un fenomenal sistema clientelar de reparto de prebendas y un debilitamiento del sistema republicano, fueron los parámetros de la experiencia "socialista" latinoamericana.

Obviamente, la izquierda y el socialismo se quedaba en el discurso, porque resultaba imposible repetir la experiencia comunista fracasada en todo el mundo.

Su sistema de distribución de la riqueza apenas alcanzó para paliar la pobreza extrema, y naturalmente para clientelizar a los sectores menos favorecidos de la población, atándolos al carro del subsidio, la dádiva, la dependencia del estado, pero en ninguno de esos países la pobreza estructural fue disminuida ni los pobres dejaron de serlo.

Pero a la par de gestiones de gobiernos que no tradujeron en los hechos los contenidos ideológicos de su discurso, se fue construyendo la izquierda *a lo Gramsci",* un verdadero combo cultural que de ninguna manera tiene el sello identificatorio de la izquierda, que es el socialismo.

La izquierda de hoy, la de la suma de causas "populares", la que ha renunciado a la revolución para dar la batalla cultural por la hegemonía, la que reemplaza la clase proletaria por la articulación de sectores con demandas sociales, la que se apodera de reclamos válidos de sectores sociales para presentarlos como propios de la causa de la izquierda, ésa es cualquier cosa menos izquierda.

Porque a pesar de su mensaje final, que es ganar la batalla por la hegemonía cultural, ganar la batalla por la hegemonía política, acceder al gobierno, y de ahí instaurar el socialismo (el que no sabemos con precisión sus alcances actuales), éste último objetivo quedó con contornos difusos en una niebla conceptual que no fue diluida en oportunidad de haber accedido al poder en Venezuela, en Brasil, en Ecuador, en Bolivia.

Entonces, si la izquierda de hoy no es izquierda, ¿qué es?

La respuesta nos la confieren Fassin, Goldstein y Masó, autores todos preocupados en construir una izquierda conceptual: la izquierda de hoy es, nada más y nada menos, el populismo.

Por ello es que, en el análisis de la neo izquierda introducimos un capítulo dedicado a saber sobre las características del populismo, hoy tan de moda, porque entendemos que la izquierda quedó vacía de socialismo y repleta de populismo.

Es cierto que hoy la democracia está bastante desvalorizada por falta del debate ideológico, es decir por la ausencia de una oposición que lo plantee en esos términos. La autodenominada izquierda, la neo izquierda, sólo ocupa el terreno de los reclamos y demandas sociales propios de determinados sectores, sólo para la articulación de tales requerimientos que vayan a sumar a su causa política que no sabemos bien dónde apunta.

Tanto ello es cierto que hoy, en el que el populismo es un fenómeno presente en casi todo el orbe, la izquierda ha pasado de ocupar el lugar sustantivo en el espectro ideológico, a constituir apenas una adjetivación calificativa de una estrategia, que es la populista.

No hablamos de la izquierda populista, sino del populismo de izquierda, dónde la dicotomía izquierda/derecha aparece luego de definida la estrategia populista.

La izquierda ocupa, entonces, el lugar de complemento secundario del populismo.

A través de estas páginas, hemos resaltado la opinión casi unánime de los autores acerca de que el populismo no es una ideología política, no es de derecha ni de izquierda, ni de otra posición política, sino que el populismo es una estrategia de lucha para hacerse del poder. La contradicción que plantea entre los de abajo contra los de arriba es un elemento circunstancial sin identificación conceptual (no así el proletariado contra la burguesía, que hacía referencia a la ubicación en el sistema productivo), que hoy puede ser de una manera y mañana de otra, cuando los de abajo estén arriba si es que ganan la batalla por la hegemonía cultural y electoral.

"El populismo es, simplemente, un modo de construir lo político", dice Laclau.[90]

Entonces, si el populismo no es una ideología, es una estrategia o metodología de construcción política, y la izquierda ha perdido absolutamente contenido e identificación ideológica, cual es la significancia del *populismo de izquierda*.

Veo como única respuesta, el fracaso de los sectores antiguamente relacionados con la izquierda tradicional, de encontrar elementos válidos en el campo doctrinario para contraponerlo al omnipresente liberal capitalismo en todo el mundo.

La diversidad sexual, el indigenismo, el derecho humanismo, el feminismo, el multiculturalismo, el ecologismo, son todas luchas válidas del género humano como tal, pero de ninguna manera ni separadas ni en conjunto constituyen una ideología distinta, porque son propias de hombres y mujeres de buena voluntad, con reclamos válidos que hacerle al sistema.

Que su articulación estratégica, método del populismo, las quiera hacer aparecer como de izquierda, es cosa distinta, pero no hace al fondo de la cuestión, antes bien al ánimo de una subsistencia política de las hilachas de un sistema ideológico ya casi muerto,

---

[90] Ernesto Laclau, La razón populista, Fondo de Cultura Económica, 2005, p.10

que intenta trascender su propia desaparición a través de principios e ideas impropias de su origen.

BIBLIOGRAFÍA

Alvarez Gloria, *Como hablar con un progre*, Ariel, 2017

Bobbio Norberto, Derecha e Izquierda, 1994, prólogo de Joaquín Estefanía

Burgos Raúl, *La interferencia gramsciana en la producción teórica y política de la izquierda latinoamericana*

Casadei Rodolfo, *Los mitos de la nueva izquierda*, 2005, Tempi Duri

Conway Edmund, *50 cosas que hay que saber sobre Economía*, Ariel 2011

Coppedge, Michael. The dynamic diversity of Latin American party systems. *Party Politics*, 1998, vol. 4 (4): 547-568. http://dx.doi.org/10.1177/1354068898004004007; mencionado por González Ferrer -Queirolo Velazco

Dupré Ben, *50 cosas que hay que saber sobre Política*, Ariel 2012

Engels Friederich, mencionado por Nicolás Márquez-Agustin Laje, ob. cit.

Escalante Gonzalbo Fernando, *Historia mínima del neoliberalismo"*, 2015, Javier Paniagua

Fassin Eric-Víctor Goldstein, Joana Masó, *Populismo de izquierdas y neoliberalismo*, Pensamiento Herder, edición española

González Ferrer Luis Eduardo -Rosario Queirolo Velazco, *Izquierda y derecha, formas de definirlas*, Luis BIBLID [1130-2887 (2013) 65, 79-105]

Gramsci Antonio, *Para la reforma moral e intelectual*, Libros de la Catarata, 1998

Gran Enciclopedia Soviética (1952), "Gomoseksualism

Iglesias Fernando, *¿Qué significa ser progresista en la Argentina del siglo XXI?*, Sudamericana,

Kaiser Axel-Gloria Alvarez, El engaño populista, Ariel, 2016

Krause Enrique, *El pueblo soy yo*, Debate, 2018

Laclau Ernesto, *La razón populista*, Fondo de Cultura Económica, 2005, p.10

Márquez Nicolas -Agustín Laje, *El libro negro de la nueva izquierda*, Grupo Unión, 2016

Marx Karl, mencionado por Nicolás Márquez-Agustín Laje, *El libro negro de la nueva izquierda*, Grupo Unión, 2016

Miño y Busmail, Democracia y Elecciones, El Ateneo, 2015

Morse Richard M, *"La herencia de Nueva España"*, en Plural 45, junio de 1975

Muller Jan *Werner*, citado por Eric Fsssin, Victor Goldsten y Joana Masó, *Populismo de izquierdas y neoliberalismo*, Pensamiento Herder, edición española

Natanson José, *La Nueva Izquierda*, Random House Mondadori, 2012

Paniagua, Javier, *"Breve historia del socialismo y del comunismo"*, ed. Nowtilus, 2010

Portantiero, Juan Carlos, 1991, Entrevista, *In, El ojo mocho*, Nº 4, Buenos Aires, verano de 1991.

Rauber Isabel, *Refundar la política, Desafíos para una nueva izquierda latinoamericana*, Peña y Lillo, 2017

Simonetti Jorge Eduardo Simonetti, *La democracia incompleta*, ConTexto, 2019

Udenio Enrico, *Corazón de Derecha, Discurso de Izquierda*, Ugerman, 2004

Vargas Llosa, Mario, *La llamada de la tribu*, Alfaguara, 2018

Wikipedia

Zechmeister Elizabeth y Margarita Corral, *Perspectivas desde el Barómetro de las Américas: 2010 (Num.38), "El variado significado de "izquierdas" y "derecha en América Latina"*

www.ingramcontent.com/pod-product-compliance
Lightning Source LLC
Chambersburg PA
CBHW032045280526
45784CB00011B/2771